PHP로 쉽게 시작하는 웹 프로그래밍

이성욱·장종준 共著

 21세기사

이 도서의 국립중앙도서관 출판예정도서목록(CIP)은 서지정보유통지원시스템 홈페이지(http://seoji.nl.go.kr)와 국가자료공동목록시스템 (http://www.nl.go.kr/kolisnet)에서 이용하실 수 있습니다.(CIP제어번호: CIP2017032947)

PREFACE

PHP는 배우기 쉽고 성능 좋은 웹 프로그래밍 언어입니다. 기본적인 사용법이 다른 언어에 비해 단순하고 직관적이어서 프로그래밍 입문자도 쉽게 접근할 수 있으며, 적은 양의 코드로 많은 일을 할 수 있는 편리한 기능들을 많이 가지고 있습니다. 이것이 PHP가 탄생한지 20년이 훌쩍 넘었지만 여전히 많은 사이트에 사용되고 있는 이유일 것입니다.

하지만 많은 PHP 교재들 중에 프로그래밍 자체를 처음 공부하거나 배운지 얼마 되지 않은 사람들이 편하게 볼 수 있는 입문서는 정작 많지 않은 듯합니다. 프로그래밍에 어느 정도 익숙한 사람들이 문제에 부딪혔을 때 찾아보는 참고서와 달리, 입문서는 특정 언어의 프로그래밍을 처음 배우는 독자를 대상으로 합니다. 따라서 어떤 일을 하는데 열 가지의 방법이 있다면 참고서는 그 방법 모두를 소개해야겠지만, 입문서에서는 그 중 가장 많이 사용되는 한두 가지 방법만 다루며 원리를 이해하도록 해 주어야 학습자가 입문 과정을 포기하지 않고 마칠 수 있을 것입니다.

이 책은 그런 생각을 가지고 만들어진 PHP 프로그래밍 입문서입니다. 이 책은 PHP에서 사용할 수 있는 문법과 기능들 중, 입문 단계에서 꼭 알아야 하는 부분만을 소개합니다. 책을 쓰는 내내 고민했던 것은 "어떻게 해야 PHP가 제공하는 모든 기능을 빠짐없이 적을까"가 아니라, "어디까지 얘기하고 어느 부분은 빼내야 프로그래밍 입문자가 중간에 좌절하지 않을까"하는 것이었습니다. 실제로 이 책을 집필하는 과정에서 적지 않은 양의 원고가 이 때문에 삭제되기도 했습니다.

이 책의 내용을 다 이해하고 활용할 수 있다면 입문 단계를 지나 중급자의 길로 들어섰다고 생각할 수 있을 것입니다. 입문 단계에서는 최소한의 양만 공부하고 PHP 프로그래밍을 할 수 있는 능력을 키우는데 중점을 두었다면, 그 다음에는 실무에서 사용하는 다양한 프로그램을 작성해보는 것이 중요합니다. 그리고 그 과정에서 PHP 관련 사이트나 참고서를 활용하여 그때그때 필요한 부분을 찾아보고 PHP 프로그래밍에 대한 지식과 이해를 넓혀가야 할 것입니다. 이 책이 그 날을 위한 기초를 다지는데 작은 도움이 되기를 바랍니다.

저자

CONTENTS

CHAPTER 3 값 입력과 연산자 활용

CHAPTER 4 제어문

CHAPTER 13 웹 사이트 구축

CHAPTER 1

웹 프로그램의 동작 원리와
PHP 개발 환경 구축

CHAPTER 1

웹 프로그램의 동작 원리와
PHP 개발 환경 구축

PHP는 웹 프로그래밍을 위한 언어, 정확하게는 웹 서버 프로그래밍을 위한 언어이다. 자바스크립트가 웹 브라우저 위에서 실행되는 클라이언트 측(client-side) 프로그래밍 언어라면, PHP는 웹 서버에서 실행되는 서버 측(server-side) 프로그래밍 언어라고 할 수 있다.

PHP의 기본적인 문법은 C, 자바, 자바스크립트와 비슷하다. 따라서 이들 언어의 기초 문법 부분을 공부했던 사람은 빠른 시간 안에 PHP 프로그래밍을 배울 수 있다. 또한 PHP에는 적은 양의 코드로도 많은 일을 할 수 있게 해주는 강력한 기능들이 많이 있어서 다른 언어에 비해 쉽게 웹 프로그램을 작성하고 활용할 수 있다.

PHP는 "PHP: Hypertext Preprocessor"의 약자이다. 1994년 처음 만들어진 이래 계속해서 업데이트되고 있으며, 현재는 PHP 7까지 나와 있다. 여기에서 7은 정확한 버전 번호가 7.×.×라는 의미이다.

1.1 HTML과 PHP

사용자들이 웹 사이트에 접속했을 때 브라우저에 보이는 각각의 화면을 웹 페이지라 하며, 웹 페이지는 기본적으로 HTML(HyperText Markup Language)로 작성된다. HTML 문서가 웹 브라우저에 표출되는 과정은 다음과 같다.

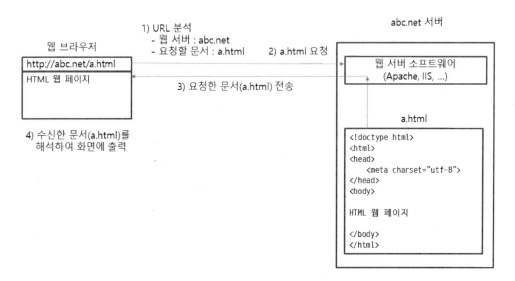

[그림 1-1] HTML 문서가 웹 브라우저에 표출되는 과정

① 사용자가 웹 브라우저의 주소창에 URL을 입력하고 엔터를 친다. 이 때 브라우저는 URL을 분석하여 웹 서버의 주소, 그리고 그 서버에게 요청할 문서의 이름을 알아낸다. 만약 URL이 http://abc.net/a.html이라면, 웹 서버의 주소는 abc.net이고, 요청할 문서는 a.html이다.

② 웹 브라우저는 인터넷을 통하여 abc.net 서버에게 a.html을 달라고 요청한다.

③ 이 요청은 웹 서버 컴퓨터의 웹 서버 소프트웨어가 수신한다. 웹 서버 소프트웨어는 a.html을 찾아, 이것을 요청했던 컴퓨터의 웹 브라우저로 전송한다.

④ 웹 브라우저가 a.html을 수신하면, 이것을 해석하여 화면에 출력한다.

이와 같이 HTML 파일은 웹 서버에 저장되어 있던 상태 그대로 브라우저로 전송되고 화면에 표출되므로, 변하지 않는 고정된 내용의 웹 페이지만 만들 수 있다. 하지만 웹 사이트에는 내용이 동적으로 변하는 페이지가 필요하다. 웹에서 흔히 볼 수 있는 게시판을 생각해보자. 사용자가 글을 하나 쓰면 게시판 글의 리스트를 보여주는 페이지의 내용이 바뀐다. 새글에 관한 정보가 추가되기 때문이다. 글이 삭제되거나 수정되었을 때도 이를 반영하여 페이지의 내용이 바뀌어야 하는데, HTML만으로는 이런 웹 페이지를 작성할 수 없다.

웹 프로그램은 이럴 때 필요하다. PHP로 작성된 웹 프로그램이 동작하는 과정을 정리하면 다음과 같다.

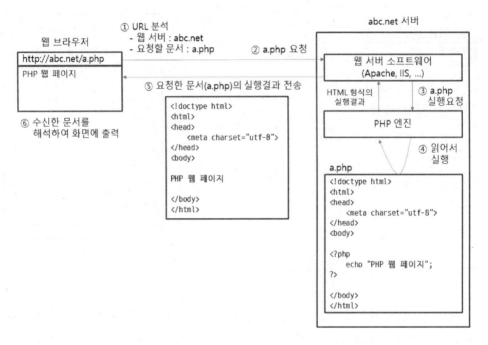

[그림 1-2] PHP 파일의 처리 과정

① 사용자가 웹 브라우저의 주소창에 URL을 입력하고 엔터를 치면, 브라우저는 URL을 분석하여 웹 서버의 주소와 요청할 문서의 이름을 알아낸다. HTML의 예와 동일한 동작이다. 만약 URL이 http://abc.net/a.php라면, 웹 서버의 주소는 abc.net이고, 요청할 문서는 a.php이다.

② 웹 브라우저는 인터넷을 통하여 abc.net 서버에게 a.php를 달라고 요청한다. 역시 HTML과 동일한 과정이다.

③ 이 요청을 웹 서버 컴퓨터의 웹 서버 소프트웨어가 수신한다. 여기까지는 HTML과 동일한 과정이었지만 이제부터 처리 방법이 달라진다. 요청된 문서의 확장자가 html이 아니

라 php이기 때문이다. 이 확장자는 요청된 문서가 PHP 프로그램임을 의미하므로, 웹 서버 소프트웨어는 이 요청을 직접 처리하지 않고 PHP 엔진에게 전달한다.

④ 요청을 받은 PHP 엔진은 a.php 파일을 찾아 실행한다. 그림에 제시된 예제에서 실제 PHP 코드는 〈?php와 ?〉 사이에 적힌 다음과 같은 한 줄 뿐이다.

```
echo "PHP 웹 페이지";
```

이것은 화면에 "PHP 웹 페이지"를 출력하라는 명령이다. 이 문장의 정확한 의미는 나중에 공부할 것이므로 지금은 몰라도 상관없다. 지금 중요한 것은 PHP 프로그램이 실행되는 방식이다. PHP 프로그램이 실행되면 적혀있는 PHP 코드가 모두 지워지고, 대신 그 자리에 실행의 결과가 남게 된다. 따라서 <?php부터 ?>까지의 모든 내용이 지워지고, 그 자리에는 실행의 결과로 "PHP 웹 페이지"만 남은 HTML 문서가 얻어진다. 이 과정을 그림으로 표시하면 다음과 같다.

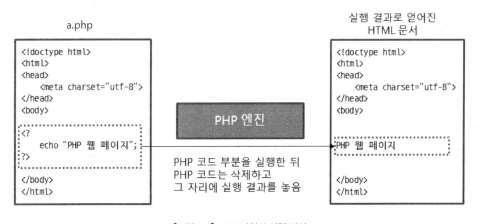

[그림 1-3] PHP 파일의 실행 과정

이렇게 PHP 프로그램의 실행이 끝나면 실행 결과는 웹 서버에게 전달된다.

⑤ 웹 서버는 이 HTML 문서를 브라우저에게 전송한다.

⑥ 웹 브라우저는 전송된 HTML 문서를 해석하여 화면에 출력한다. 정말 위의 그림과 같은 HTML 소스가 브라우저로 전송되었는지를 확인하고 싶으면, 브라우저 화면 위에서 마우스 오른쪽 버튼을 클릭한 뒤 팝업 메뉴에서 "소스 보기"를 선택한다. 이렇게 하면 브라우저가 현재 화면에 표시하고 있는 페이지의 HTML 소스 코드를 볼 수 있다.

1.2 PHP 실행 환경 구축

1.2.1 실행 환경 구축에 필요한 소프트웨어

PHP 프로그램을 이용한 웹 사이트를 구축하기 위해서는 기본적으로 다음과 같은 소프트웨어들이 필요하다.

■ 웹 서버 소프트웨어

브라우저가 요청한 웹 페이지를 전송해 주는 소프트웨어이다. Apache, IIS (Internet Information Services)등이 있다. Apache는 무료로 이용할 수 있으며 여러 운영체제를 위한 버전이 존재한다. IIS도 무료로 이용 가능하지만 윈도우즈 운영체제에서만 사용할 수 있다.

■ PHP 엔진

PHP 프로그램을 실행하여 HTML 형태의 실행 결과를 반환해 주는 소프트웨어이다. 공식 명칭은 그냥 "PHP"이지만 이 책에서는 프로그래밍 언어로서의 PHP와 혼동되지 않도록 PHP 엔진이라고 부를 것이다. PHP 공식 사이트에서 다운로드 받을 수 있으며 무료로 이용할 수 있다.

■ DBMS(DataBase Managament System)

대부분의 웹 사이트는 데이터 관리를 위해 데이터베이스를 사용한다. PHP와 함께 가장 많이 사용되는 DBMS는 MySQL인데, 과거에는 완전한 무료 소프트웨어였으나 이제는 비상업적 이용 시에만 무료이다. 따라서 최근에는 MySQL 대신에 MariaDB를 사용하는 경우가 늘고 있다. MariaDB는 MySQL과 거의 완벽히 호환되며 완전한 무료 소프트웨어이기 때문이다. 물론 PHP에서 MySQL이나 MariaDB만 사용해야 하는 것은 아니고, 필요에 따라 Oracle 등의 다른 DBMS도 이용할 수도 있다.

이들 소프트웨어를 설치하는 방법은 크게 두 가지가 있다. 각각의 소프트웨어를 개별적으로 설치하는 방법과, 필요한 소프트웨어들이 하나로 묶여있는 패키지를 이용하는 방법이다.

(1) 개별 설치

각각의 소프트웨어를 웹 사이트에서 다운로드한 뒤 설치할 수 있다. 각 소프트웨어의 공식
웹 사이트는 다음과 같다.

• Apache : http://httpd.apache.org/

• PHP 엔진 : http://www.php.net/

• MySQL : http://www.mysql.com/ (MariaDB : http://mariaDB.org)

이렇게 각각의 소프트웨어를 별도로 다운로드 받아 설치할 경우에는 세 소프트웨어가 연
동되도록 Apache와 PHP의 설정 파일을 수정해주어야 한다. 그 과정을 정리하면 다음과
같다.

① Apache, PHP 엔진, MySQL을 설치한다.

② Apache가 PHP를 호출할 수 있도록 Apache 설정 파일(httpd.conf)를 수정한다.

③ PHP가 MySQL에 접근할 수 있도록 PHP 설정 파일(php.ini)를 수정한다.

하지만 이 책에서는 개별적으로 소프트웨어들을 설치하는 상세한 절차나 방법은 다루지 않
는다. 대부분 개발자들은 이들 소프트웨어가 하나로 묶여 있는 패키지를 이용하여 간단하
게 설치하는 것을 선호하기 때문이다. 꼭 개별 설치를 해야 하는 상황이라면 해당 소프트웨
어의 웹 사이트를 참조하도록 한다.

(2) 하나의 패키지로 설치

PHP 동작에 필요한 소프트웨어들을 묶어놓은 패키지는 XAMPP, WAMP, EasyPHP 등이
있다. 이들 패키지를 이용하면 Apache, PHP 엔진, MariaDB가 한 번에 모두 설치되며, 세
소프트웨어들 간의 연동이 자동적으로 설정된다. 우리는 그 중에서 XAMPP를 이용할 것
이다. 대부분의 다른 패키지들은 윈도우즈용 버전만 제공하지만, XAMPP는 윈도우즈, 리
눅스, 맥 OS용 설치 파일을 모두 제공하므로 운영체제에 구애받지 않고 사용할 수 있다는
장점이 있다. XAMPP는 Cross-Platform(X), Apache(A), MariaDB(M), PHP(P) and Perl(P)의
약자이다.

1.2.2 XAMPP 설치

XAMPP 패키지의 설치 자체는 간단하다. 특별히 손대고 싶은 옵션이 없다면 설치 프로그램을 실행하고 "다음", "설치" 등만 계속해서 클릭해주면 된다. 하지만 우리 상황에 맞도록 약간의 설정 변경을 해주는 것이 좋겠다. 이 과정을 요약하면 다음과 같다.

① 설치 프로그램을 실행하고 "다음", "설치" 등을 클릭해서 진행한다. 이 과정에서 설치할 프로그램 구성 요소를 선택하는 화면이 있는데, 우리가 사용할 프로그램인 Apache, PHP, MariaDB만 선택하고 다른 것은 설치되지 않도록 한다. 물론 사용하지 않을 소프트웨어가 설치되는 것이 상관없다면 아무 것도 손대지 않아도 된다.

② 설치 후 설정 파일을 두 군데 수정해야 하는 부분이 있다. 한글을 원활하게 사용하고 한국 표준시를 설정하기 위한 것이다.

③ Apache와 MySQL을 윈도우즈 서비스로 등록해서 재부팅 할 때마다 자동적으로 실행되도록 한다. 매번 직접 Apache와 MySQL을 실행할 것이라면 이 설정은 할 필요가 없다.

이제 실제로 설치를 해 보자. 먼저, http://www.apachefriends.org/ 사이트에서 윈도우즈용 XAMPP 패키지를 다운로드 받는다.

다운로드가 끝나고 설치 프로그램을 실행시키면 설치가 시작되는데 다음과 같은 대화상자들이 먼저 나타날 수 있다. "OK"와 "Yes"를 클릭하면 설치 프로그램이 시작된다.

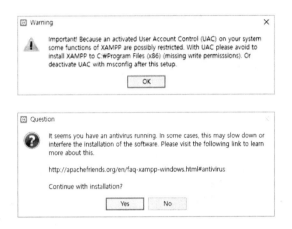

첫 번째는 사용자 계정 컨트롤(UAC; User Account Control) 때문에 문제가 될 수 있으니 XAMPP를 C:\Program Files (x86) 폴더에 설치하지 말라는 경고창이다. 우리는 디폴트 설정값대로 C:\XAMPP에 설치할 것이니 문제가 없다.

두 번째는 컴퓨터에 백신이 설치되어 있어서 설치 속도가 느려지거나 간섭이 있을 수 있는데 설치를 계속할 것인지를 확인하는 창이다. 역시 실제로는 별 문제를 일으키지 않는다. 혹시 문제가 발생한다면 백신의 실시간 감시를 잠시 꺼놓고 설치를 다시 시작하면 될 것이다.

설치 시작화면은 다음과 같다.

2첫 화면에서 "Next"를 클릭하면 설치할 구성 요소를 선택하는 화면이 나온다. 앞서 말했듯 Apache, MySQL, PHP 만 선택하고 나머지는 체크 표시를 지운 뒤, "Next"를 클릭한다. 사용하지 않을 프로그램이 디스크 용량을 차지하는 것이 별 상관없다면 손대지 않고 그대로 넘어가도 상관없다.

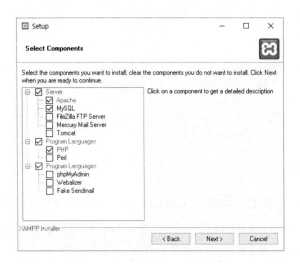

이제 설치할 폴더를 선택하는 화면이 나온다. c:\xampp가 이미 입력되어 있을 것이다. 손대지 말고 그대로 "Next"를 클릭한다. 이제부터는 손댈 것이 없으므로 화면이 바뀔 때마다 계속해서 "Next"만 클릭하면 된다.

설치가 모두 끝나면 설치 완료를 알리는 화면이 나오고, "Finish"를 클릭하면 설치가 모두
끝난다. 다만, 설치 마무리 과정에서 윈도우즈 방화벽이 다음과 같은 보안 경고 창을 띄울
수 있다. Apache 웹 서버가 제대로 동작하려면 당연히 "액세스 허용" 버튼을 눌러 주어야
한다.

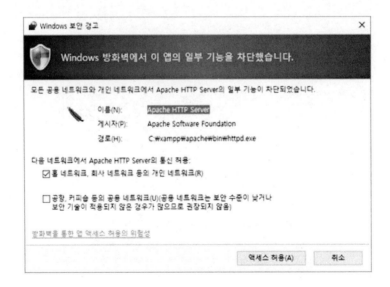

1.2.3 XAMPP 설정

설치가 모두 끝나면 자동적으로 XAMPP Control Panel이 실행된다. 최초 실행 시에는 사용
언어를 물어 보는데, 영어가 선택된 상태에서 그대로 "Save" 버튼을 클릭한다.

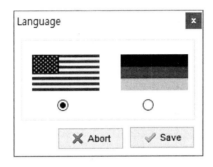

이제 다음과 같은 화면을 볼 수 있을 것이다.

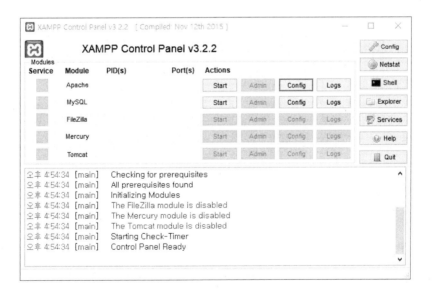

먼저 Time Zone을 한국 표준시로 설정한다. 이를 위해 "Apache" 행의 "Config" 버튼을 누
르면 나오는 팝업 메뉴에서 "PHP (php.ini)"를 선택한다. 메모장이 열리면서 php.ini 파일이
보일 것이다. Ctrl-F를 눌러 문자열 찾기 대화상자가 나오면 "Berlin"이라는 단어를 찾는다.

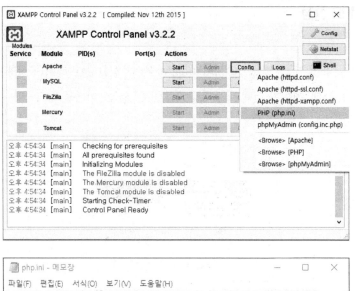

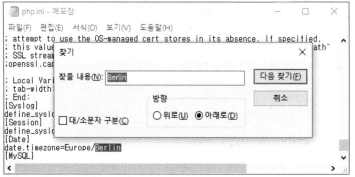

"Europe/Berlin"이라는 문자열을 "Asia/Seoul"로 바꾸고 저장한 뒤, 메모장을 닫으면 Time Zone 설정은 끝이 난다. php.ini 파일 수정 전과 후의 내용을 정리하면 다음과 같다.

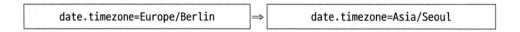

이제 데이터베이스에서 원활한 한글 처리를 위해 문자 인코딩 방식을 UTF-8로 설정한다.

혹시 인코딩이라는 단어를 처음 들어보았다면 "각각의 글자를 어떤 숫자로 바꾸어 컴퓨터에 저장할지 정해놓은 것"이라고 생각하면 되겠다. 컴퓨터의 메모리는 숫자만 저장할 수 있기 때문에 글자를 그대로 저장할 수 없어서 숫자로 바꿔 저장하게 된다. 따라서 "A라는 글자는 숫자 65, B는 숫자 66"과 같은 식으로 각각의 글자가 어떤 숫자에 대응할지 정해 놓는데 이것을 인코딩이라고 한다.

문제는 이러한 인코딩 방식이 하나만 있는 것이 아니라는 점이다. 예를 들어 "위"라는 한글은 UTF-8 인코딩으로는 "236, 156, 132"라는 3바이트의 숫자로 저장된다. 하지만 같은 글자라도 한글 윈도우즈에서 기본적으로 사용하는 인코딩인 CP949를 사용하면 "192, 167"의 2바이트 숫자로 저장된다.

사실 인코딩을 제대로 설명하자면 꽤 긴 얘기가 될 것이므로 여기에서는 이 정도의 개념만 알고 넘어가도 큰 문제는 없다. 다만 앞으로 웹 개발을 할 때에는 특별한 상황이 아니라면 항상 UTF-8 인코딩을 사용하도록 하자. 최근 웹 개발에는 UTF-8 인코딩이 사실상 표준이기 때문이다.

본론으로 돌아와서, 실제 설정 과정은 복잡하지 않다. "MySQL" 행의 "Config"를 클릭하여 나온 팝업 메뉴에서 "my.ini"를 클릭한다. 역시 메모장이 뜨면 Ctrl-F를 눌러 문자열 찾기 대화상자를 띄우고, "skip-char"를 찾는다. 그리고 그 줄과 바로 윗줄에서, 첫 번째 컬럼에 있는 "#"을 제거하면 된다. 즉 다음과 같이 바꾸면 된다.

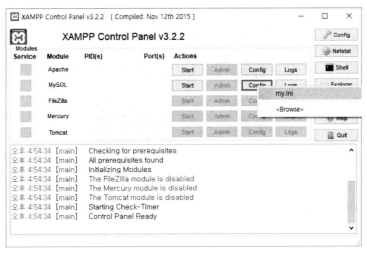

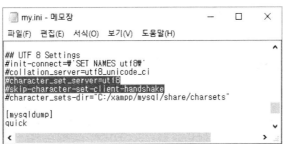

my.ini 파일 수정 전과 후의 내용을 정리하면 다음과 같다.

`#character_set_server=utf8` `#skip-character-set-client-handshake`	⇒	`character_set_server=utf8` `skip-character-set-client-handshake`

이 상태로도 바로 Apache와 MySQL 서버를 실행시킬 수 있다. "Apache" 행의 "Start" 버튼을 누르면 Apache 웹 서버가 실행되고, "MySQL" 행의 "Start" 버튼을 누르면 MySQL(정확히는 MariaDB) 서버가 실행된다.

또 혹시 실수로 XAMPP Control Panel 창 오른쪽 위 구석의 "×" 표시를 클릭해서 창이 닫혔다 해도 굳이 다시 실행할 필요가 없다. XAMPP Control Panel은 창을 닫아도 완전히 종료되지 않는다. 화면 오른쪽 아래의 알림 영역에 보면 다음과 같은 아이콘을 볼 수 있을 것이다.

아이콘을 우클릭해서 팝업 메뉴를 띄운 뒤 각 서버를 시작하거나 중단할 수 있으며, 아이콘을 더블클릭해서 창을 다시 띄울 수 있다. 혹시 XAMPP Control Panel을 완전히 종료하고 싶으면 위 그림의 팝업 메뉴에서 "Quit"를 클릭하거나, 창을 다시 띄운 뒤 "Quit" 버튼을 클릭해야 한다.

1.2.4 윈도우즈 서비스 등록

매번 컴퓨터를 부팅할 때마다 XAMPP Control Panel을 실행하고 Apache와 MySQL의 "Start" 버튼을 눌러서 서버들을 실행하는 것은 꽤나 귀찮은 일이다. 부팅 시에 항상 자동으로 이 두 서버가 실행되도록 설정 해보자.

먼저, XAMPP Control Panel을 관리자 권한으로 실행해야 한다. 관리자 권한이 있어야만 윈도우스 서비스를 등록할 수 있기 때문이다. 혹시 XAMPP Control Panel이 이미 실행 중인데 또 실행해도 되는지 걱정하는 독자가 있을 수도 있는데, XAMPP Control Panel은 여러 개가 동시에 실행되어도 아무런 문제가 되지 않는다.

관리자 권한으로 실행하는 방법은 시작 메뉴를 통한 방법과 윈도우스 탐색기를 통한 방법이 있으므로, 두 방법 중 여러분이 편한 방법을 택하면 된다.

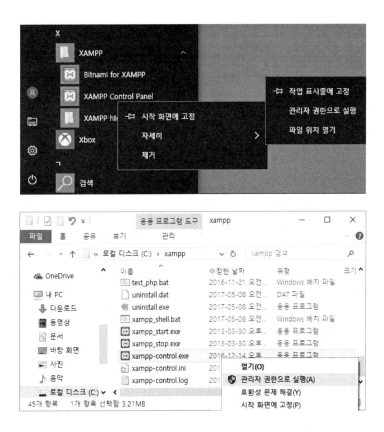

XAMPP Control Panel이 실행되면 가장 왼쪽의 "Service" 컬럼을 주목하자. 예전에는 이 컬럼의 사각형이 그냥 회색으로만 칠해져 있었는데, 관리자 권한으로 실행을 하니 지금은 붉은색 "×" 표시가 있음을 볼 수 있을 것이다. 이제 Apache를 윈도우스 서비스로 등록하기 위해 이 사각형을 클릭한다. 그러면 확인하는 대화창이 뜨는데 "Yes"를 클릭하면 된다.

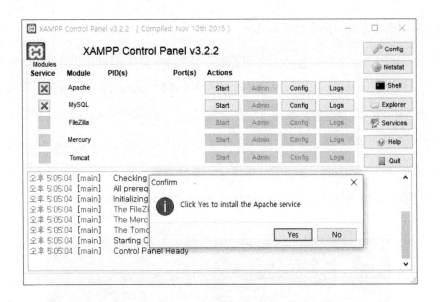

MySQL도 똑같은 방식으로 윈도우즈 서비스로 등록할 수 있다. 모두 끝나고 나면 화면은
다음과 같이 바뀌어 있을 것이다.

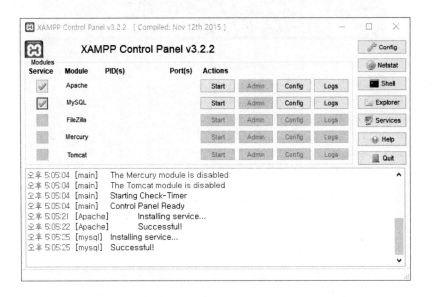

Apache와 MySQL 행의 "Service" 컬럼을 보면 초록색 체크 표시가 보일 것이다. 이제 모든
설정은 끝났다. 재부팅을 하면 Apache와 MySQL 서버가 자동적으로 실행될 것이다. 혹시
재부팅을 하는 것이 귀찮다면 이번 한번만 Apache와 MySQL 행의 "Start" 버튼을 눌러 바로
실행시켜 볼 수도 있다.

1.3 프로그래밍용 에디터 설치

PHP 프로그램을 입력하기 위해서는 프로그래밍용 에디터가 필요하다. 부득이한 경우에는 윈도우즈 운영체제에 기본적으로 포함된 메모장 프로그램을 사용할 수도 있겠지만, 본격적인 프로그래밍 작업에는 불편하다. 최소한 행 번호가 보이고 문법 강조 기능(단어의 종류에 따라 색상이 다르게 표시되는 기능)이 있는 것을 사용하는 것이 좋겠다. 여기에서는 공개 소프트웨어(Freeware)인 Notepad++를 설치해볼 것이다.

1.3.1 D2Coding 폰트 설치

먼저, 에디터를 설치하기 전에 먼저 프로그래밍용 폰트를 설치해 보자. 물론 일반적인 문서 편집에 사용되는 폰트를 사용해도 되긴 하지만 프로그래머들이 선호하는 폰트 중 하나를 골라서 사용하는 것이 좋다. 프로그래밍용 폰트는 코드를 알아보기 쉽게 하고, 글자를 혼동할 여지를 줄여준다. 따라서 글자의 가로 폭이 어느 글자든 일정한 고정 폭 폰트가 대부분이며, 1자 형태(대문자 I, 소문자 l, 숫자 1, 특수기호 |)나 0자 형태(대문자 O, 숫자 0)의 글자들이 쉽게 구분될 수 있도록 만들어져 있다.

이러한 프로그래밍용 폰트 중 국내 개발자들이 많이 사용하고 있는 D2Coding 폰트를 설치해 보자. 이것은 네이버에서 개발하여 무료로 배포하는 폰트이며 다음 경로에서 다운로드받을 수 있다.

```
http://github.com/naver/d2codingfont
```

다운로드를 받으면 압축을 해제하고 D2Coding.ttc 파일을 찾아 더블클릭한다. 다음과 같은 화면을 볼 수 있을 것이다.

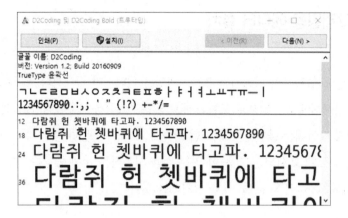

설치 버튼만 클릭하면 폰트 설치가 완료된다.

1.3.2 Notepad++ 설치

Notepad++는 http://notepad-plus-plus.org/에서 다운로드 받을 수 있다. 이 사이트에 접속
하면 다음과 같은 화면이 보일 것이다.

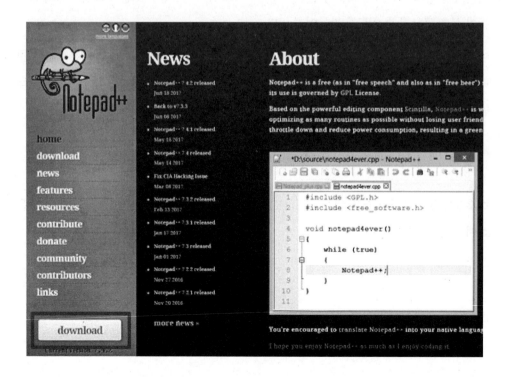

왼쪽 아래에 있는 "download" 버튼을 누르면 다음과 같은 화면이 나온다.

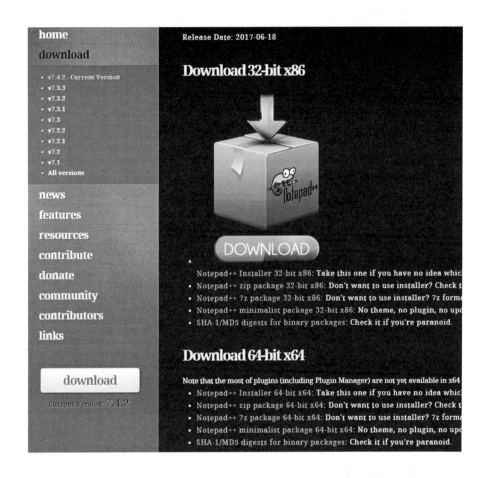

여기에서 본인의 윈도우즈 버전에 맞는 설치 파일을 다운로드 받으면 된다. 윈도우즈가 32 비트 버전이면 "Notepad++ Installer 32-bit x86"을, 64비트 버전이면 "Notepad++ Installer 64-bit x64"를 다운로드 받으면 될 것이다. 설치 파일을 실행하면 별다르게 선택할 것이 없다. 계속해서 "다음"만 눌러주면 설치가 완료된다. 설치가 완료되면 Notepad++가 자동으로 실행될 것이다.

이제 마지막으로 Notepad++에서 사용할 폰트를 D2Coding으로 설정해 주면 된다. "설정" 메뉴에서 "스타일 설정"을 선택하면 다음과 같은 대화 상자가 나온다.

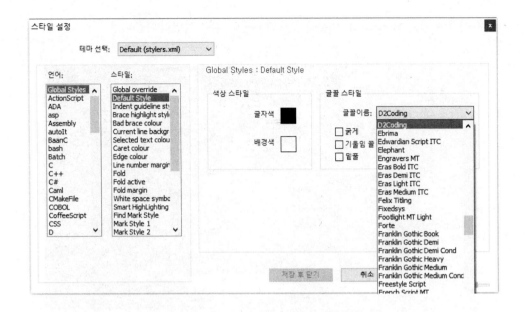

좌측에 "언어" 섹션을 보면 "Global Styles"가 선택되어 있을 것이다. 그리고 바로 오른쪽에 "스타일" 섹션에서 두 번째 항목인 "Default Style"을 선택한다. 마지막으로 가장 오른쪽의 "글꼴 스타일" 섹션에서 "글꼴 이름"을 "D2Coding"으로 선택하고, "저장 후 닫기" 버튼을 누르면 폰트 설정은 끝이 난다.

1.4 개발 환경 테스트

이제 PHP 개발 환경에 문제가 없는지 테스트해보자. Notepad++에서 다음과 같은 프로그램 코드를 입력한다. 아직 PHP 프로그래밍을 배우기 전이므로 이해가 가지 않는 것이 있어도 걱정하지 말고 그대로 입력만 하면 된다.

예제 1-1 개발 환경 동작 테스트 예제 (1-1.php)

```
 1: <!doctype html>
 2: <html>
 3: <head>
 4:     <meta charset="utf-8">
 5: </head>
 6: <body>
 7:
 8: <?php
 9:     echo "홍길동의 PHP 웹 페이지";
10: ?>
11:
12: </body>
13: </html>
```

실행 결과

홍길동의 PHP 웹 페이지

소스 코드를 입력할 때는 다음과 같은 사항에 유의한다.

① 입력하기 전 인코딩이 UTF-8로 되어 있는지 확인한다. 이것은 Notepad++ 하단의 상태 표시 줄 중, 오른쪽에서 두 번째 칸에 적혀있다. 만약 UTF-8이 아니라면 다음과 같이 한다.

- 아직 아무 글자도 입력하지 않았을 경우, 메뉴의 "설정→환경설정→새 문서"에서 "UTF-8"로 설정하고 다시 새 문서를 연다. 이 설정은 새 문서 창을 열 때 인코딩이 UTF-8로 시작하도록 해 준다.

- 프로그램 입력 중에 인코딩이 UTF-8이 아니라는 사실을 알았다면, 메뉴의 "인코딩→ UTF-8로 변환"을 선택한다. 이것은 편집 중인 문서의 인코딩을 UTF-8로 변환해 준다.

② 9번 행을 입력할 때는, "홍길동" 대신에 자신의 이름을 적도록 한다. 조금 뒤에 할 웹 서버 동작 테스트를 위한 것이다.

③ 저장할 때 파일명은 1-1.php로 한다.

④ 파일을 저장하는 위치는 반드시 c:\xampp\htdocs로 한다.

프로그램을 입력하고 저장했다면 웹 브라우저에 다음과 같은 URL을 넣어 프로그램을 실행한다. 프로그램 파일의 아이콘을 더블클릭해서 실행하는 것이 아님에 주의하기 바란다.

```
http://localhost/1-1.php
```

화면에 "홍길동의 PHP 웹 페이지"라는 문자열이 나오면 PHP 프로그램 구동 환경에 문제가 없는 것이다. 그런데 localhost라는 단어는 무슨 뜻일까? 앞에서 했던 PHP 프로그램 동작 방식에 대한 얘기를 되새겨 보면 localhost가 적힌 자리에는 웹 서버의 호스트명 또는 IP 주소가 들어가야 한다. 여러분은 자신의 컴퓨터에 XAMPP를 설치해서 웹 서버로 만들었지만 별도의 호스트명은 없을 것이다. 따라서 원래는 다음과 같이 IP 주소를 사용하여 1-1.php를 실행해야 한다.

```
http://여러분_컴퓨터의_IP_주소/1-1.php
```

하지만 혼자서 웹 프로그램을 개발하는 중에는, 웹 서버가 실행되고 있는 컴퓨터에서 브라우저를 실행하는 경우가 많을 것이다. 이런 상황에서는 굳이 그 컴퓨터의 호스트명 또는 IP 주소를 넣지 않고 localhost 또는 127.0.0.1로 웹 서버 주소를 대신할 수 있다. localhost와 127.0.0.1은 내가 사용하고 있는 컴퓨터를 가리키는 특별한 호스트명과 IP 주소이다.

예를 들어 A와 B라는 두 대의 컴퓨터가 있다고 가정하자. A 컴퓨터에서 브라우저를 열어 B 컴퓨터의 웹 서버에 접속하려고 하면 B 컴퓨터의 호스트명 또는 IP 주소가 필요하다. 하지만 A 컴퓨터에서 브라우저를 열어 A 컴퓨터의 웹 서버에 접속할 때에는 굳이 정확한 주소를 넣지 않고 localhost 또는 127.0.0.1이라고 적어서 접속할 수 있다.

이제 한 가지만 더 시험을 해보자. 여러분이 사용하는 컴퓨터를 웹 서버로 만들고 그 컴퓨터에 프로그램 파일을 저장해서 동작하는 것은 확인이 되었다. 그런데 정말 여러분의 컴퓨터가 웹 서버로서의 역할을 잘 하는지가 궁금하지 않은가?

이것을 확인해 보기 위해서는 2대의 컴퓨터가 필요하다. 학교 실습실이라면 2명이 짝이 되어 실습을 진행해도 좋을 것이다. 그리고 가장 먼저 할 일은 웹 서버 컴퓨터의 IP 주소를 알아야 한다.

IP 주소를 확인하는 것은 간단하다. 윈도우즈 명령 프롬프트를 실행한 뒤 ipconfig 명령을
입력하고 엔터를 치면 된다. 그러면 화면에 무언가 출력이 될 텐데, 그중에 "IPv4 주소"라고
적힌 항목이 여러분 컴퓨터의 IP 주소이다. 그림에서는 실제 정보를 모두 지워놓았지만, 여
러분이 실행해 보면 IP 주소를 확인할 수 있을 것이다.

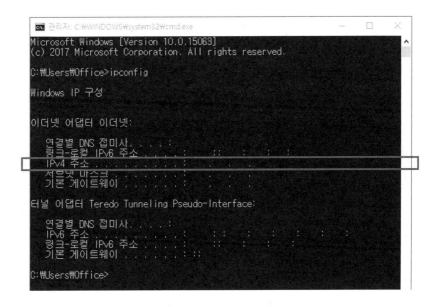

이렇게 알아낸 IP 주소를 localhost 자리에 대신 적어주면 된다. 예를 들어 여러분의 이름이
"홍길동"이고 실습실 옆 자리에 앉은 친구의 이름이 "이순신"이라고 가정하자. 그리고 각
각 예제 1-1.php이 자신의 이름을 출력하도록 프로그램을 작성하고 잘 실행되는 것을 테스
트하였다. 또한 각자 자신의 IP주소를 보니 192.168.0.2와 192.168.0.3이었다. 이 상황을 정리
하면 다음과 같다.

이름	홍길동	이순신
IP	192.168.0.2	192.168.0.3
1-1.php의 출력	홍길동의 PHP 웹 페이지	이순신의 PHP 웹 페이지

이제 여러분(홍길동)이 자신의 컴퓨터에서 웹 브라우저를 실행하고 주소창에 http://192.
168.0.3/1-1.php라고 넣는다면 "이순신의 PHP 웹 페이지"가 출력된 화면을 볼 수 있을 것이
다. 이것은 여러분(홍길동) 컴퓨터의 웹 브라우저가 "이순신" 컴퓨터의 웹 서버에 접속하여

거기에 저장된 1-1.php를 실행한 결과를 받아왔기 때문이다. 즉 "이순신"의 컴퓨터는 지금 웹 서버의 역할을 하고 있는 것이다. 이 상황을 그림 1-2와 같은 형태로 그려보면 다음과 같다.

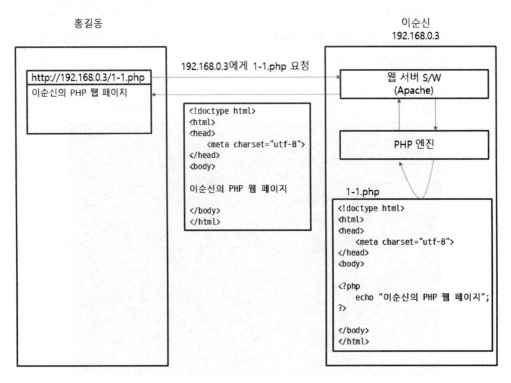

[그림 1-4] PHP 프로그램의 실행 예

연습문제

1. 웹 브라우저의 PHP 페이지 요청이 처리되는 과정을 설명해 보시오.

2. XAMPP를 설치하고 설정을 해 보시오.

3. Notepad++를 설치해 보시오. 만약 다른 에디터를 사용하기로 했다면 그것을 설치해도 무방합니다.

4. 예제 1-1.php를 입력하고 저장하여 PHP 프로그램이 잘 동작하는지 확인하여 보시오. 또한 웹 서버가 아닌 다른 컴퓨터에서 접속하는 상황도 테스트하여 보시오.

CHAPTER 2

PHP 프로그래밍 기초

이 장에서는 PHP 프로그램의 기본적인 형태와 실행 방법을 살펴보고, 문장과 주석 작성, echo 문을 이용한 화면 출력, 상수와 변수의 사용법과 같은 PHP 프로그래밍의 기초적인 사항들에 대해 공부한다.

2.1 PHP 프로그램의 기본 형태

PHP 프로그램 파일의 확장자는 ".php"이다. 하지만 파일의 내용을 보면 기본적으로는 HTML 파일의 형태를 하고 있으며, 필요한 부분에 PHP 코드가 삽입되는 방식으로 구성된다. 따라서 PHP 코드 영역이 어디에서 시작하고 어디에서 끝나는지 표시할 방법이 필요한데, 시작을 알리는 표시로는 <?php를, 끝을 알리는 표시로는 ?>를 사용한다.

다만 오래 전에 작성된 PHP 코드를 보면 PHP 코드 시작 표시로 <?php가 아니라 <?를 사용하여 <? ... ?>의 형태로 PHP 코드 영역을 표시한 경우가 있는데, 이것은 짧은 시작 태그 (short open tag)라 불리는 약식 표기법을 사용한 것이다. 하지만 이런 형태는 사용하지 않는 것이 최근의 추세이며, PHP 설정을 통해 아예 사용이 불가능하게 막혀있는 경우도 있으므로, 여러분이 PHP 코드를 작성할 때는 <?php ... ?>의 형태를 사용하기 바란다. XAMPP의 기본 설정 역시 짧은 시작 태그를 사용하지 못하도록 되어 있다.

이제 간단한 예제 프로그램을 통해 PHP 프로그램의 형태를 살펴보도록 하자. 음영을 넣어 표시한 부분이 PHP 코드 영역이고, 나머지는 모두 HTML 영역이다.

예제 2-1 PHP 프로그램의 기본 형태 (2-1.php)

```
 1: <!doctype html>
 2: <html>
 3: <head>
 4:     <meta charset="utf-8">
 5: </head>
 6: <body>
 7:
 8: <?php
 9:     echo "오늘 날짜 : ", date("Y-m-d"), "<br>";
10:     echo "현재 시간 : ", date("H:i:s");
11: ?>
12:
13: </body>
14: </html>
```

실행 결과

```
오늘 날짜 : 2017-03-29
현재 시간 : 13:51:52
```

아직 PHP 프로그램을 배우지 않은 상태이므로, 9~10번 행의 PHP 코드를 이해하지 못한다고 걱정할 필요는 없다. 여기서 중요한 것은, 당분간 여러분들이 보게 될 대부분의 PHP 프로그램들이 이 예제와 같은 틀을 사용할 것이라는 점이다. 아마도 다른 곳은 모두 똑같고, 9~10번 행의 코드 부분만 바꾸는 식으로 프로그램을 작성하게 될 것이다.

일단 지금은 항상 고정적으로 작성할 부분에 초점을 맞춰 보도록 하자. 8~11번 행을 제외한 나머지 부분은 모두 HTML 태그들이므로 이미 그 의미를 알고 있을 것이다. 하지만 앞으로 여러분이 반복적으로 사용할 프로그램의 기본 틀이므로 한 줄씩 훑어보도록 하자.

1번 행은 이 문서가 HTML 5 표준에 따라 작성된 문서임을 웹 브라우저에게 알려준다.

2번과 14번 행은 HTML 문서의 시작과 끝을 표시한다.

3번과 5번 행은 HTML 문서 헤드(Head) 파트의 시작과 끝을 표시한다.

4번 행은 이 문서가 UTF-8 인코딩으로 저장되어 있음을 브라우저에게 알려준다. 따라서 이 파일을 저장할 때에는 UTF-8 인코딩으로 저장해야 한글이 깨지지 않고 출력된다. Notepad++ 등과 같은 에디터는 디폴트(Default) 인코딩이 UTF-8이므로 별 문제가 없지만, 혹시 다른 에디터를 사용할 경우에는 새 문서를 만들 때의 디폴트 인코딩 설정을 확인해보고 UTF-8이 아니라면 변경해 놓아야 한다.

6번과 13번 행은 HTML 문서 바디(Body) 파트의 시작과 끝을 표시한다.

8번과 11번 행은 PHP 코드 영역의 시작과 끝을 표시한다.

9번과 10번 행은 오늘의 날짜와 현재 시간을 출력한다. 아직 정확히 공부하지는 않았지만 echo는 브라우저 화면에 무언가 출력을 할 때 사용하는 명령이다. 따라서 9번 행은 '오늘 날짜 : '라는 문자열과 실제 오늘의 날짜를 출력한다는 것을 짐작할 수 있을 것이다. 10번 행은 '현재 시간 : '이라는 문자열과 실제 현재 시간을 출력한다.

사실, 위의 예제 2-1은 가장 간단한 형태를 보인 것이라 하나의 PHP 코드 영역에 모든 PHP 코드가 다 모여 있지만, 하나의 파일 안에 여러 개의 PHP 코드 영역이 있어도 아무 문제가 없다. 다음 예제를 보자.

예제 2-2 2개의 PHP 코드 영역이 있는 프로그램 (2-2.php)

```
 1: <!doctype html>
 2: <html>
 3: <head>
 4:     <meta charset="utf-8">
 5: </head>
 6: <body>
 7:
 8: 오늘 날짜 :
 9: <?php
10:     echo date("Y-m-d");
11: ?>
12: <br>
13:
14: 현재 시간 :
15: <?php
16:     echo date("H:i:s");
17: ?>
18:
19: </body>
20: </html>
```

실행 결과

```
오늘 날짜 : 2017-03-29
현재 시간 : 13:51:52
```

이 프로그램은 예제 2-1과 완전히 동일한 동작을 한다. 예제 2-1과 다른 점은 "오늘 날짜 : ", "<br>", "현재 시간 : "과 같이 항상 동일하게 출력되는 부분은 HTML 영역에 두고, 실제 오늘 날짜와 현재 시간 같이 동적으로 바뀌는 부분만을 PHP 코드 영역에 두는 식으로 코드를 작성한 것뿐이다. 그러다 보니 하나의 파일에 2개의 PHP 코드 영역(9~11행과 15~17행)이 나타났다.

이 예제에는 단지 2개의 PHP 코드 영역만 나타나지만, 사용할 수 있는 PHP 코드 영역의 개수에는 제한이 없으므로, 필요하다면 하나의 파일 안에 PHP 코드 영역을 100개든 200개든 원하는 만큼 넣을 수 있다.

2.2 PHP 프로그램의 실행

PHP 프로그램 파일은 보통의 HTML 파일과는 달리, 파일의 아이콘을 더블 클릭하거나 웹 브라우저 위에 아이콘을 끌어다 놓는 방식으로 실행해서는 안 된다. 순수하게 HTML로만 구성된 파일은 웹 브라우저가 모두 해석해서 화면에 표시할 수 있지만, PHP 프로그램 코드는 웹 서버에 연동되어 있는 PHP 엔진이 해석해야만 실행 결과를 얻을 수 있기 때문이다. 따라서 적절한 위치에 저장하고, 그에 맞는 URL를 브라우저 주소창에 입력해야만 정상적인 실행 결과를 얻을 수 있다.

2.2.1 PHP 프로그램의 저장 위치

PHP 프로그램은 웹 서버인 Apache의 도큐먼트 루트(Document Root) 폴더 또는 그 하위 폴더에 저장해야 한다. 도큐먼트 루트는 웹 사이트에 관련된 파일들(HTML, CSS, JS, PHP 등)이 위치한 폴더들 중 가장 상위 폴더를 의미한다. XAMPP 패키지를 설치할 때 설치 폴더를 변경해 주지 않았다면 Apache의 도큐먼트 루트는 C:\xampp\htdocs이다.

예를 들어 컴퓨터의 폴더 구조가 아래 그림 2-1과 같다고 가정해보자. 그림에서 색칠한 사각형으로 표시된 것이 폴더이고 각각의 사각형 아래에 선으로 연결해 적어놓은 a.php, b.php, c.php, d.php는 그 폴더에 들어있는 PHP 파일명이다. C:\xampp\htdocs가 도큐먼트 루트 폴더라고 할 때, 점선으로 그려진 사각형 안에 있는 4개 폴더에는 PHP 프로그램 파일을 놓을 수 있지만, 그 외의 폴더들에는 PHP 프로그램 파일을 아무리 넣어도 실행할 수가 없다.

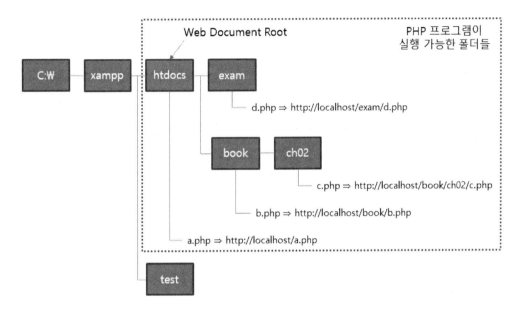

[**그림 2-1**] PHP 파일이 위치한 폴더와 이를 실행하기 위한 URL의 관계

2.2.2 PHP 프로그램의 실행

적절한 폴더에 PHP 프로그램을 저장했으면 웹 브라우저의 주소창에 이 프로그램의 실행을 요청하는 URL을 입력하고 엔터를 쳐서 실행을 시킨다. URL은 다음과 같은 형식으로 입력하면 된다.

```
http://웹_서버_주소/도큐먼트_루트로_부터의_경로와_PHP_파일명
```

먼저, 웹 서버 주소 부분을 살펴보자. 이곳에는 말 그대로 Apache 웹 서버가 돌아가고 있는 컴퓨터의 주소를 적으면 된다. 만약 웹 서버 컴퓨터가 abc.co.kr 이라는 이름을 가지고 있다면, 이 자리에는 abc.co.kr이 들어가면 된다. 만약 웹 서버 컴퓨터에 별도의 이름이 없다면 이름대신 IP 주소를 적어 줄 수 있고, 웹 서버 컴퓨터에서 브라우저를 열어 접속하는 상황이라

면 localhost 또는 127.0.0.1을 사용하면 된다.

주소를 적고 나면 URL의 나머지 부분에는 PHP 프로그램이 위치한 경로와 파일명을 적어 주면 된다. 다만 이때의 경로는 Apache의 도큐먼트 루트로부터의 경로이다. 예를 들어, Apache의 도큐먼트 루트인 C:\xampp\htdocs 폴더에 a.php가 저장되어 있다면, 경로와 파일명은 /a.php가 된다. 즉, 브라우저의 주소창에 http://localhost/a.php를 입력하여 프로그램 실행 결과를 웹 브라우저에서 볼 수 있다. 도큐먼트 루트 폴더에 PHP 프로그램 파일을 저장했기 때문에 별도의 경로를 더 적을 필요가 없는 것이다.

하지만 C:\xampp\htdocs\book 폴더에 b.php 파일을 저장했다면 경로와 파일명은 /book/b.php가 되므로, http://localhost/book/b.php라고 URL을 적어야 올바른 실행 결과를 얻을 수 있다. 이해를 돕기 위해 PHP 프로그램 파일의 위치와 URL과의 관계의 예를 위의 그림 2-1에 적어두었으니 참고하기 바란다.

이제 예제 2-1을 입력하고 저장해 보자. 저장할 때 파일의 이름은 2-1.php로 하면 된다. "2-1"이라는 파일명은 여러분이 마음대로 바꾸어도 되지만, PHP 프로그램의 확장자는 ".php"이므로 확장자만은 정확하게 지켜주도록 한다.

저장이 잘 되었다면 브라우저의 주소창에 URL을 입력하고 엔터를 쳐서 실행해보자. 문제가 없다면 오늘의 날짜와 현재 시간이 브라우저에 출력될 것이다. 만약 경로나 파일명이 잘못되었다면, 요청한 파일을 찾을 수 없다는 오류 메시지가 나타날 것이다.

2.3 문장과 주석

한글로 쓴 일반 문서가 하나 있다고 생각해 보자. 그 문서는 여러 개의 문장이 모여서 만들어졌을 것이다. 마찬가지로 하나의 프로그램도 여러 개의 문장이 모여서 만들어진다. 다만 일반 문서에서는 문장의 끝에 마침표(.)를 찍지만, PHP에서는 문장의 끝을 세미콜론(;)으로 표시하는 것이 다를 뿐이다. 위의 예제들에서도 각각의 PHP 문장마다 세미콜론이 붙어있는 것을 확인할 수 있을 것이다.

주석(comment)은 프로그램을 쉽게 이해할 수 있도록 적는 메모이다. PHP 엔진은 주석을 만나면 실행하려 하지 않고 무시한다. 사람이 읽으라고 적어 놓은 내용이기 때문이다. PHP 에는 두 가지 형태의 주석이 있다.

주석의 종류	시작	끝	사용법
여러 줄 주석	/*	*/	/* ... */ 사이에 여러 줄을 적을 수 있음
한 줄 주석	//	그 줄의 끝	줄이 바뀌면 주석도 끝남

주석을 실제 사용한 예는 다음과 같다. 이것은 예제 2-2에 두 가지 형태의 주석을 추가한 것이며, 음영 처리된 부분이 PHP 프로그램의 주석 영역이다.

예제 2-3 주석을 추가한 프로그램 (2-3.php)

```
 1: <!doctype html>
 2: <html>
 3: <head>
 4:   <meta charset="utf-8">
 5: </head>
 6: <body>
 7:
 8: 오늘 날짜 :
 9: <?php
10:    /*
11:         여러 줄 주석 :
12:         첫 번째 PHP 코드 영역
13:    */
14:    echo date("Y-m-d");
15: ?>
16: <br>
17:
18: 현재 시간 :
19: <?php
20:    // 한줄 주석 : 두 번째 PHP 코드 영역
21:    echo date("H:i:s");      // 한줄 주석 : 현재 시간 출력
22: ?>
23:
```

```
24: <br><br>
25: /* HTML 영역에서는
26:     PHP의 주석이 */
27: // 일반 텍스트로 인식됩니다.
28:
29: <!-- HTML 영역에서는 HTML 주석을 사용하세요. -->
30:
31: </body>
32: </html>
```

 실행 결과

```
오늘 날짜 : 2017-03-29
현재 시간 : 13:51:52

/* HTML 영역에서는 PHP의 주석이 */ // 일반 텍스트로 인식됩니다.
```

이 프로그램에서 10~13번 행이 여러 줄 주석이며. 10번 행의 /*부터 13번 행의 */까지가 주석 영역이다. 20, 21번 행에는 한 줄 주석을 사용했다. 21번 행의 "echo …"는 현재 시간을 출력하는 PHP 문장인데, 두 개의 한 줄 주석 사이에 끼어있지만 문제없이 실행된다. 20번 행이 끝나고 21번 행으로 넘어가면 주석 영역이 아니기 때문이다.

여기서 한 가지 주의할 점은 한 줄 주석과 여러 줄 주석은 <?php … ?> 안의 PHP 코드 영역에서만 주석으로 인식된다는 것이다. HTML 영역에서 주석을 달고 싶으면 당연히 <!-- … --> 형태로 표기하는 HTML 주석을 사용해야 한다. 25~27번 행은 HTML 영역이므로, PHP의 주석 형태를 사용해도 일반 텍스트로 인식되어 그대로 화면에 출력된다. 이 영역에서는 29번 행과 같이 HTML 주석을 사용하여야 한다.

2.4 echo 명령을 이용한 출력

PHP에서는 화면 출력을 위해 "echo"를 이용한다. 기본적인 사용 방법은 다음과 같다.

```
echo 출력할_값;
```

만약 출력할 값이 여러 개라면, 다음과 같은 형태로 사용할 수 있다.

```
echo 출력할_값, 출력할_값, 출력할_값, ...;
```

이제 예제를 통해 echo의 정확한 사용법을 살펴보도록 하자.

예제 2-4 echo 사용 (2-4.php)

```
 1: <!doctype html>
 2: <html>
 3: <head>
 4:     <meta charset="utf-8">
 5: </head>
 6: <body>
 7:
 8: <?php
 9:     echo "숫자 출력 : ";
10:     echo 10;
11:     echo "<br>";
12:
13:     echo "계산 결과 출력 : ";
14:     echo 10 + 20;
15:     echo "<br>";
16:
17:     echo "한 줄의 echo로 여러 값들 출력 : ", 20 + 30, "<br><br>";
18:
19:     echo "연속된 공백은               공백 한 개로 출력<br>";
20:     echo "               줄 시작부터 나오는 공백들은 무시됨<br>";
21:     echo "따옴표 안에서 다음 줄로 넘어가도
```

```
22:                 공백만 하나 붙고 한 줄로 출력<br>";
23:
24:     echo "   의도적인 공백과<br>줄 넘김";
25: ?>
26:
27: </body>
28: </html>
```

실행 결과

```
숫자 출력 : 10
계산 결과 출력 : 30
한 줄의 echo로 여러 값들 출력 : 50

연속된 공백은 공백 한 개로 출력
줄 시작부터 나오는 공백들은 무시됨
따옴표 안에서 다음 줄로 넘어가도 공백만 하나 붙고 한 줄로 출력
    의도적인 공백과
줄 넘김
```

9~11번 행은 크게 문제될 것이 없다. 적어준 값이 그대로 출력되었기 때문이다. 다만 11번 행은 눈여겨보도록 하자. PHP에서의 출력이란 웹 브라우저 위에 출력함을 의미한다. 따라서 줄 바꿈 문자(\n)로는 줄 바꿈이 되지 않는다. HTML 소스 코드에 엔터를 쳐서 빈 줄을 100개 넣어도 브라우저 화면에는 이것이 공백 한 개로만 표시되는 것을 생각해보면 이해할 수 있을 것이다. 브라우저에 출력할 때 줄을 바꾸려면
 태그를 사용해야 한다.

14번 행은 echo 뒤에 계산식도 적어 줄 수 있음을 보여준다. 이 문장은 PHP 엔진이 먼저 "10 + 20"을 계산하여 30이라는 답을 얻고, 이 값을 echo에게 주어서 "echo 30"을 실행하는 방식으로 실행된다.

이제 17번 행을 보자. echo 뒤에 문자열, 수식, 문자열이 쉼표(,)로 분리되어 연이어 적혀있다. 그 바로 앞까지는 echo 하나에 하나의 문자열 또는 값만을 적느라, 화면에 1줄을 출력하는데 코드가 3줄이나 필요했다. 하지만 echo는 출력할 값들이 많을 경우 쉼표로 분리해서 원하는 만큼 적어 줄 수 있다.

19번 행부터는 웹 브라우저에 출력할 때 고려해야 할 점들을 보여준다. 이 부분을 정확하게 이해하기 위해서는 프로그램을 실행한 후에 HTML 소스코드를 확인해 보는 것이 좋다. 19~22번 행이 만들어낸 HTML 소스 코드와 이것이 브라우저 화면에 출력되는 과정을 정리하면 다음 그림과 같다.

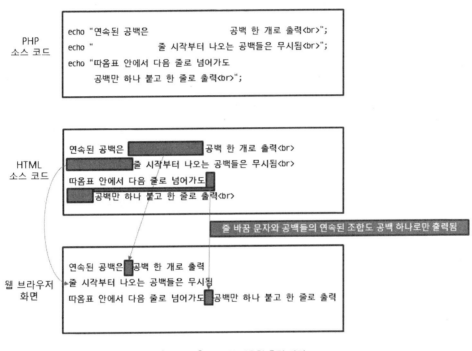

[그림 2-2] echo를 이용한 출력 과정

이 세 문장의 출력이 예상과는 다르게 나온다고 생각하는 독자가 있을 수도 있겠다. 그러나 echo 명령으로 만들어진 출력은 최종적으로 웹 브라우저 위에 나타난다는 점을 생각해야 한다.

echo는 자기 역할에 충실하게, 주어진 문자열을 HTML 소스 코드로 출력한다. 따라서 PHP 의 실행 결과로 얻어진 HTML 소스 코드에는 따옴표 안에 입력한 공백과 줄 바꿈 문자가 그대로 있는 것을 확인할 수 있다. 하지만 웹 브라우저는 HTML 소스 코드를 화면에 출력할 때 공백과 줄 바꿈 문자를 다음과 같이 처리한다.

- 연속된 공백, 연속된 줄 바꿈 문자, 또는 공백과 줄 바꿈 문자들이 연속으로 섞여 있을 때 는 공백 한 개로만 화면에 출력한다.

• 줄의 시작부터 나오는 공백은 출력하지 않고 무시한다.

이런 이유 때문에 19번 행은 여러 개의 공백이 공백 한 개로 출력되고, 20번 행은 줄의 시작 부분에 나온 공백이 전혀 출력되지 않은 것이다. 또 21~22번 행과 같이 따옴표 안에서 여러 줄로 나누어 준 문자열도 모두 한 줄로 출력된다. 만약 의도적으로 브라우저 화면에 여러 개의 공백을 출력하거나 줄을 바꾸고 싶다면 24번 행과 같이 " "와 "<br>"을 사용해야 한다.

이제 echo에 대해 마지막으로 한 가지만 더 살펴보자. 현재의 날짜와 시간을 출력하는 예제 2-2를 보면 2개의 PHP 코드 부분이 있는데, 둘 다 그 안에 echo 한 줄만 들어 있다. 이런 형태는 다음과 같이 간단하게 바꾸어 쓸 수 있다.

```
<?php
    echo 출력할_내용;
?>
```
⇒
```
<?= 출력할_내용 ?>
```

오른쪽에 나타난 형태 <?= ... ?>는 echo 단축 태그(echo shortcut)라고 부르며, PHP를 이용해서 값 하나만 출력하고 싶은 경우에 유용하게 사용된다. 즉 예제 2-2는 다음과 같이 간단하게 바꿀 수 있다.

예제 2-5 echo 단축 태그의 사용 (2-5.php)

```
 1: <!doctype html>
 2: <html>
 3: <head>
 4:     <meta charset="utf-8">
 5: </head>
 6: <body>
 7:
 8: 오늘 날짜 : <?= date("Y-m-d") ?><br>
 9: 현재 시간 : <?= date("H:i:s") ?>
10:
11: </body>
12: </html>
```

실행 결과

```
오늘 날짜 : 2017-03-29
현재 시간 : 13:51:52
```

2.5 상수와 변수

2.5.1 상수와 변수의 이해

상수란 프로그램 소스 코드에 나오는 고정된 값을 가리킨다. 다만 프로그래밍 언어에서는 10, 3.14와 같은 숫자 뿐 아니라, "abc" 같은 문자열도 상수라고 한다. PHP에서 상수의 종류는 다음과 같다.

상수의 종류	의미	예
정수	소수점이 없는 숫자	10, 25
실수	소수점이 있는 숫자	3.14, 20.5
진릿값	참/거짓을 표현하는 값	true, false 두 값뿐이며, 대소문자 구분 없이 사용
문자열	문자들의 모임	'test', "test"

PHP에서는 문자열 상수를 표기할 때 큰따옴표("")와 작은따옴표('')를 모두 사용할 수 있으므로, 'test'와 "test"는 똑같은 문자열 상수이다. 다만 상황에 따라 큰따옴표와 작은따옴표로 만든 문자열에 차이가 생기는데, 이것은 변수와 연관된 얘기이므로 뒤에서 다루도록 한다.

변수는 상수 값들을 담아놓을 수 있는 그릇이다. 이 그릇에는 필요에 따라 얼마든지 다른 값을 담을 수 있으므로, 그 값이 변한다는 의미에서 변수라고 부른다. 그리고 하나의 프로그램에서는 여러 개의 변수를 사용하게 되므로 변수마다 이름을 붙여 주어야 한다. 마치 주방에서 그릇에 설탕, 소금, 밀가루 등의 레이블을 붙여 그릇을 구분하는 것처럼, 변수마다 서로 다른 이름을 붙여 구분하는 것이다. 변수명을 만드는 규칙은 다음과 같다.

- 알파벳, 밑줄(_), 그리고 숫자를 섞어서 사용한다.
  (특수문자나 공백을 사용할 수 없다.)
- 단, 변수 이름의 첫 번째 글자에는 숫자가 올 수 없다.
  (첫 번째 글자에는 알파벳과 밑줄만 사용해야 한다.)

C나 자바 같은 다른 언어들을 공부했던 독자라면 변수의 이름을 붙이는 방법이 같다는 것을 알 수 있을 것이다. 하지만 변수를 사용할 때는 다음과 같이 세 가지 다른 점이 있다.

- 변수를 사용할 때는 변수명 앞에 반드시 $를 붙여준다. PHP 엔진은 $를 보고 변수명이 시작된다는 것을 판단하기 때문이다.
- 변수를 사용하기 전에 미리 선언하지 않는다. 존재하지 않던 변수에 값을 넣는 문장을 실행하는 순간에 변수가 만들어진다.
- 변수에 담는 값의 자료형(data type)에 제약이 없다. 이미 어떤 값이 들어있는 변수에 다른 자료형의 값을 대입할 수 있다.

이제 변수를 만들고 사용해보자.

```
$a = 10;        // 변수 $a가 만들어지고, 정수 10이 담긴다.
$a = 20;        // 변수 $a의 값이 20으로 바뀐다.
echo $a;        // 변수 $a의 값을 출력한다. 화면에 20이 출력된다.
$a = "test";    // 변수 $a에 문자열 "test"가 담긴다.
echo $a;        // 변수 $a의 값을 출력한다. 화면에 "test"가 출력된다.
```

마지막으로 한 가지 더 알아둘 것이 있다. PHP에서 변수명의 대소문자는 구분하지만, 그 외의 것들(예약어와 함수명)은 대소문자를 구분하지 않는다. 예약어란 if, for 등과 같이 PHP에서 특별한 의미로 사용하도록 예약되어 있는 단어를 말한다. 함수가 무엇인지는 나중에 공부하게 될 것이다.

이와 같은 법칙에 따라 $a와 $A는 서로 다른 변수로 간주된다. 하지만 echo, Echo, EchO, ECHO는 모두 같은 의미이므로, 어떻게 써도 똑같이 동작한다.

2.5.2 큰따옴표와 작은따옴표로 만든 문자열의 차이

앞에서 큰따옴표와 작은따옴표로 문자열을 만드는 것에 차이가 있다고 말했었다. 이제 그 애기를 해보자. 작은따옴표도 똑같이 문자열의 시작과 끝을 표시하지만 한 가지 다른 점이 있다. 큰따옴표로 싸여진 문자열 안에 변수명이 들어 있다면, 변수명 자리에 그 변수의 값이 대신 들어간 문자열이 만들어진다. 하지만 작은따옴표로 만든 문자열은 그런 작업을 하지 않는다. 다음 예제를 보자.

예제 2-6 echo를 이용한 변수 값 출력 (2-6.php)

```
 1: <!doctype html>
 2: <html>
 3: <head>
 4:     <meta charset="utf-8">
 5: </head>
 6: <body>
 7:
 8: <?php
 9:     $a = 5;
10:
11:     // 작은따옴표 안에 있는 모든 글자는 글자 그대로 해석됨
12:     $b = '값은 $a 입니다.<br>';
13:     echo $b;      // $b = '값은 $a 입니다.<br>'
14:
15:     // 큰따옴표 안에 변수명이 있으면 그 변수의 값으로 치환됨
16:     $b = "값은 $a 입니다.<br>";
17:     echo $b;      // $b = "값은 5 입니다.<br>"
18:
19:     // 변수명이 "$a입니다"로 인식됨
20:     $b = "값은 $a입니다.<br>";
21:     echo $b;      // $b = "값은 .<br>"
22:
23:     // 변수명을 분리하기 위해서는 중괄호를 사용
24:     $b = "값은 {$a}입니다.<br>";
25:     echo $b;      // $b = "값은 5입니다.<br>"
```

```
26: ?>
27:
28: </body>
29: </html>
```

 실행 결과

```
값은 $a 입니다.
값은 5 입니다.

Notice: Undefined variable: a입니다 in C:\xampp\htdocs\2-6.php on line 20
값은 .
값은 5입니다.
```

먼저 12~13번 행을 보자. 작은따옴표 안의 글자들은 모두 별다른 해석 없이 글자 그대로 받아들여진다. 따라서 변수 $b에 '값은 $a 입니다.
'이라는 문자열이 그대로 들어간다. 이것은 다른 프로그래밍 언어와 다를 바가 없다.

PHP의 특이한 점은 16~17번 행에 나타난다. 큰따옴표로 문자열을 만들었는데 그 안에 변수명이 있다면 PHP는 이것을 해당 변수의 값으로 치환해 준다. 따라서 16번 행의 문장을 실행하고 나면 변수 $b에는 "값은 5 입니다.
"라는 문자열이 들어간다. $a가 있던 자리에 $a의 값인 5가 대신 들어간 문자열이 얻어진 것이다.

다만 이렇게 큰따옴표 안에 변수명을 사용하는 경우에 주의해야 할 점이 있다. 20번 행을 보자. 16번 행처럼 "$a 입니다."라고 쓰지 않고, "$a입니다."라고 공백 없이 붙여 썼다. 이렇게 변수명 뒤에 공백 없이 바로 다른 문자열을 붙여 쓰게 되면, $부터 특수문자(마침표) 전까지인 "a입니다"가 하나의 변수명으로 간주된다. 하지만 그런 이름의 변수는 만들어지지 않았다. 따라서 정의되지 않은 변수라는 경고를 출력하고, "값은 .
"이라는 문자열이 $b에 담기게 된다.

이런 문제를 막기 위해서는 24번 행과 같이 중괄호({ })로 변수이름을 둘러싸주면 된다. "{$a} 입니다."라고 적어주면 PHP는 중괄호로 분리된 부분만 변수명이라고 인식한다. 이때 중괄호는 변수명을 분리하는 역할만 할 뿐 실제 문자열에는 포함되지 않는다.

연습문제

1. 예제 2-1을 입력하고 실행해 보시오.

2. 웹의 도큐먼트 루트 폴더에 test라는 폴더를 만들고, 위 1번에서 만든 2-1.php 파일을 이 폴더에 넣고 실행시켜 보시오. 그리고 이 파일을 실행시키기 위해 웹 브라우저의 주소창에 써넣었던 URL을 적어보시오.

3. 예제 2-1에 한 줄 주석과 여러 줄 주석, 그리고 HTML 주석을 추가하고 실행해 보시오.

4. 다음과 같은 출력을 만드는 PHP 프로그램을 작성하시오. 단 마지막 두 줄의 계산 결과(35, 250)는 소스 코드에 직접 써넣지 말고 프로그램이 계산하여 출력하도록 하되, echo 단축 태그를 사용하시오.

```
     공백을 5개  찍고  이  문장이  시작됩니다.
이  문장은  중간에  공백이      5개  있습니다.


25 + 10 = 35
25 * 10 = 250
```

5. 위 문제 4번을 수정하여 계산 결과(35, 250)를 일단 두 개의 변수에 담았다가 출력하도록 하시오.

CHAPTER 3

값 입력과 연산자 활용

CHAPTER 3
값 입력과 연산자 활용

이 장에서는 폼 태그를 통해 사용자 입력을 받는 방법과 연산자에 대해 공부한다. PHP는 C, 자바 언어와 거의 같은 연산자들을 가지고 있으며, 이들은 산술, 문자열, 대입, 증감, 비트, 관계, 논리 연산자로 분류된다. 그 중에서 관계, 논리 연산자는 if 문과 반복문에 밀접하게 연관되어 있으므로 다음 장에서 다루고, 비트 연산자는 웹 프로그래밍에서 잘 사용되지 않으므로 아예 언급하지 않을 것이다. 자주 사용하는 중요한 것에 집중하고, 잘 사용하지 않는 것들에 시간과 노력을 빼앗기지 말자는 것이 이 책이 추구하는 바이기 때문이다. 혹시 비트 연산자의 사용방법이 궁금한 독자는 웹 검색을 통해 공부하기 바란다.

3.1 폼 태그를 이용한 값 입력

3.1.1 입력 폼 작성

PHP 프로그램에서 사용자 입력을 받기 위해서는 HTML의 <form> 태그로 만든 입력 폼을 이용한다. <form> 태그는 다음과 같은 형태로 사용한다.

```
<form action="입력_값을_전달할_프로그램" method="데이터를_전달하는_방식">
    입력 태그
     ...
</form>
```

form 태그의 두 속성에 적어야 할 것은 다음과 같다.

■ action 속성

이 폼에 입력된 값들을 전달할 PHP 프로그램의 이름. 입력 폼이 담긴 HTML 파일과 입력된 값들을 처리할 PHP 프로그램이 같은 폴더에 있다면 PHP 프로그램의 이름만 적어주면 된다. 하지만 서로 다른 폴더에 있다면 PHP 프로그램이 있는 경로까지 적어주어야 한다.

■ method 속성

PHP 프로그램에게 데이터를 전달하는 방식. GET과 POST 중 원하는 방식을 적어주면 된다. GET 방식은 웹 브라우저의 주소창에 전달되는 데이터가 보이고, POST 방식을 사용하면 보이지 않는다.

<form> 태그 내부에는 값을 입력받을 수 있는 입력 태그들을 필요한 만큼 적는다. 어떤 입력 태그로 어떤 형태의 입력란을 만들 수 있는지를 정리하면 다음과 같다.

입력 태그	입력 유형
⟨input⟩	텍스트 입력, 비밀번호 입력, 라디오 버튼, 체크 박스, 전송(submit) 버튼, 초기화(reset) 버튼, 일반 버튼 파일 업로드
⟨select⟩	드롭다운 리스트, 일반 리스트
⟨textarea⟩	여러 줄의 텍스트 입력

입력 태그의 수는 몇 개 되지 않지만 실제 표현할 수 있는 입력란의 유형은 무척 많다. 여기에서는 당장 사용할 두 가지만 알고 넘어가도록 하자.

```
<input type="text" name="abc">
```

이 태그는 한 줄짜리 텍스트를 입력받는 입력란을 생성한다. 이 입력란의 이름은 "abc"이다.

```
<input type="submit" value="확인">
```

이 태그는 "확인"이라는 문자열이 적혀있는 전송(submit) 버튼을 생성한다. 사용자가 입력 폼에 값들을 입력한 뒤 이 버튼을 누르면, form 태그의 action 속성에 적힌 PHP 프로그램으로 페이지가 전환될 것이다. 이 때 입력된 값들도 그 프로그램으로 전달된다.

3.1.2 GET 방식으로 값 전달

이제 기본적인 사항들은 알았으니 입력 폼을 작성해 보자. 다음은 한 학생의 국어, 영어, 수학 점수를 입력받는 입력 양식이다.

예제 3-1 GET 방식을 사용하는 입력 폼 (3-1.html)

```
1: <!doctype html>
2: <html>
3: <head>
4:     <meta charset="utf-8">
```

```
 5: </head>
 6: <body>
 7:
 8: <form action="3-2.php" method="get">
 9:     국어: <input type="text" name="kor"><br>
10:     영어: <input type="text" name="eng"><br>
11:     수학: <input type="text" name="math"><br>
12:     <input type="submit" value="확인">
13: </form>
14:
15: </body>
16: </html>
```

실행 결과

국어:	
영어:	
수학:	
확인	

먼저 8번 행을 보자. method="get"이라고 적혀 있다. GET과 POST 중 GET 방식으로 값을 전달하겠다는 의미이다. 그리고 9~10번 행에는 각 입력 태그의 name 속성 값이 kor, eng, math라고 적혀있다. 이제 이 HTML 파일을 실행한 뒤, 입력란에 값을 입력하고 확인 버튼을 눌러보면, 요청한 페이지를 찾을 수 없다는 오류 메시지가 나올 것이다. action 속성에 적은 3-2.php가 없으니 당연한 일이다. 하지만 상관없다. 지금 우리는 주소창에 주목해야 한다. 만약 여러분이 각 입력란에 70, 80, 90을 입력했다면 주소창에는 다음과 같은 URL이 표시되어 있을 것이다.

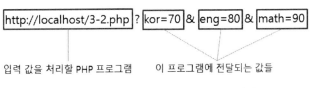

[그림 3-1] GET 방식으로 값이 전달될 때 URL의 예

이 URL 중 물음표(?) 앞의 부분이 입력된 값들을 받아 처리할 PHP 프로그램의 URL이고, 뒤의 부분이 이 프로그램에 전달될 값들의 리스트이다. 각각의 입력 값은 다음과 같은 형태로 적는다.

> 입력_태그의_name_속성=입력된_값

그리고 전달되는 값이 여러 개이면 "&" 기호로 연결된다.

이제 이렇게 전달된 값들을 PHP 프로그램에서 사용하는 방법을 알아보자.

예제 3-2 GET 방식으로 전달받은 값의 사용 (3-2.php)

```
1: <!doctype html>
2: <html>
3: <head>
4:     <meta charset="utf-8">
5: </head>
6: <body>
7:
8: <?php
9:     echo "국어 : ", $_REQUEST["kor"], "<br>";
10:     echo "영어 : ", $_REQUEST["eng"], "<br>";
11:     echo "수학 : ", $_REQUEST["math"];
12: ?>
13:
14: </body>
15: </html>
```

실행 결과

```
국어 : 70
영어 : 80
수학 : 90
```

9~11번 행을 보면 알 수 있겠지만 GET 또는 POST 방식으로 전달된 값은 다음과 같은 형식으로 읽는다.

> $_REQUEST["입력_태그의_name_속성"]

따라서 9번 행의 $_REQUEST["kor"]은 name="kor"인 태그에 입력된 값을 의미한다. 다만 이 표현의 정확한 의미는 지금 모두 설명할 수 없으므로 일단은 이 형식만 기억하고 활용하도록 하자. 나중에 "연관 배열"을 공부하면 모든 것을 이해할 수 있을 것이다.

3.1.3 POST 방식으로 값 전달

이제 POST 방식의 값 전달을 살펴보자. POST 방식은 다음 두 가지가 GET 방식과 다르다.

• 입력 폼의 form 태그에 method="post"라고 적는다.

• 전달되는 값이 웹 브라우저의 주소창에 보이지 않는다.

예제 3-3 POST 방식을 사용하는 입력 폼 (3-3.html)

```
 1: <!doctype html>
 2: <html>
 3: <head>
 4:     <meta charset="utf-8">
 5: </head>
 6: <body>
 7:
 8: <form action="3-2.php" method="post">
 9:     국어: <input type="text" name="kor"><br>
10:     영어: <input type="text" name="eng"><br>
11:     수학: <input type="text" name="math"><br>
12:     <input type="submit" value="확인">
13: </form>
14:
15: </body>
16: </html>
```

> **실행 결과**
>
> 국어: [   ]
> 영어: [   ]
> 수학: [   ]
> [확인]

8번 행에 method="post"라고 적힌 것 외에는 GET 방식의 예제 3-1과 다른 점이 전혀 없다. 하지만 이 파일을 실행한 뒤 값을 입력하고 확인 버튼을 누르면 웹 브라우저의 주소창에 입력된 값들이 전혀 보이지 않는 것을 볼 수 있을 것이다. 이러한 특징 때문에 POST 방식은 비밀번호처럼 노출되면 곤란한 정보나, 게시판의 글처럼 많은 양의 데이터를 전달할 때 사용한다.

이렇게 전달 방식의 차이는 있지만 PHP 프로그램에서는 동일한 방법으로 값을 받을 수 있다. $_REQUEST["입력_태그의_name_속성"]을 사용하면 되는 것이다. 따라서 위 예제에서도 입력된 값을 확인하기 위해 이미 만들어 두었던 3-2.php를 다시 사용하였다.

3.1.4 GET 방식의 성질을 이용한 프로그램 테스트

제대로 만들어진 프로그램이라면, 입력 폼에 값들을 입력하고 확인 버튼을 눌러 이 값들이 PHP 프로그램으로 전송되도록 구성해야 한다. 그러나 프로그램 개발 중에 간단하게 테스트만 해보고 싶을 때, 매번 입력 폼을 보여줄 페이지를 만드는 것은 꽤 귀찮은 일이다. 이럴 때는 URL을 통해 값이 전달되는 GET 방식의 특성을 이용하면 입력 폼 없이도 간단한 테스트를 할 수 있다.

GET 방식의 예제로 다시 돌아가 생각해보자. 예제 3-1.html을 실행시켜 입력 폼이 화면에 보이는 상태에서 입력란에 값을 입력하고 확인버튼을 누르면 브라우저 주소창에 다음과 같은 URL이 나타난다고 하였다.

```
http://localhost/3-2.php?kor=70&eng=80&math=90
```

그렇다면 굳이 3-1.html을 실행하지 않고 위의 URL을 여러분이 직접 웹 브라우저의 주소창에 입력해보자. 3-2.php가 아무런 문제없이 잘 동작하는 것을 확인할 수 있을 것이다. PHP 프로그램은 URL에 딸려 온 값들을 읽어서 사용할 뿐, 그 값들이 입력 폼으로부터 온 것인지 아니면 사람이 주소창에 직접 입력한 것인지 구분하지 않기 때문이다. PHP 프로그램 개발 중에 간단하게 프로그램 동작을 테스트하고 싶다면 이런 방법으로 입력 폼 없이 PHP 프로그램의 동작을 확인할 수 있다.

3.1.5 단일 값 입력 처리

앞에서는 전달되는 값을 처리하는 방식에 초점을 두고 설명하느라, 다양한 입력란의 유형 중에 텍스트 박스와 전송 버튼만 다루었다. 이제 다른 입력 유형도 다루어 보자. 단 여기에서는 하나의 값을 입력하거나 하나의 항목만 선택하는 입력 태그만 다룰 것이다. 체크박스처럼 여러 개의 값을 선택하는 입력을 처리하려면 배열을 공부해야 하기 때문이다. 이제 예제를 보자.

예제 3-4 단일 값 입력란으로 구성된 회원 가입 양식 (3-4.html)

```
 1: <!doctype html>
 2: <html>
 3: <head>
 4:     <meta charset="utf-8">
 5: </head>
 6: <body>
 7:
 8: <form action="3-5.php" method="post">
 9:     <table>
10:         <tr>
11:             <td>아이디</td>
12:             <td><input type="text" name="id"></td>
13:         </tr>
```

```
14:
15:        <tr>
16:            <td>비밀번호</td>
17:            <td><input type="password" name="pw"></td>
18:        </tr>
19:        <tr>
20:            <td>성별</td>
21:            <td>
22:                <input type="radio" name="gender" value="남"
23:                        checked>남
24:                <input type="radio" name="gender" value="여">여
25:            </td>
26:        </tr>
27:        <tr>
28:            <td>취미</td>
29:            <td>
30:                <select name="hobby">
31:                    <option value="운동" selected>운동</option>
32:                    <option value="독서">독서</option>
33:                    <option value="기타">기타</option>
34:                </select>
35:            </td>
36:        </tr>
37:        <tr>
38:            <td>주소지</td>
39:            <td>
40:                <select name="addr" size="4">
41:                    <option value="서울" selected>서울</option>
42:                    <option value="경기">경기</option>
43:                    <option value="인천">인천</option>
44:                    <option value="기타">기타</option>
45:                </select>
46:            </td>
47:        </tr>
48:        <tr>
49:            <td>메모</td>
50:            <td>
51:                <textarea name="memo" rows="4"></textarea>
```

```
52:               </td>
53:           </tr>
54:       </table>
55:       <input type="submit" value="가입">
56: </form>
57:
58: </body>
59: </html>
```

실행 결과

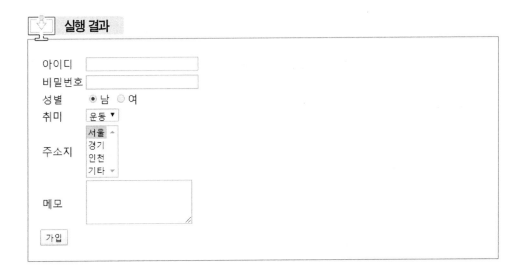

이 예제는 HTML 파일이므로, 별다르게 설명할 것이 없다. 12번 행은 한 줄의 텍스트를 입력받는 텍스트 박스이고, 17번 행은 비밀번호를 입력받는다. 비밀번호 입력란은 텍스트 박스와 같지만 화면에 입력하는 글자가 보이지 않는 차이가 있다.

22~24번 행은 라디오 버튼이다. 라디오 버튼을 만들 때 주의할 점은 한 그룹에 속한 라디오 버튼끼리는 같은 name을 가져야 한다는 것이다. name이 다르면 서로 관계없는 라디오 버튼으로 인식된다. 이 예에서는 두 개의 라디오 버튼이 gender라는 name을 가지고 있는데, 이렇게 만들어 두면 선택된 항목의 value 값이 gender라는 이름으로 PHP 프로그램에 전달된다.

30~34번 행은 드롭다운 리스트이다. select 태그로 만들고, 역시 선택된 항목의 value 값이 전달된다. 이 예에서는 hobby라는 이름으로 전달될 것이다.

40~45번 행은 똑같은 select 태그를 썼지만 40번 행에서 size="4"를 주었기 때문에 리스트

박스로 화면에 표출된다. 값이 전달되는 방법은 드롭다운 리스트와 같다.

51번 행은 textarea 태그로 여러 줄의 텍스트를 입력받는다. rows="4"는 화면에 표시될 줄 수를 뜻할 뿐 4줄 이상의 텍스트를 입력받지 못한다는 뜻은 아니다. 텍스트가 5줄 이상이 되면 스크롤바가 생겨난다.

이와 같이 형태는 다양하지만 모두 하나의 값을 위한 입력란이다. 따라서 PHP 프로그램에 서는 앞에서 텍스트 박스 입력을 처리한 것과 똑같은 방법으로 이 값을 받을 수 있다. 예제 를 보자.

예제 3-5 단일 선택 입력 값의 출력 (3-5.php)

```
 1: <!doctype html>
 2: <html>
 3: <head>
 4:     <meta charset="utf-8">
 5: </head>
 6: <body>
 7:
 8: <?php
 9:     echo "아이디 : ",   $_REQUEST["id"],      "<br>";
10:     echo "비밀번호 : ", $_REQUEST["pw"],      "<br>";
11:     echo "성별 : ",     $_REQUEST["gender"], "<br>";
12:     echo "취미 : ",     $_REQUEST["hobby"],  "<br>";
13:     echo "주소 : ",     $_REQUEST["addr"],   "<br>";
14:     echo "메모 : ",     $_REQUEST["memo"],   "<br>";
15: ?>
16:
17: </body>
18: </html>
```

실행 결과

```
아이디 : abc
비밀번호 : def
성별 : 여
취미 : 독서
주소 : 경기
메모 : 입력 시험 중
```

이 예제는 직접 실행하면 안 되고, 반드시 입력 폼이 있는 예제 3-4.html을 먼저 실행해서 "가입"버튼을 눌러 실행되도록 해야 한다. 만약 입력 폼에 하나라도 빈 칸이 있거나, 직접 실행하면 다음과 같은 경고 메시지를 보게 될 것이다.

```
Notice: Undefined index: id in C:\xampp\htdocs\3-5.php on line 9
```

이것은 $_REQUEST["id"]가 없다는 의미이다. 혹시 사용자가 입력란을 비워두고 전송 버튼을 눌렀을 경우 이를 알아낼 수 있는 방법이 있지만, if 문을 공부한 뒤에야 사용할 수 있으므로 나중에 설명할 것이다.

3.2 산술 연산자와 문자열 연산자

산술 연산자는 일반적인 산술 연산을 수행하는 연산자이다. 덧셈(+), 뺄셈(-), 곱셈(*), 나눗셈(/), 나머지(%) 연산자가 있으며, 한 가지만 빼면 C나 자바 언어와 똑같은 동작을 한다. C와 자바에서는 정수 나눗셈을 하면 항상 정수로 답이 나오지만, PHP에서는 정수 값을 나눌 때 나누어떨어지지 않으면 소수점 달린 답을 내놓는다.

문자열 연산자는 마침표(.)를 사용하는데, 두 개의 문자열을 연결해 주는 단순한 동작을 한다.

```
$a = "11" . "22";
echo $a;
```

이 코드는 화면에 "1122"를 출력한다. "11"과 "22"라는 두 문자열을 연결해서 변수 $a에 넣어 주었기 때문이다. 이제 약간 애매한 상황을 생각해 보자.

```php
$a = 11 . 22;
echo $a;
```

이 코드도 역시 "1122"을 출력한다. 자세히 보면 이번에는 11과 22가 문자열이 아니라 숫자임을 알 수 있을 것이다. 문자열 연산자는 문자열을 연결하는 일을 하므로 혹시 숫자가 주어져도 문자열로 바꾸어 연결 작업을 수행한다.

이제 산술 연산자와 문자열 연산자를 사용한 예제를 하나 보자.

예제 3-6 나눗셈과 문자열 연산 (3-6.php)

```php
 1: <!doctype html>
 2: <html>
 3: <head>
 4:     <meta charset="utf-8">
 5: </head>
 6: <body>
 7:
 8: <?php
 9:     echo "10 / 3 = ", 10 / 3, "<br>";
10:     echo "10 / 3 = ", round(10 / 3, 2), " (반올림)<br>";
11:
12:     echo "1 + 2 = ", 1 + 2, "<br>";
13:     echo "1 + 2 = " . (1 + 2) . "<br>";
14: ?>
15:
16: </body>
17: </html>
```

실행 결과

```
10 / 3 = 3.3333333333333
10 / 3 = 3.33 (반올림)
1 + 2 = 3
1 + 2 = 3
```

9번 행에서는 "10 / 3"을 하고 있다. 그 답은 앞에서 말한 바와 같이 3.3333....이다. 보통 이렇게 답이 나오는 경우에는 적당한 곳에서 반올림을 해서 출력하는데, 그 방법이 10번 행에 나와 있다. 다음과 같은 형식을 이용하면 된다.

round(반올림할_값, 소수점_아래_자릿수)

round는 PHP 내장 함수인데, 아직 함수를 배우지 않았으므로 이런 형식대로 코드를 적으면 반올림이 된 값을 얻을 수 있다고만 기억하면 되겠다.

13번 행은 echo 문에서 쉼표가 아니라 문자열 연산자를 이용하여 여러 값들을 출력하는 방법을 보여준다. 바로 위 12번 행에서 쉼표를 사용한 것과 비교해서 보기 바란다. 이 문장의 실행 결과는 아무런 차이가 없고, 단지 내부적으로 실행되는 과정만 약간 다를 뿐이다.

쉼표를 사용한 12번 행은 echo가 "1 + 2 = "를 출력하고, 1 + 2의 답인 3을 출력하고, "<br>"을 출력한다. 내부적으로 세 번의 출력 작업이 수행되는 것이다. 반면 문자열 연산자를 사용한 13번 행은 세 개의 문자열을 모두 연결해서 "1 + 2 = 3
"이라는 문자열을 만든 뒤 한 번의 출력 작업이 수행된다.

3.3 대입 연산자와 증감 연산자

대입 연산자는 변수에 새로운 값을 대입하는 연산자이다. "="이 가장 기본적인 대입 연산자이며, 우측의 값을 좌측의 변수에 넣어주는 역할을 한다. 다른 대입 연산자들은 +=, -=,

*=, /=, %=, .= 와 같이 산술, 문자열 연산자와 "="이 붙어있는 모양을 하고 있다. 이 때 두 글자는 반드시 공백 없이 붙여 써야한다. 이것을 사용한 예는 다음과 같다.

```
$i = $i + 5;
$i += 5;
```

이 두 줄의 코드는 완전히 같은 동작을 한다. 변수 $i의 값을 읽어 5를 더한 뒤 다시 $i에 대입한다. 쉬운 말로 하자면, "변수 $i의 값을 5 증가"시키는 것이다. 다른 대입 연산자들도 모두 같은 방식으로 동작한다. 예를 들어 "$i -= 10"은 변수 $i의 값을 10 감소시킨다.

증감 연산자는 변수의 값을 1 증가 또는 감소시키는 연산자이다.

```
$i = $i + 1;
$i += 1;
$i++;
++$i;
```

이 네 줄의 코드는 같은 동작을 한다. 즉 여기에서 "++"는 "+= 1"과 같은 의미라고 볼 수 있다. 증감 연산자는 "++"과 "--"의 두 가지만 있다.

증감 연산자를 사용할 때 가장 주의해야 하는 점은, 증감 연산자가 변수 앞에 있을 때와 뒤에 있을 때의 동작이 미묘하게 다르다는 것이다. 위에서는 "$i++"과 "++$i"가 독립적인 문장을 이루고 있어 같은 동작을 하는 것처럼 보이지만, 다른 문장 안에 들어가 있을 때는 그 차이가 드러난다.

• ++$i : 변수 값을 먼저 증가 『++』 시키고, 변수 『$i』 의 값을 사용

• $i++ : 변수 『$i』 의 값을 먼저 사용하고, 변수 값을 증가 『++』

이제 대입 연산자와 증감 연산자를 사용한 예를 보도록 하자. 증감 연산자의 위치에 따른 차이를 확인할 수 있는 부분은 15~16번 행이므로 그 부분을 주의 깊게 살펴보기 바란다.

예제 3-7 대입 연산자와 증감 연산자 (3-7.php)

```
 1: <!doctype html>
 2: <html>
 3: <head>
 4:     <meta charset="utf-8">
 5: </head>
 6: <body>
 7:
 8: <?php
 9:     $n = 1;
10:     echo $n, "<br>";        // 1 출력
11:
12:     $n *= 10;
13:     echo $n, "<br>";        // 10 출력. 앞 문장에서 $n = $n * 10;
14:
15:     echo ++$n, "<br>";      // 11 출력. 먼저 1 증가시키고 나서 출력
16:     echo $n++, "<br>";      // 11 출력. 먼저 출력하고 나서 1 증가
17:
18:     echo $n, "<br>";        // 12 출력. 앞 문장에서 1 증가되었으므로
19: ?>
20:
21: </body>
22: </html>
```

실행 결과

```
1
10
11
11
12
```

연습문제 🔒

1. 한 학생의 국어, 영어, 수학 점수를 입력받아 세 과목의 점수와, 총점, 평균을 출력하는 프로그램을 작성하시오.
   - 학생의 점수를 입력받는 폼은 예제 3-3.html을 그대로 사용합니다.
   - 넘겨받은 점수, 그리고 총점과 평균을 출력하는 프로그램은 예제 3-2.php를 수정해서 작성합니다.
   - 평균은 소수점 아래 2자리까지 출력합니다.

2. 원의 반지름을 입력받아 원의 둘레와 면적을 출력하는 프로그램을 작성하시오. 반지름은 GET 방식으로 전달합니다.

3. 다음은 화면에 10000, 1000, 100, 10을 출력하는 PHP 코드이다. 세 개의 빈 칸에 공통적으로 들어갈 문장이 무엇인지 생각해 보시오. 정답을 알겠다면 이 코드로 프로그램을 완성하여 실행해 보시오.

```
$n = 10000;
echo "$n,";
【          】;
echo "$n,";
【          】;
echo "$n,";
【          】;
echo $n;
```

CHAPTER 4

제어문

CHAPTER 4

제어문

프로그램 코드는 별다른 지시가 없다면 위에서 아래로, 건너뛰지 않고 순차 실행된다. 하지만 상황에 따라 프로그램의 실행 흐름을 바꾸어 줄 필요가 생기는데, 이럴 때 제어문을 사용한다. 이 장에서는 제어문의 개념과 활용 방법에 대해 공부한다. PHP는 C, 자바, 자바스크립트와 동일한 제어문을 가지고 있으므로 이들 언어로 제어문을 구사하는데 큰 어려움이 없다면 이 장은 건너뛰어도 무방하다.

4.1 if~else를 이용한 조건 분기

4.1.1 if~else 구조

if~else는 조건 분기를 구현할 때 사용하는 제어 구조이다. 조건 분기란 조건에 따라 실행할 문장을 결정하는 것을 말한다. if~else의 사용법과 의미는 다음과 같다.

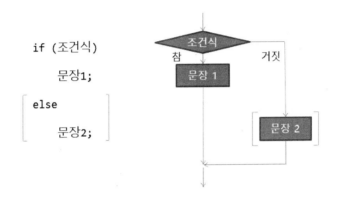

[**그림 4-1**] if문의 형태와 실행 방식

그림을 보면 알 수 있겠지만 if 문의 "조건식"이 참이면 "문장1"이 실행되며, 조건식이 거짓이라면 "문장2"가 실행된다. 따라서 이 구조에서는 두 문장이 모두 실행되는 경우나, 두 문장 모두 실행되지 않는 경우는 있을 수 없고, 조건식에 따라 오직 한 문장만 실행되는 방식으로 프로그램이 흘러가게 된다. 여러분이 길을 걸어가다가 둘로 갈라진 길을 만났을 때를 상상하면 되겠다.

다만 왼쪽 if 문의 사용 형식과 오른쪽 실행 흐름의 그림에 각각 괄호로 표시된 부분이 있는데, 이 부분은 필요 없으면 쓰지 않아도 되는 옵션이다. 따라서 조건식이 거짓일 때 굳이 실행할 문장이 없다면, 옵션인 "else 문장"을 생략할 수 있다.

이제 if 문을 사용한 예제를 보도록 하자.

예제 4-1 두 숫자에 관한 정보 출력 (4-1.php)

```php
 1: <!doctype html>
 2: <html>
 3: <head>
 4:     <meta charset="utf-8">
 5: </head>
 6: <body>
 7:
 8: <?php
 9:     $a = $_REQUEST["a"];
10:     $b = $_REQUEST["b"];
11:
12:     if ($a % 2 == 0)
13:         echo "$a : 짝수<br>";
14:     else
15:         echo "$a : 홀수<br>";
16:
17:     if ($b % 2 == 0)
18:         echo "$b : 짝수<br>";
19:     else
20:         echo "$b : 홀수<br>";
21:
22:     echo "$a, $b 중에 큰 숫자 : ";
23:     if ($a > $b)
24:         echo $a;
25:     else
26:         echo $b;
27: ?>
28:
29: </body>
30: </html>
```

실행 결과 URL에 "?a=5&b=10"을 붙여 실행한 경우

```
5 : 홀수
10 : 짝수
5, 10 중에 큰 숫자 : 10
```

이 프로그램은 a와 b라는 이름으로 전달된 숫자 각각이 짝수인지 홀수인지 출력하고 둘 중 큰 수를 출력한다. 어떤 숫자가 짝수인지 홀수인지 구분하기 위해서는 2로 나눈 나머지를 이용하면 된다는 것은 쉽게 이해할 수 있을 것이다. 2로 나눈 나머지가 0이면 짝수이고 1이면 홀수이기 때문이다. 다만 12, 17번 행의 조건식을 보면 두 수를 비교할 때 "="이 아니라 "=="를 썼음에 주목하자. 대부분의 프로그래밍 언어에서는 변수에 값을 넣을 때 사용하는 대입 연산자는 "="로 쓰고, 두 수의 값이 같은지 비교할 때는 "=="를 사용하여 구분한다.

마지막으로 제어문을 사용할 때 꼭 알아야 할 것이 하나 있다. 설명을 위해 다음과 같이 위 예제의 12~13번 행만 떼어낸 프로그램 코드를 생각해 보자. else 부분은 옵션이라고 했으므로 없어져도 프로그램에 오류가 생기지는 않는다. $a가 짝수가 아니면 아무 출력도 하지 않는 것뿐이다.

```
if ($a % 2 == 0)
    echo "$a : 짝수<br>";
```

그런데 $a가 짝수이면 이것을 알려주고 나서 그 값을 2로 나눈 값도 출력하고 싶다면 어떻게 해야 할까? 물론 하나의 echo에 억지로 다 집어넣을 수도 있겠지만 다음과 같이 할 수 있다.

```
if ($a % 2 == 0) {
    echo "$a : 짝수<br>";
    echo "{$a}를 2로 나누면", $a / 2;
}
```

if 문과 다른 제어문들은 바로 뒤에 중괄호 { }가 나오면, 이 안에 실제 문장이 몇 개가 있든 하나의 문장처럼 다루어 준다. 따라서 중괄호 안의 코드들은 조건식이 참이면 모두 실행되고, 거짓이면 모두 실행되지 않는다.

4.1.2 관계 연산자와 논리 연산자

예제 4-1에서 두 값이 같은지를 비교하기 위해 사용된 "=="와 같은 것들을 관계 연산자라고 한다. PHP에서 사용할 수 있는 관계 연산자는 >, <. >=, <=, ==, !=가 있다. 여기서 주의할 점은 "변수 $a가 100보다 크거나 같다"를 표현하려면 수학식처럼 "$a ≥ 100"이라고 적지 않고 "$a >= 100"으로 적는다는 점이다. "≥"는 키보드에 없는 글자이기 때문에 ">" 뒤에 "="를 붙여 적어서 "≥"를 표현한다. "같지 않다" 역시 "≠"를 그대로 입력할 수 없으므로 "!="를 사용한다.

한편 프로그램을 작성하다보면 관계 연산자 하나만으로는 표현하기 어려운 복잡한 조건식을 작성해야 할 때가 있는데, 이럴 때 논리 연산자를 사용한다. PHP에서 사용할 수 있는 논리 연산자는 논리 AND 연산자인 &&, 논리 OR 연산자인 ||, 그리고 논리 NOT 연산자인 ! 이 있다. PHP에서 이들 논리 연산자는 영문 and, or, not으로 쓸 수도 있다.

먼저 && 연산자부터 살펴보자. 이 연산자는 "~ 이고 ~"의 의미를 가지고 있다. 즉 두 조건식이 모두 참이면 전체 조건식이 참으로 판정된다. 예를 들어 위의 예제 4-1에서 두 숫자가 모두 짝수이면 "두 숫자 모두 짝수입니다"라고 출력하는 코드를 추가해야 한다고 생각해보자. 다음과 같이 할 수 있다.

```
if ($a % 2 == 0 && $b % 2 == 0)
    echo "두 숫자 모두 짝수입니다<br>";
```

|| 연산자는 "~ 또는 ~"의 의미를 가지고 있다. 즉 두 조건식 중 하나 이상이 참이면 전체 조건식이 참으로 판정된다. 예를 들어 두 숫자 중에 짝수가 하나라도 있으면 "두 숫자 중에 짝수가 있습니다."를 출력하는 코드는 다음과 같이 작성할 수 있다.

```
if ($a % 2 == 0 || $b % 2 == 0)
    echo "두 숫자 중에 짝수가 있습니다<br>";
```

! 연산자는 "~가 아니면"의 의미를 가지고 있다. 따라서 이 연산자는 뒤에 따르는 조건식의 참 거짓을 뒤집어 주는 역할을 하게 된다. 예를 들어 변수 $a가 짝수가 아니라면 "짝수가 아닙니다."라고 출력하는 코드는 다음과 같다.

```
if (!($a % 2 == 0))              // if ($a %2 != 0)과 같은 의미
    echo "짝수가 아닙니다<br>";
```

4.1.3 삼항 연산자

if 문을 처음 설명하면서 다루었던 예제 4-1을 다시 한 번 훑어보자. 하는 일은 간단한데 코드가 무척 길다. 이것을 좀 더 줄여서 쓸 수는 없을까?

이런 상황에서 사용할 수 있는 것이 삼항 연산자이다. 삼항 연산자의 형태는 다음과 같다.

조건식 ? 조건식이_참일_때_결과_값 : 조건식이_거짓일_때_결과_값

우리가 보통 사용하는 연산자는 이항(2항) 연산자이다. 이것은 연산자가 취하는 항목이 2개라는 뜻이다. 따라서 연산자를 중심으로 좌측에 항목 하나, 우측에 항목 하나가 적혀있게 된다. 삼항(3항)연산자는 "?"와 ":"의 짝으로 구성된 연산자이고, 이 연산자에는 맨 앞, 중간, 맨 뒤에 3개의 항목이 주어지기 때문에 이런 이름을 가지게 된 것이다.

예를 들어 생각해 보자. "3 + 5"의 "+" 연산자는 3과 5의 두 항목을 받아서 8이라는 답을 내놓는 연산자이다. 삼항 연산자도 결국 연산자의 일종이므로 항목을 3개 받는다는 것만 다를 뿐 결국 하나의 답을 내놓게 된다. 다음 문장을 생각해 보자.

$str = ($a % 2 == 0) ? "짝수" : "홀수";

이 문장에서 괄호로 둘러싸인 부분이 조건식이다. 삼항 연산자는 먼저 조건식이 참인지를 판단해 본다. 만약 조건식이 참이라면 연산의 결과는 "짝수"라는 문자열이고, 거짓이라면 "홀수"라는 문자열이다. 따라서 $str에는 $a가 짝수이면 "짝수"가, 그렇지 않으면 "홀수"가 대입된다.

결국 위의 문장은 다음과 같은 코드와 완전히 동일한 동작을 한다.

```
if ($a % 2 == 0)
    $str = "짝수";
else
    $str = "홀수";
```

이제, 삼항 연산자를 이용해서 앞의 예제를 바꾸어 보자. 다음과 같은 코드를 얻을 수 있을 것이다.

예제 4-2 두 수 중에서 큰 숫자 찾기 (4-2.php)

```php
 1: <!doctype html>
 2: <html>
 3: <head>
 4:     <meta charset="utf-8">
 5: </head>
 6: <body>
 7:
 8: <?php
 9:     $a = $_REQUEST["a"];
10:     $b = $_REQUEST["b"];
11:
12:     echo "$a : ", ($a % 2 == 0) ? "짝수" : "홀수", "<br>";
13:     echo "$b : ", ($b % 2 == 0) ? "짝수" : "홀수", "<br>";
14:
15:     echo "$a, $b 중에 큰 숫자 : ", ($a > $b) ? $a : $b;
16: ?>
17:
18: </body>
19: </html>
```

실행 결과 URL에 "?a=5&b=10"을 붙여 실행한 경우

```
5 : 홀수
10 : 짝수
5, 10 중에 큰 숫자 : 10
```

프로그램의 줄 수가 꽤 줄어든 것을 확인할 수 있을 것이다. 삼항 연산자를 적절히 활용하면 if~else를 사용하는 것보다 프로그램 코드의 양도 줄어들고, 의미도 간단하게 파악할 수 있게 된다.

4.2 if~else if를 이용한 다중 조건 분기

if~else if 구조는 if~else에서 파생된 구조이다. if~else는 조건식이 하나만 있고 그 조건식의 참/거짓에 따라 실행할 문장을 결정한다. 하지만 if~else if 구조는 여러 개의 조건식들을 순서대로 살펴보다가, 참인 조건식을 만났을 때 문장을 실행하고 빠져나가는 구조이다. if~else if 구조의 형식과 실행 방식을 정리하면 다음과 같다.

형식	실행 방식

if (조건식1)
　　문장1;
else if (조건식2)
　　문장2;
else if (조건식3)
　　문장3;
...
else
　　문장n;
	"조건식1"이 참이면
	　　"문장1"을 실행하고 빠져나감
	그렇지 않은 경우, "조건식2"가 참이면
	　　"문장2"를 실행하고 빠져나감
	그렇지 않은 경우, "조건식3"이 참이면
	　　"문장3"을 실행하고 빠져나감
	...
	그렇지 않으면
	　　"문장n"을 실행하고 빠져나감

이것을 그림으로 표시하면 다음과 같다.

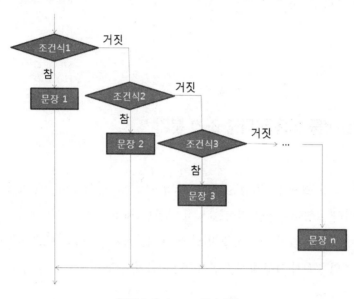

[**그림 4-2**] if~else if 문의 실행

이 구조는 어떤 조건을 체크하고, 그렇지 않으면 다음 조건, 또 그렇지 않으면 다음 조건을 체크하는 구조를 가진 프로그램을 작성할 때 사용한다. 예를 들어 우리가 고속도로 교통 정보를 알려주는 웹 페이지를 만들고 있는 중인데, 어느 구간의 차량 평균 속도에 따라 다음과 같이 메시지를 출력해야 한다고 가정하자.

• 80km/h 이상 : 소통 원활

• 80km/h 미만이고 60km/h 이상 : 약간 서행

• 60km/h 미만이고 40km/h 이상 : 서행

• 40km/h 미만 : 정체

이런 메시지를 출력하는 프로그램을 작성하면 다음과 같다.

예제 4-3 if~elseif를 사용한 교통 정보 출력 (4-3.php)

```php
 1: <!doctype html>
 2: <html>
 3: <head>
 4:     <meta charset="utf-8">
 5: </head>
 6: <body>
 7:
 8: <?php
 9:     $speed = $_REQUEST["speed"];
10:
11:     if ($speed >= 80)
12:         echo "소통 원활";
13:     elseif ($speed >= 60)
14:         echo "약간 서행";
15:     elseif ($speed >= 40)
16:         echo "서행";
17:     else
18:         echo "정체";
19: ?>
20:
21: </body>
22: </html>
```

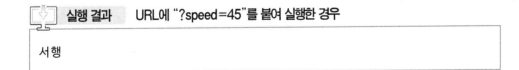

실행 결과   URL에 "?speed=45"를 붙여 실행한 경우

> 서행

여기서 한 가지 주의 깊게 볼 것은 "else if"와 같이 "else"와 "if" 사이에 공백을 두지 않고 두 단어를 붙여서 "elseif"로 썼다는 점이다. PHP에서는 "elseif"를 별도의 예약어로도 제공하고 있으므로 "else if"와 "elseif" 중에 어느 것을 사용해도 잘 동작한다.

4.3 switch~case

switch는 하나의 변수 값에 따라 실행해야 할 코드가 달라지는 경우에 사용된다. 사용 형식은 다음과 같다. 가장 밑에 있는 "default" 부분은 옵션이므로 필요 없으면 생략해도 된다.

```
switch (변수) {
    case 값1 : 변수_값이_값1일_때_실행할_코드들;
            break;
    case 값2 : 변수_값이_값2일_때_실행할_코드들;
            break;
    case 값3 : 변수_값이_값3일_때_실행할_코드들;
            break;
    ...
    default : 변수_값이_case에_적힌_어느_값도_아닐_때_실행할_코드들;
}
```

switch 문은 if~else if 구조를 보기 좋게 바꾸어 쓸 때 사용한다. 다만, 모든 if~else if 대신 사용할 수 있는 것은 아니고, 하나의 변수 값이 딱 찍어서 무엇이냐에 따라 실행할 코드가 달라지는 상황에서 사용할 수 있다. 따라서 방금 위에서 작성했던 예제 4-3처럼 변수 값의 범위를 체크하는 if~else if는 switch로 바꾸어 쓰기에 적합하지 않다.

다음은 변수 $op에 담긴 연산자 기호를 한글로 출력하는 코드인데, $op가 "+"이면 "덧셈"을 출력하고, "-"이면 "뺄셈"을 출력하는 식의 형태를 가지고 있으므로 switch로 표현하기에 적합하다. if~else if와 switch로 작성한 코드를 서로 비교해 보기 바란다.

if~else if	switch
| ```
if ($op == "+")
    echo "덧셈";
elseif ($op == "-")
    echo "뺄셈";
elseif ($op == "*")
    echo "곱셈";
elseif ($op == "/")
    echo "나눗셈";
else
    echo "입력오류";
``` | ```
switch ($op) {
    case "+" : echo "덧셈";
            break;
    case "-" : echo "뺄셈";
            break;
    case "*" : echo "곱셈";
            break;
    case "/" : echo "나눗셈";
            break;
    default  : echo "입력오류";
}
``` |

switch를 사용할 때 가장 주의할 점은, 각각의 case에 대한 코드가 끝나면 break를 써주어야 한다는 것이다. switch 구조 안에서 사용된 break는, switch 구조에서 빠져나가라는 명령으로 해석된다. 위의 예에서 break를 모두 제거한 코드를 생각해 보자.

```
$op = "-";
switch ($op) {
    case "+" : echo "덧셈 ";
    case "-" : echo "뺄셈 ";
    case "*" : echo "곱셈 ";
    case "/" : echo "나눗셈 ";
    default  : echo "입력오류";
}
```

설명을 위해 첫 줄에서 $op에 "-"를 대입하였다. 이 코드는 화면에 "뺄셈"만 출력하는 것이 아니라, "뺄셈 곱셈 나눗셈 입력오류"를 출력한다. switch~case 구조는 어느 문장부터 실행을 시작할 것인지를 정해줄 뿐, 어디서 실행을 멈추고 switch 구조에서 빠져나갈 것인지는 알려주지 않는다. 따라서 "뺄셈"을 출력하고 나서도 멈추지 않고 그 다음 문장들을 실행하게 된다.

4.4 while 반복문

while은 반복문을 구현하기 위해 사용된다. 반복문이란 특정 동작(코드)을 반복해서 실행하도록 하는 문장을 의미한다. 형식은 다음과 같다.

```
while (조건식)
    문장;
```

if 문의 형식에서 if를 while로 바꾸면 while 문의 형식이 된다. 또 조건식이 거짓일 때의 동작도 같다. 이 구조에서 나가버리는 것이다. 하지만 조건식이 참일 때의 동작은 매우 다르다. "if (조건식) 문장"은 조건식이 참이면 뒤의 문장을 실행하고 그냥 넘어가 버리지만, "while (조건식) 문장"은 문장을 실행하고 다시 조건 검사로 되돌아간다.

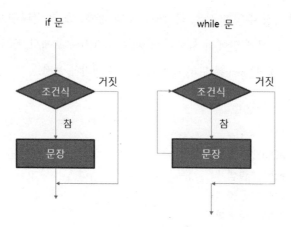

[그림 4-3] if와 while의 비교

while은 매우 단순한 구조이기 때문에 이렇게 두 줄의 문장만으로는 원하는 횟수만큼 반복되도록 제어하기가 어렵다. 따라서 실제로 반복문을 구현할 때는 다음과 같은 형태로 사용하는 것이 일반적이다.

기본 형식	카운터 변수 사용 형식	사용 예

초기식;
while (조건식) {
    문장;
    …
    반복식;
}
	$i = 시작 값;
	while ($i <= 마지막 값) {
	    실행할 문장;
	    …
	    $i += 증가분;
	}
		$i = 1;
		while ($i <= 10) {
		    echo "$i ";
		    $i++;
		}

먼저 가장 오른쪽의 사용 예를 보자. $i가 반복의 횟수를 정해주기 위해 사용되었음을 알 수 있다. $i는 처음에 1이었지만, 반복 부분이 한번 실행될 때마다 1씩 증가한다. 그리고 조건식에 $i의 값이 10까지만 반복을 계속하도록 적었으므로 $i가 11이 되었을 때는 반복을 종료하게 된다. 여기서 $i를 카운터 변수라고 부른다. 반복이 얼마나 진행되었는지를 알려주기 때문이다.

이렇게 카운터 변수를 사용한 while 문의 사용 형식을 정리한 것이 가운데 컬럼이다. 이 형식을 외워두면 while 반복문을 쉽게 구사할 수 있을 것이다. 첫 번째 컬럼은 이것을 좀 더 일반적인 형식으로 정리한 것이다.

"$i = 시작 값"은 카운터 변수의 초기 값을 정하는 문장이므로 초기식이라고 부르고, while 뒤에 붙는 것은 조건식, 그리고 $i의 값을 증가시키는 부분은 매번의 반복 때마다 본래 실행하고 싶었던 문장들과 같이 실행되면서 카운터 변수의 값을 증가하거나 감소시키는 문장이므로, 반복식 또는 증감식이라고 부른다.

위의 예에서는 1부터 10까지의 정수를 화면에 출력하는 코드를 보였다. 이것을 고치면 다음과 같이 1부터 10까지 정수들의 합계를 출력하는 프로그램으로 만들 수 있다.

예제 4-4 while 반복문으로 1~10의 합계 출력 (4-4.php)

```
 1: <!doctype html>
 2: <html>
 3: <head>
 4:     <meta charset="utf-8">
 5: </head>
 6: <body>
 7:
 8: <?php
 9:     $sum = 0;
10:     $i = 1;
11:     while ($i <= 10) {
12:         $sum += $i;
13:         $i++;
14:     }
15:     echo $sum;
16: ?>
17:
18: </body>
19: </html>
```

실행 결과

```
55
```

이 예제가 1부터 10까지 출력하는 코드와 다른 부분은 9, 12, 15행뿐이다. 반복문에 진입하기 전에 9번 행에서 합계를 담을 변수($sum)를 만들어 0으로 초기화한다. 그리고 카운터 변수를 원하는 범위에서 변화시켜 가면서, 12번 행에서 그 값을 누적한다. 마지막으로 반복문이 종료된 후 15번 행에서, 1부터 10까지의 값이 누적된 변수 $sum을 찍으면 된다.

4.5 for 반복문

while 반복문을 카운터 변수로 제어하려면 초기식, 조건식, 반복식이 여기저기 흩어져 있어서 다소 복잡한 형식을 가지게 된다. 따라서 이런 반복문은 for로 구현하는 것이 낫다. while과 for 반복문의 형식과 사용 예를 비교해보면 다음과 같다.

구분	while	for

형식	`초기식;`
	`while (조건식) {`
	`    문장;`
	`    ...`
	`    반복식;`
	`}`
		`for (초기식; 조건식; 반복식) {`
		`    문장;`
		`}`

예제	`$i = 1;`
	`while ($i <= 100) {`
	`    echo $i;`
	`    $i++;`
	`}`
		`for ($i = 1; $i <= 100; $i++) {`
		`    echo $i;`
		`}`

위의 코드는 1부터 100까지의 정수를 화면에 출력하는 반복문을 while과 for로 구현한 것이다. while 반복문은 초기식, 조건식, 반복식이 여기 저기 흩어져 있는데 비해, for 반복문은 한 곳에 순서대로 모여 있다. 따라서 반복문이 어떻게 실행될 것인지를 쉽게 파악할 수 있고, 프로그램을 작성하는 것도 편하다.

1부터 10까지 정수들의 합계를 출력하는 예제를 for 반복문으로 작성해 보면 다음과 같다.

예제 4-5 for 반복문으로 1~10의 합계 출력 (4-5.php)

```
 1: <!doctype html>
 2: <html>
 3: <head>
 4:     <meta charset="utf-8">
 5: </head>
 6: <body>
 7:
 8: <?php
 9:     $sum = 0;
10:     for ($i = 1; $i <= 10; $i++)
11:         $sum += $i;
12:
13:     echo $sum;
14: ?>
15:
16: </body>
17: </html>
```

실행 결과

```
55
```

4.6 do~while 반복문

do~while은 while 반복문의 변형이다. 따라서 while 뒤의 조건식이 참이면 반복을 계속하고 거짓이면 반복을 중단한다는 점은 같다. 하지만 do~while은 while이 뒤쪽에 있다는 구조적인 차이 때문에 반복부가 반드시 한번은 실행된다. 반복문의 형식과 예제를 비교해 보면 쉽게 이해할 수 있을 것이다.

구분	while	do~while

형식	while (조건식)
	    문장;
		do {
		    문장;
		} while (조건식);

예제	$ok = false;
	while ($ok) {
	    echo "OK";
	}
		$ok = false;
		do {
		    echo "OK";
		} while ($ok);

실행결과	아무것도 출력되지 않음	"OK"라고 한번 출력

두 예제 모두 변수 $ok 값이 false이고 이 값이 바뀌지 않으므로, 조건식은 둘 다 false가 된다. 따라서 while의 경우에는 조건식을 처음 체크할 때 반복문에서 탈출하고 아무것도 출력되지 않는다.

그러나 do~while은 조건식을 체크하기 전에 echo 문을 만나므로 "OK"를 출력한다. 그 다음 줄에 가서야 while 조건식을 만나고 조건식이 거짓이므로 반복이 종료된다. 따라서 do~while 반복문은 조건식에 관계없이 무조건 처음 한번은 실행을 하고 싶은 경우에 사용할 수 있다. 1부터 10까지의 합을 계산하는 문제를 do~while로 작성하면 다음과 같다.

예제 4-6 do~while 반복문으로 1~10의 합계 출력 (4-6.php)

```php
1: <!doctype html>
2: <html>
3: <head>
4:     <meta charset="utf-8">
5: </head>
6: <body>
7:
8: <?php
9:     $sum = 0;
10:     $i = 1;
11:     do {
12:         $sum += $i;
13:         $i++;
14:     } while ($i <= 10);
```

```
15:
16:     echo $sum;
17: ?>
18:
19: </body>
20: </html>
```

실행 결과

```
55
```

4.7 break와 continue

break는 for나 while에 적은 조건식과 관계없이 반복문에서 탈출하는 명령이다.

continue는 반복문에서 아주 탈출하지는 않고, for 또는 while이 있는 줄로 이동하여 실행을 계속한다. 다음 예제를 보자.

예제 4-7 break과 continue 사용 (4-7.php)

```
 1: <!doctype html>
 2: <html>
 3: <head>
 4:     <meta charset="utf-8">
 5: </head>
 6: <body>
 7:
 8: <?php
 9:     for ($i = 1; $i <= 10; $i++) {
10:         echo "$i ";
11:         if ($i == 5)
12:             break;
```

```
13:     }
14:     echo "<br>";
15:
16:     for ($i = 1; $i <= 10; $i++) {
17:         if ($i <= 5)
18:             continue;
19:         echo "$i ";
20:     }
21: ?>
22:
23: </body>
24: </html>
```

실행 결과

```
1 2 3 4 5
6 7 8 9 10
```

먼저 9~13번 행을 보자. 11~12번 행의 if와 break가 없다면 이 코드는 화면에 1부터 10까지
의 정수를 출력할 것이다. 그러나 $i의 값이 5였을 때 echo 문에서 이 값을 찍고 나면 if 문을
만난다. 그리고 그 조건식이 참이므로 if에 달려있는 break를 실행하여 반복문에서 빠져나
간다. 따라서 화면에는 1부터 5까지의 숫자만 출력된다.

이제 16~20번 행을 보자. 역시 17~18번 행만 없다면 1부터 10까지 정수를 출력하는 반복문
이다. 그러나 $i 값이 1~5일 때는 if 조건식이 참이므로 continue를 실행하여 16번 행으로 가
버린다. 따라서 화면에는 6부터 10까지의 숫자만 출력된다. 즉 16~20번 행은 다음 코드와
같은 동작을 한다.

```
for ($i = 1; $i <= 10; $i++) {
    if ($i > 5)                    // if (!($i <= 5))
        echo "$i ";
}
```

1-1. 연도를 GET 방식으로 받아서, 그 해가 윤년인지 아닌지를 알려주는 프로그램을 작성하시오. 윤년을 판단하는 방법은 다음과 같다.

- 주어진 년도가 4로는 나누어지면서 100으로는 나누어지지 않으면 윤년
- 또는, 400으로 나누어지는 년도는 윤년

예를 들어, 서기 4, 8, 12년, 400, 800년은 윤년이고, 5, 10년, 100, 200, 300, 500년은 윤년이 아니다.

1-2 어느 놀이공원의 입장료는 5,000원이다. 그러나 7세 이하 또는 60세 이상의 사람은 50% 할인을 적용하여 2,500원을 입장료로 받는다. 입장하려는 사람의 나이를 입력하면 입장료가 얼마인지를 출력하는 프로그램을 삼항 연산자를 이용하여 작성해보시오.

2. 연도와 월을 GET 방식으로 받아서, 그 달의 마지막 날이 며칠인지 알려주는 프로그램을 작성하시오.

- 1, 3, 5, 7, 8, 10, 12월은 31일까지 있다.
- 4, 6, 9, 11월은 30일까지 있다.
- 2월은 윤년이면 29일, 윤년이 아니면 28일까지 있다. 윤년을 판단하는 것은 위 연습문제에서 작성한 코드를 그대로 이용하면 된다.

3. 위의 연습문제에서 작성한 코드의 if~else if 구조를 switch로 바꾸어 보시오.

4. 다음 프로그램을 while 반복문을 이용하여 작성하시오. ⓐ, ⓑ번을 하나의 프로그램으로 작성해도 무방합니다.
ⓐ 20부터 40 사이의 짝수를 출력
ⓑ 10부터 30까지 정수의 합을 계산

5. 위 연습문제를 for 반복문을 이용하여 풀어보시오.

연습문제 🔒

6. 위 연습문제를 do~while 반복문을 이용하여 풀어보시오.

7. 다음은 1, 2, 3, 4, ... 와 같이 무한 루프를 돌면서 숫자를 출력하는 PHP 코드이다. 조건식 부분은 손
   대지 말고, 반복부에 break를 사용하여 이 프로그램이 1부터 10까지의 정수만 출력하도록 고쳐서 프
   로그램을 완성한 뒤 실행해 보시오.

```php
$i = 1;
while (true)  {
    echo "$i ";
    $i++;
}
```

CHAPTER **5**

배열과 다중선택 입력받기

이 장에서는 배열의 개념과 활용법을 살펴본다. 또 체크박스나 리스트박스 같은 다중선택 양식에 입력된 값들을 처리하는
방법도 여기에서 다룰 것이다. 다중선택 양식에 입력된 데이터는 배열 형태로 받아서 사용해야 하기 때문이다.

5.1 배열

배열은 여러 개의 데이터를 하나의 이름으로 사용할 수 있도록 묶어놓은 것이다. 다음 그림을 보자.

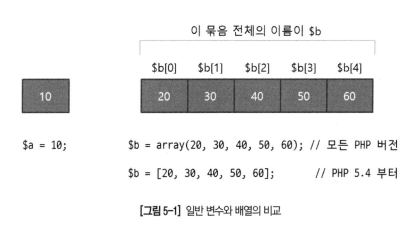

[그림 5-1] 일반 변수와 배열의 비교

왼쪽은 우리가 그동안 늘 사용해왔던 일반 변수이므로 따로 설명할 필요가 없을 것이다. 오른쪽의 그림이 배열인데, 이 배열의 이름은 $b이다. 여기에서 주의할 점은 $b가 배열을 구성하는 어느 한 칸에 대한 이름이 아니라 다섯 개의 데이터 묶음에 대한 이름이라는 것이다. 먼저 배열에 관한 용어 두 개를 살펴보고 이야기를 계속하도록 하자.

- 아이템(Item, 원소) : 배열을 구성하는 각각의 칸. 하나의 변수와 똑같은 역할을 한다. 각 아이템의 이름은 "배열명[인덱스]"이다.

- 인덱스(Index, 첨자) : 각 칸에 대한 주소 역할을 하며, 0부터 시작한다.

배열의 아이템은 일반 변수와 같은 역할을 한다고 하였으므로, $b[0], $b[1], $b[2], $b[3], $b[4]는 각각 일반 변수처럼 사용하면 된다. 예를 들어 위 그림에서 $b[2]에 담긴 값을 화면에 출력하는 문장은 다음과 같다.

```
echo $b[2];
```

$b[0]에 70을 넣고 싶다면 다음과 같이 할 수 있다.

```
$b[0] = 70;
```

배열은 세 가지 방법으로 만들 수 있다. 첫 번째 방법은 일반 변수처럼 하나씩 값을 넣어주는 것이다.

```
$b[0] = 20;
$b[1] = 30;
$b[2] = 40;
$b[3] = 50;
$b[4] = 60;
```

하지만 "array"를 이용하면 이 5줄의 코드를 다음과 같이 한 줄로 바꿀 수 있다.

```
$b = array(80, 90, 70, 65, 85);
```

PHP 5.4 버전부터는 다음과 같이 대괄호([ ])를 써서 조금 더 짧게 적을 수도 있다.

```
$s = [80, 90, 70, 65, 85];
```

이제 배열을 사용한 예제를 보도록 하자. 아래 프로그램은 웹 사이트의 한 사용자 정보를 출력한다.

예제 5-1 배열에 담긴 사용자 정보 출력 (5-1.php)

```
1: <!doctype html>
2: <html>
3: <head>
4:     <meta charset="utf-8">
5: </head>
6: <body>
7:
8: <?php
```

```
 9:     $item = ["id",   "name",   "addr", "phone"];
10:     $user = ["hong", "홍길동", "서울", "123-4567"];
11:
12:     for ($i = 0; $i < count($user); $i++)
13:         echo "$item[$i] : $user[$i]<br>";
14: ?>
15:
16: </body>
17: </html>
```

실행 결과

```
id : hong
name : 홍길동
addr : 서울
phone : 123-4567
```

먼저 10번 행부터 살펴보자. 배열 $user에 한 사용자의 아이디, 이름, 주소, 전화번호를 넣고 있다. 그리고 바로 위 9번 행에서는 $user의 각 배열 칸에 담긴 값의 의미를 배열 $item에 적어 넣었다.

12번 행의 반복문은 변수 $i를 0부터 3까지 증가시켜가면서 13번 행을 반복 실행시켜 준다. 여기에서 PHP 내장 함수인 count()를 사용하였는데, 아직 함수에 대해 공부하지 않았으므로 다음과 같은 형식만 기억하고 활용하도록 하자.

count(배열명)

이것은 배열의 크기, 즉 배열이 몇 칸으로 되어 있는지를 알려준다. 이 경우에는 "4"라는 값이 될 것이다.

13번 행은 배열 $item과 $user의 $i번째 아이템을 출력한다. 위의 반복문에 의해 $i 값이 0부터 3까지 증가하면서 이 문장이 4번 반복 실행되므로 $item과 $user 배열의 모든 내용이 출력된다.

5.2 연관 배열과 foreach

PHP에서는 인덱스에 숫자대신 문자열을 사용할 수 있는데, 이것을 연관 배열(associative array)이라고 한다. 예를 들어 앞의 예제에 나왔던 사용자 정보는 다음과 같이 연관배열로 저장될 수 있다.

```php
$user["id"]    = "hong";
$user["name"]  = "홍길동";
$user["addr"]  = "서울";
$user["phone"] = "123-4567";
```

연관 배열을 사용하면 배열 아이템의 의미를 쉽게 파악할 수 있다. $user[1]보다는 $user["name"]이 프로그램을 작성할 때나 나중에 다시 볼 때 훨씬 편할 것이다.

연관 배열을 초기화하는 위의 코드는 다음과 같이 줄여 쓸 수도 있다.

```php
$user = [
    "id"    => "hong",
    "name"  => "홍길동",
    "addr"  => "서울",
    "phone" => "123-4567"
];
```

일반 배열은 인덱스가 0으로 시작하는 숫자로 정해져 있으므로 초기화할 때 값들만 적어주어도 문제가 없다. 하지만 연관 배열은 인덱스가 문자열이므로 각각의 아이템마다 위와 같은 형태로 인덱스 문자열을 써주어야 한다.

이제 연관 배열이 무엇인지 알았으니 앞에서 작성했던 예제에서 일반 배열을 연관 배열로 바꾸어 보자. 그런데 문제가 한 가지 있다. for로는 반복문을 만들 수 없는 상황이 된 것이다. 일반 배열은 for 반복문의 카운터 변수를 인덱스에 적어주었다. 하지만 연관 배열은 인덱스가 제각각의 문자열이기 때문에 카운터 변수를 사용할 수 없게 된 것이다.

이럴 때 사용할 수 있는 것이 foreach이다. 사용 형식은 다음과 같다.

```
foreach (배열 as 인덱스_문자열을_담을_변수 => 한_칸의_값을_담을_변수)
    문장;
```

foreach는 지정된 배열의 첫 번째 칸부터 마지막 칸까지 훑어가며, 각 칸의 인덱스와 값을 지정된 변수들에 넣으면서 반복을 수행한다. 만약 인덱스는 몰라도 되고 아이템의 값만 필요하다면 "*인덱스_문자열을_담을_변수 =>*"를 생략할 수 있다. 만약 이 부분을 생략하면 다음과 같은 형태가 된다.

```
foreach (배열 as 한_칸의_값을_담을_변수)
    문장;
```

이제 다음 예제를 보자.

예제 5-2 연관 배열에 담긴 사용자 정보 출력 (5-2.php)

```
 1: <!doctype html>
 2: <html>
 3: <head>
 4:     <meta charset="utf-8">
 5: </head>
 6: <body>
 7:
 8: <?php
 9:     $user = [
10:         "id" => "hong",
11:         "name" => "홍길동",
12:         "addr" => "서울",
13:         "phone" => "123-4567"
14:     ];
15:
16:     foreach ($user as $key => $val)
17:         echo "$key : $val<br>";
18:
19:     echo "<br>";
20:
```

```
21:    foreach ($user as $val)
22:        echo "$val ";
23: ?>
24:
25: </body>
26: </html>
```

> **실행 결과**
>
> ```
> id : hong
> name : 홍길동
> addr : 서울
> phone : 123-4567
>
> hong 홍길동 서울 123-4567
> ```

예제의 16~17번 행을 보면 연관 배열 $user가 가지고 있는 모든 칸의 인덱스와 값들을 출력하기 위해 foreach를 사용했다. 이렇게 하면 배열 각각의 칸에 대해 인덱스 문자열은 $key에, 해당하는 칸의 값은 $val에 담기며 반복이 진행된다. 만약 인덱스 없이 배열에 담긴 값들만 출력하고 싶다면, "$key => $val" 대신 "$val"만 적어주면 된다.

이제 연관 배열이 무엇인지 알게 되었으니, 우리가 그 동안 계속해서 써 왔던 $_REQUEST에 대해 생각해 보자. 사실 $_REQUEST는 연관 배열이다. PHP 엔진은 PHP 프로그램이 실행되기 직전에, GET/POST 방식으로 전달된 값 각각에 대해 다음과 같은 동작을 수행한다.

```
$_REQUEST["입력_태그의_name_속성"] = 입력된_값;
```

여기에 한 가지 덧붙이자면, 사실 PHP는 값이 하나 전달되면 두 개의 연관 배열에 그 값을 담는데, 그 중 하나가 $_REQUEST이다. 나머지 하나는 값이 전달된 방식에 따라 달라지는데, GET 방식으로 전달되었으면 $_GET, POST 방식으로 전달되었으면 $_POST라는 배열명을 가진다. 즉 GET 방식으로 값이 하나 전달되면 PHP 엔진은 다음과 같은 동작을 수행한다.

```
$_REQUEST["입력_태그의_name_속성"] = 입력된_값;
$_GET["입력_태그의_name_속성"]    = 입력된_값;
```

POST 방식이라면 다음과 같은 동작을 수행한다.

```
$_REQUEST["입력_태그의_name_속성"] = 입력된_값;
$_POST["입력_태그의_name_속성"]    = 입력된_값;
```

이 책에서는 앞으로도 계속해서 $_REQUEST를 사용할 것이다. 하지만 다른 사람이 작성한 코드에는 $_GET과 $_POST를 사용할 수 있으므로, 그 의미는 알고 있어야 한다.

자, 이제 연관 배열에 관한 이야기를 마치기 전에, 마지막으로 한 가지만 더 생각해 보도록 하자. 사실 일반 배열이니 연관 배열이니 하는 것은 사람이 이해하기 쉽도록 구분한 것이지, PHP는 이 둘을 딱히 구분하지 않는다. "PHP의 배열은 인덱스에 숫자와 문자열을 자유롭게 쓸 수 있다"라고 생각하면 될 것이다. 예를 들어 다음의 코드는 아무 문제없이 잘 동작한다.

```
 1: $user["id"]    = "hong";
 2: $user["name"]  = "홍길동";
 3: $user["addr"]  = "서울";
 4: $user["phone"] = "123-4567";
 5:
 6: $user[0] = "lee";
 7: $user[1] = "이순신";
 8: $user[2] = "부산";
 9: $user[3] = "245-5325";
10:
11: foreach ($user as $key => $val)
12:     echo "$key : $val<br>";
```

$user라는 이름의 배열에는 8개의 칸이 있다. 그런데 4개는 인덱스가 문자열이고, 4개는 인덱스가 숫자이다. PHP에서는 이런 배열도 문제없이 사용할 수 있다. 위 코드는 다음과 같은 출력을 보일 것이다.

```
id : hong
name : 홍길동
addr : 서울
phone : 123-4567
0 : lee
1 : 이순신
2 : 부산
3 : 245-5325
```

심지어 연관 배열을 초기화하는 형식에 숫자 인덱스를 써도 잘 동작한다. 예를 들어 위 코드의 1~9번 행은 다음과 같이 바꾸어 써도 된다.

```
$user = [
    "id"    => "hong",
    "name"  => "홍길동",
    "addr"  => "서울",
    "phone" => "123-4567",
    0       => "lee",
    1       => "이순신",
    2       => "부산",
    3       => "245-5325"
];
```

5.3 다차원 배열

우리는 첫 번째 예제 5-1에서 한 사람의 회원정보를 하나의 배열에 저장하였다. 하지만 여러 사람의 정보를 저장하려면 사람 수만큼의 배열이 필요하다. 만약 100명의 회원정보를 저장하려면 $user1, $user2, ...$user100과 같이 100개의 배열이 있어야 하는 것이다. 이렇게 100개의 배열을 프로그램으로 다루는 것이 사실상 불가능하므로, 2차원 배열을 사용한다. 2차원 배열을 이용해서 3명의 회원정보를 저장하고 출력하는 프로그램은 다음과 같다.

예제 5-3 2차원 배열에 담긴 다수의 사용자 정보 출력 (5-3.php)

```php
 1: <!doctype html>
 2: <html>
 3: <head>
 4:     <meta charset="utf-8">
 5:     <style>
 6:         table { width: 300px; text-align: center; }
 7:     </style>
 8: </head>
 9: <body>
10:
11: <?php
12:     $item = ["id",   "name",   "addr", "phone"];
13:     $user = [
14:         ["hong", "홍길동", "서울", "123-4567"],
15:         ["lee",   "이순신", "부산", "245-5325"],
16:         ["kang", "강감찬", "춘천", "854-3674"]
17:     ];
18:
19:     echo "<table>";
20:
21:     // $item 배열 출력
22:     echo "<tr>";
23:     for ($i = 0; $i < count($item); $i++)
24:         echo "<td>", $item[$i], "</td>";
25:     echo "</tr>";
26:
27:     // 사용자 수만큼 반복 : $i = 0, 1, 2
28:     for ($i = 0; $i < count($user); $i++) {
29:         echo "<tr>";
30:
31:         // 각 사용자가 가진 회원정보 수만큼 반복 : $j = 0, 1, 2, 3
32:         for ($j = 0; $j < count($user[$i]); $j++)
33:             echo "<td>", $user[$i][$j], "</td>";
34:
```

```
35:        echo "</tr>";
36:     }
37:
38:     echo "</table>";
39: ?>
40:
41: </body>
42: </html>
```

실행 결과

id	name	addr	phone
hong	홍길동	서울	123-4567
lee	이순신	부산	245-5325
kang	강감찬	춘천	854-3674

먼저, 5~7번 행을 보자. 이 책에서 처음으로 CSS를 사용했다. 여러 사람의 데이터를 출력하려면 <table> 태그를 이용해서 표를 만드는 것이 깨끗하다. 그런데 따로 스타일을 주지 않으면 컬럼 폭이 너무 좁아져서 여전히 알아보기 힘든 모양이 된다. 따라서 표의 가로 폭을 300픽셀로 하고, 중앙 정렬을 하도록 스타일을 지정하였다.

이제 본론으로 돌아와서, 13~17번 행을 보자. 전체적인 형태를 적어보면 다음과 같다.

```
$user = [
    첫 번째 사용자 정보들,
    두 번째 사용자 정보들,
    세 번째 사용자 정보들
];
```

여기에서 각 사용자의 정보들 역시 배열이다. 그동안 우리가 보아온 배열은 "값들의 배열"인데, $user는 각각의 칸에 값이 아니라 다시 배열이 들어가 있는 "배열의 배열"이다. 이것을 2차원 배열이라 부르고, 다음과 같은 형태로 메모리에 저장된다.

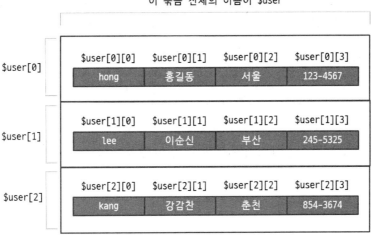

[그림 5-2] 2차원 배열의 구조

이 묶음 전체의 이름이 $user라는 것까지는 큰 문제가 없는데, $user[0], $user[1], $user[2]는 두 가지 측면에서 보아야 한다.

• $user 입장에서 보았을 때, $user[0], $user[1], $user[2]는 배열 $user의 아이템이다.

• 세 줄의 배열 입장에서 보았을 때, $user[0], $user[1], $user[2]는 각 배열의 이름이다. 즉 "hong"으로 시작하는 첫 번째 배열의 이름은 $user[0]이고, 두 번째 배열의 이름은 $user[1], 그리고 세 번째 배열의 이름은 $user[2]이다.

이제 가운데 줄 중에 "부산"이 담겨있는 칸을 보자. 배열 한 칸의 이름은 "배열명[인덱스]"인데, 이 배열의 이름은 $user[1]이고, 인덱스는 2이다. 따라서 이 아이템의 이름은 $user[1][2]가 된다. 결국 2차원 배열의 아이템은 인덱스를 2개 가지게 되므로, 2차원 배열을 사용할 때는 바둑판 모양의 평면에 값들이 들어가 있는 구조라고 생각하고 각각의 아이템은 다음과 같은 형태로 사용한다.

배열명[줄_번호][칸_번호]

이러한 식으로 3차원, 4차원 등, 얼마든지 우리가 원하는 만큼 차원을 확장할 수 있으며, 2차원 이상의 배열은 통칭해서 다차원 배열이라고 부른다.

이것까지만 이해하면 다른 부분은 특이한 점이 없다. 28번 행의 for는 사용자 수만큼 29~35

번 행의 문장들을 반복 실행한다. 즉 29~35번 행은 표의 한 줄을 출력하는 코드이다. 그리고 그 안에 있는 32번 행의 for는 한 사람의 회원정보 수만큼 반복을 하면서 데이터를 출력한다. 다만 마지막으로 한 가지, 사소하지만 살펴보고 넘어갈 문장이 있다.

```
33:                echo "<td>", $user[$i][$j], "</td>";
```

혹시 이 문장을 다음과 같이 작성하고 싶은 사람이 있을 수 있겠다.

```
33:                echo "<td>$user[$i][$j]</td>";
```

따옴표 밖에 있던 변수명을 따옴표 안으로 넣은 것뿐이니 별 문제 없을 것 같은데, 막상 실행해 보면 오류 메시지가 출력된다. 이것은 큰따옴표 안에 있는 배열명을 치환할 때 다음과 같은 문제가 있기 때문이다.

- 큰따옴표 안에서는 2차원 이상의 다차원 배열은 중괄호로 싸주어야 제대로 변수명을 인식한다. 즉 "{$user[$i][$j]}"와 같은 형태로 사용해야 제대로 인식된다.
- 큰따옴표 안에서는 연관 배열의 인덱스에 다시 따옴표를 하지 않아야 한다. 즉 "$user[id]"와 같은 형태로 사용해야 제대로 인식된다.

이러한 이유에서 이 문장에서 2차원 배열을 따옴표 밖으로 꺼낸 것이다. 이 예에서는 중괄호로 둘러싸는 것 보다는 따옴표 밖으로 꺼내는 것이 알아보기 쉽기 때문이다.

5.4 다중 선택 입력의 처리

앞에서 우리는 단일 값을 입력하거나, 단일 항목을 선택하는 입력란으로부터 값을 전달받는 방법을 공부했다. 하지만 체크 박스나 다중 선택을 허용하는 리스트 박스는 입력된 값이 배열로 전달되므로 설명을 미루어 두었다. 이제 이들 입력란으로부터 값을 전달받는 방법을 알아보자. 먼저 입력 폼이 있어야 할 것이다.

```
 1: <!doctype html>
 2: <html>
 3: <head>
 4:     <meta charset="utf-8">
 5: </head>
 6: <body>
 7:
 8: <form action="5-5.php" method="post">
 9:     <table>
10:         <tr>
11:             <td>관심언어</td>
12:             <td>
13:                 <input type="checkbox" name="lang[]" value="PHP">PHP
14:                 <input type="checkbox" name="lang[]" value="JSP">JSP
15:                 <input type="checkbox" name="lang[]"
16:                                     value="ASP.NET">ASP.NET
17:             </td>
18:         </tr>
19:
20:         <tr>
21:             <td>취미</td>
22:             <td>
23:                 <select name="hobby[]" size="4" multiple>
24:                     <option value="영화">영화</option>
25:                     <option value="운동">운동</option>
26:                     <option value="독서">독서</option>
27:                     <option value="기타">기타</option>
28:                 </select>
29:             </td>
30:         </tr>
31:     </table>
32:     <input type="submit" value="전송">
33: </form>
34:
```

```
35: </body>
36: </html>
```

13~16번 행은 체크 박스이다. 체크 박스도 라디오 버튼처럼 한 그룹에 속한 것들끼리는 같은 name을 가져야 한다. 그런데 조심해서 볼 것이 있다. 이름 뒤에 []가 붙어 있는 것이다. 다중 선택을 받는 입력란은 여러 개의 값이 전달되어야 하므로 배열을 이용한다. 따라서 name에 반드시 "[]"를 붙여 주어야 한다.

23번 행의 select도 마찬가지이다. "multiple" 옵션이 있으므로 이 리스트 박스는 Ctrl과 Shift 키를 사용해서 여러 개의 항목을 선택할 수 있다. 따라서 여기에도 name에 []를 붙여 주어야 한다.

이렇게 입력된 값이 전달되면 PHP에서는 다음과 같이 이 값들을 꺼내어 쓸 수 있다.

예제 5-5 다중 선택 입력 값의 출력 (5-5.php)

```
1: <!doctype html>
2: <html>
3: <head>
4:     <meta charset="utf-8">
5: </head>
6: <body>
7:
8: <?php
9:     echo "관심언어 : ";
```

```
10:     if (isset($_REQUEST["lang"])) {
11:         $selected = $_REQUEST["lang"];
12:         foreach ($selected as $d)
13:             echo "$d ";
14:     }
15:     echo "<br>";
16:
17:     echo "취미 : ";
18:     if (isset($_REQUEST["hobby"])) {
19:         foreach ($_REQUEST["hobby"] as $d)
20:             echo "$d ";
21:     }
22:     echo "<br>";
23: ?>
24:
25: </body>
26: </html>
```

실행 결과

```
관심언어 : PHP JSP
취미 : 운동 독서
```

먼저 10번 행을 보자. isset()은 PHP 내장 함수인데, 일단 사용 형식만 기억해 두었다가 사용할 수 있도록 하자. 사용법은 다음과 같다.

isset(변수)

이 함수는 주어진 변수가 존재하고 무언가 값을 가지고 있으면 true, 그렇지 않으면 false 값을 준다. 따라서 10번 행은 $_REQUEST["lang"]이라는 변수가 존재하고 값을 가지는지를 체크하는 것이다. 만약 입력란에 아무 것도 입력하지 않고 전송 버튼을 눌렀다면 이 변수가 존재하지 않을 것이다. 10번 행은 이것을 체크하여 이 변수가 있는 경우에만 11~13번 행에서 출력 작업을 하도록 해 준다.

11번 행은 $_REQUEST["lang"]에 담긴 내용을 $selected로 대입해 준다. 그런데, 이것은 체크 박스의 입력 결과이므로 하나의 값이 아니라 배열이다.

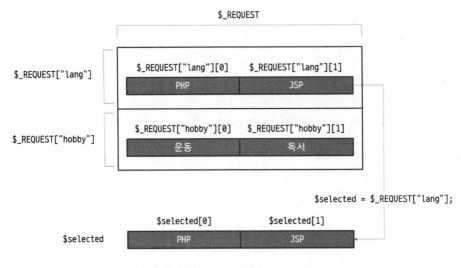

[그림 5-3] 다중 선택 입력 시 $_REQUEST의 구조

따라서 12~13번 행에서 foreach를 이용하여 $selected 배열에 들어있는 값들을 하나씩 꺼내어 출력해 준 것이다.

18~21번 행도 똑같은 패턴의 코드이다. 다만 $_REQUEST["hobby"]를 직접 foreach에 적어넣었기 때문에 $selected라는 변수를 사용하지 않았다는 점만 다를 뿐이다.

연습문제

1. 한 학생의 국어, 영어, 수학, 음악, 미술 점수를 배열에 담고, 각 과목의 점수와 총점, 평균, 최고점을 출력하는 프로그램을 작성해 보시오.

2. 학생들의 학번과 전화번호를 담은 다음과 같은 배열이 있다. 학번을 입력받아 해당 학생의 전화번호를 출력하는 프로그램을 작성하시오. 단, 입력된 학번이 배열에 없을 경우 isset()을 이용해서 이를 알아내고, "그런 학생은 없습니다."를 출력하도록 하시오.

```
$phone = [
    '101' => '111-2222',
    '102' => '234-5678',
    '103' => '346-3353',
    '104' => '223-4633',
    '105' => '242-4532'
];
```

3. 위 문제에서 배열 $phone이 정의된 코드를 지우고, 대신 자리에 다음의 코드를 붙여넣기 한 뒤, 똑같은 동작을 하는 프로그램이 되도록 나머지 부분을 수정하여 보시오. 연관 배열과는 달리 for 반복문으로 찾는 학번이 나올 때까지 검색을 해야 한다는 점에 주의해야 합니다.

```
$data = [
    ["101", "102", "103", "104", "105"],
    ["111-2222", "234-5678", "346-3353", "223-4633", "242-4532"]
];
```

4. 3장에서 실습했던 단일 값 입력 태그들과 이 장에서 공부한 다중 선택 입력 태그를 모두 활용한 회원 가입 양식을 만들고, 입력된 값을 출력하는 PHP 프로그램을 작성하시오. 이 때 isset()을 이용하여, 입력되지 않은 값이 있으면 경고 메시지 없이 빈 문자열로 출력되도록 하시오.

CHAPTER **6**

함수

CHAPTER 6

함수

프로그래밍 언어에서 함수는 "별도의 이름을 가지는 코드 블록"이라고 볼 수 있다. { }로 둘러싸인 코드 블록에 이름을 붙여 놓고, 필요할 때는 몇 번이고 불러서 그 코드를 실행할 수 있기 때문이나. 함수는 다음과 같이 두 부류로 나누어진다.

- 사용자 정의 함수 (User Defined Function)
  프로그래머가 직접 정의해서 사용하는 함수이다. 여기에서 "사용자"란 웹 프로그램의 사용자가 아니라 PHP의 사용자, 즉 프로그래머를 의미한다.
- 내장 함수 (Built-in Function)
  PHP의 제작자가 미리 작성해서 PHP 엔진에 넣어둔 함수이다. 따라서 내장 함수는 그냥 불러서 사용만 하면 된다. 우리가 이미 사용해 보았던 count(), isset()이 PHP의 내장 함수들이다.

PHP는 매우 많은 내장 함수를 제공한다. 하지만 이 책에서는 그것들을 한 번에 10개, 20개씩 묶어서 설명하지는 않을 것이다. 공부할 때도 힘들고, 정작 필요할 때는 사용법을 정확하게 기억할 수 없을 것이기 때문이다. 따라서 이 장에서는 사용자 정의 함수에 대해서만 설명하고, 내장 함수들은 필요할 때마다 하나씩 다룰 것이다.

6.1 함수의 정의와 호출

함수는 다음과 같은 단계를 거쳐 사용한다.

- 함수 정의 : 함수의 이름과, 그 이름을 부르면 실행할 프로그램 코드를 정의한다.
- 함수 호출 : 정의된 함수를 불러서 실행하기로 약속된 코드를 실행하도록 한다. 함수 정의 는 한번만 하지만, 함수 호출은 필요하면 몇 번이든 할 수 있다.

먼저 함수 정의에 대해서 알아보자. 함수는 다음과 같은 형식으로 정의한다.

```
function 함수명(매개변수_리스트) {
    이 함수가 호출되면 실행할 문장들;
    ...
}
```

"function"으로 시작하는 첫 줄을 함수의 헤더(header)라 하고, { }로 둘러싸인 코드들은 함 수의 바디(body)라고 한다. 또한 함수가 동작하는데 필요한 정보가 담기는 변수를 "매개변 수"라고 하는데, 괄호 안에 있는 "매개변수_리스트"는 매개변수들의 리스트이다. 이 자리 에는 한 개 이상의 변수들이 쉼표(,)로 구분되어 나열되며, 그런 정보가 아예 필요 없는 경우 라면 생략해도 무방하다.

이렇게 함수가 한번 정의되고 나면, 함수를 다음과 같이 호출할 수 있다.

함수명(인자_리스트)

이 표현을 만나면 해당 함수의 바디에 담긴 코드들이 실행된다. 함수를 호출할 때는 매개변 수에 채워줄 값들도 같이 전달하는데, 이것을 "인자"라고 한다. "인자_리스트"는 한 개 이 상의 인자들을 쉼표로 구분하여 나열한 것이며, 함수가 매개변수가 없다면 생략할 수 있다.

만약 프로그래밍 언어에서 함수를 처음 접한다면 위의 설명이 잘 이해가 가지 않을 것이다. 이제 간단한 예를 통해 함수의 사용법을 살펴보도록 하자.

예제 6-1 함수 사용의 간단한 예 (6-1.php)

```
1: <!doctype html>
2: <html>
3: <head>
4:     <meta charset="utf-8">
5: </head>
6: <body>
7:
8: <?php
9:     function test1($a) {
10:         echo "$a<br>";
11:     }
12:
13:     function test3($a, $b, $c) {
14:         echo $a + $b + $c, "<br>";
15:     }
16:
17:     test1(5);
18:     test3(3, 4, 5);
19: ?>
20:
21: </body>
22: </html>
```

실행 결과

```
5
12
```

먼저 9~11번 행을 보자. 함수 test1을 정의하고 있다. 이 함수는 $a라는 매개변수 하나를 가지는데, 나중에 호출될 때 이 변수에 값이 주어지면 10번 행에서 그 값을 화면에 출력하는 동작을 한다. 13~15번 행은 함수 test3의 정의이다. 이 함수는 $a, $b, $c라는 세 개의 매개변수를 가지며, 14번 행에서 이들 매개변수에 주어진 값을 모두 더한 값을 출력한다.

여기서 중요한 점은 9~11번과 13~15번 행은 함수를 정의한 것일 뿐, 그 함수들의 바디가 실행되지는 않는다는 것이다. 9~11번 행은 PHP 엔진에게 "나중에 함수 test1을 실행해달라고 요청하면 바디 부분의 코드를 실행해 줘"라고 얘기한 것뿐이다.

이제 다음으로 넘어가 보자. 17번 행에서 "test1(5)"로 함수 test1을 호출하였으므로, 비로소 함수의 바디가 실행된다. 실행되는 과정은 다음과 같다.

- 함수 바디 실행 전에, 이 함수의 매개변수 $a에 인자로 주어진 5가 대입된다. 즉 "$a = 5;"가 실행된다.

- 함수의 바디가 실행된다. 따라서 $a의 값이 화면에 출력된다.

- 함수의 실행이 끝나면 함수 호출식이 있던 문장인 17번 행으로 돌아온다. 17번 행에는 더 이상 실행할 코드가 없으므로 실행의 흐름이 다음 줄로 넘어간다.

다음 줄인 18번 행도 같은 방법으로 실행된다. 다만 함수 test3은 $a, $b, $c라는 세 개의 매개변수를 가지므로, 함수를 호출할 때 준 인자 3, 4, 5가 각각 대응하는 위치의 매개변수에 대입된다는 점만 다를 뿐이다. 이 과정을 그림으로 그려보면 다음 그림과 같다.

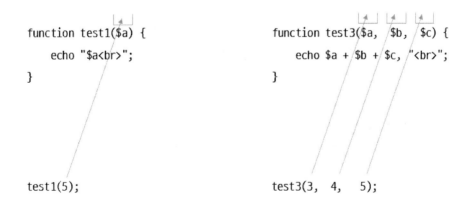

```php
function test1($a) {
    echo "$a<br>";
}




test1(5);
```

```php
function test3($a,  $b,  $c) {
    echo $a + $b + $c, "<br>";
}




test3(3,  4,   5);
```

[그림 6-1] 매개변수를 통한 인자 값 전달

한 가지 더, 이미 변수를 공부할 때 얘기했지만, 변수명은 대소문자를 구분하는 것과 달리 함수명은 대소문자를 구분하지 않는다는 점에 주의하자. test, TeSt, tEsT, TEST 등은 모두 같은 함수를 의미한다.

6.2 반환 값이 있는 함수

우리가 프로그램을 작성하고 있는데 팩토리얼(factorial)을 자주 계산해야 한다고 가정해 보자. 팩토리얼은 1부터 그 수까지 모든 자연수의 곱이며, 숫자 뒤에 느낌표(!)를 붙여서 표시한다. 즉 5! = 1 × 2 × 3 × 4 × 5이다. 이렇게 자주해야 하는 일은 함수로 만들어 두면 좋다. 다음과 같은 함수가 될 것이다.

```php
function factorial($n) {
    $f = 1;

    for ($i = 1; $i <= $n; $i++)
        $f *= $i;

    echo $f;
}
```

그런데 프로그램을 작성하다보니, 5!과 10!도 출력하지만 그 값들의 합도 출력해야 하는 상황이 되었다고 생각해보자. 지금까지 공부한 것만으로는 이 문제에 대처하기가 힘들다. 함수에서 열심히 계산한 결과 값이 화면으로 출력되고 없어져 버리기 때문이다. 바로 이럴 때 반환 값이 있는 함수를 사용하면 각각의 연산 결과를 변수에 담아두었다가 나중에 사용할 수 있다. 아래 코드를 보자.

```php
function getNumber($x, $y) {
    return 10 * $x + $y;
}

$a = getNumber(2, 3);
echo "계산 결과 : $a<br>";
```

먼저 함수를 호출하는 문장을 살펴보자. "$a = " 부분은 일단 넘어가고 그 뒤를 보면, "getNumber(2, 3)"이므로 함수 getNumber가 실행된다. 이 함수는 10 * 2 + 3을 계산하여 23을 얻는데, 이 값을 echo 하지 않고 "return" 한다. 이렇게 return 뒤에 적힌 것을 "반환 값"이라 하는데, 함수 실행이 끝나면 함수 호출식이 있던 자리에 그 값이 놓여진다. 이 예에서는 다음과 같은 동작이 실행된다.

```
$a = getNumber(2, 3);
        ↓
$a = 23;
```

함수의 반환 값을 이용하면 변수에 계산 결과를 저장할 수 있다. 이제 앞에서 만들었던 함수 factorial()을 수정하고 프로그램을 완성해보자.

예제 6-2 팩토리얼 값을 반환하는 함수 (6-2.php)

```
 1: <!doctype html>
 2: <html>
 3: <head>
 4:     <meta charset="utf-8">
 5: </head>
 6: <body>
 7:
 8: <?php
 9:     function factorial($n) {
10:         $f = 1;
11:
12:         for ($i = 1; $i <= $n; $i++)
13:             $f *= $i;
14:
15:         return $f;
16:     }
17:
18:     $a = factorial(5);
19:     $b = factorial(10);
20:
21:     echo "5! = $a<br>";
22:     echo "10! = $b<br>";
23:     echo "5! + 10! = ", $a + $b;
24: ?>
```

```
25:
26: </body>
27: </html>
```

실행 결과

```
5! = 120
10! = 3628800
5! + 10! = 3628920
```

6.3 지역변수와 전역변수

함수의 내부에서 정의된 변수를 지역변수라 하고, 함수의 외부에서 정의된 변수는 전역변수라고 한다. 다음 코드를 보자.

예제 6-3 지역변수의 사용 (6-3.php)

```
1: <!doctype html>
2: <html>
3: <head>
4:     <meta charset="utf-8">
5: </head>
6: <body>
7:
8: <?php
9:     function test() {
10:         $lv = 1;          // 함수 안에서 정의되었으므로 지역변수
11:         echo $lv;         // 실행됨 : 출력 결과는 1
12:     }
13:
14:     test();
15:     echo $lv;             // 오류 발생 : 정의되지 않은 변수
```

```
16: ?>
17:
18: </body>
19: </html>
```

 실행 결과

```
1
Notice: Undefined variable: lv in C:\xampp\htdocs\7-7.php on line 15
```

9~12번 행은 함수의 정의이므로, 실제 실행은 14번 행에서 함수 test를 호출하면서 시작된다. 함수 test가 실행되면, 10번 행에서 $lv라는 이름의 변수를 만들고 값을 1로 한다. 이 값은 함수 내부인 11번 행에서는 문제없이 잘 출력된다.

그런데 함수 실행을 끝내고 나면 실행의 흐름이 15번 행으로 돌아온다. 이 문장은 또다시 $lv의 값을 출력하는 문장인데, 여기에서는 오류가 발생한다. 함수 안에서 만들어진 변수는 함수 실행이 끝날 때 같이 사라지기 때문이다. 즉 $lv는 함수 test 내부에서만 유효한 변수이다. 이렇게 전체 프로그램 중 일부 지역(함수 내부)에서만 유효한 변수를 지역변수라고 부른다.

함수 내부에서 정의된 변수는 모두 지역변수이며, 함수가 실행될 때 잠깐 생겼다가 함수의 실행이 끝날 때 같이 없어진다. 혹시 함수의 매개변수는 어떨지 궁금해 하는 독자가 있을 수도 있는데, 매개변수도 지역변수로 생각하면 된다. 함수가 실행될 때 생겨나기 때문이다.

반면, 함수 외부에서 정의된 변수는 프로그램 실행이 끝날 때까지 계속 남아있게 된다. 이렇게 프로그램의 전체 영역에서 모두 사용할 수 있는 변수는 전역변수라고 부른다. 다음 코드를 보자.

예제 6-4 전역변수의 사용 (6-4.php)

```php
 1: <!doctype html>
 2: <html>
 3: <head>
 4:     <meta charset="utf-8">
 5: </head>
 6: <body>
 7:
 8: <?php
 9:     $gv = 1;            // 함수 밖에서 정의되었으므로 전역변수
10:
11:     function test() {
12:         echo $gv;       // 오류 발생 : 정의되지 않은 변수
13:
14:                         // 실행됨 : 함수 내부에서 전역변수 접근방법 1
15:         echo $GLOBALS["gv"], "<br>";
16:
17:         global $gv;     // 실행됨 : 함수 내부에서 전역변수 접근방법 2
18:         echo "$gv<br>";
19:     }
20:
21:     echo $gv;           // 실행됨 : 함수 외부에서는 문제없이 접근
22:     test();
23: ?>
24:
25: </body>
26: </html>
```

실행 결과

```
1
Notice: Undefined variable: gv in C:\xampp\htdocs\book\7-8.php on line 12
1
1
```

먼저 9번 행이 실행되면서 전역변수 $gv가 만들어진다. 11~19번 행은 함수의 정의이므로 일단 넘어가고, 21번 행에서 $gv를 출력한다. 여기까지는 아무런 문제가 없다. 22번 행에서 test 함수가 호출되면 함수의 첫줄인 12번 행에서 전역변수 $gv를 출력하려고 하는데, 여기서는 오류가 발생한다. 전역 변수는 프로그램의 전체 영역에서 사용할 수 있다고 하였으므로 함수 내부라고 해도 문제없이 실행이 되어야 한다. 실제로 C나 자바 언어에서는 이런 경우 문제없이 전역변수의 값을 출력하는데, 여기서는 왜 오류가 발생하는 것일까?

이것이 PHP가 C, 자바 언어와 다른 점이다. PHP에서는 특이하게 전역변수라 하더라도 함수 내부에서는 그냥 접근할 수가 없다. 다음의 두 방법 중 하나를 이용해야만 한다.

첫 번째 방법은 $GLOBALS["전역변수명"] 의 형태로 전역변수에 접근하는 것이다. 전역변수명에는 $를 붙이지 않고 순수한 변수 이름만 적는다. 이 방법을 사용한 것이 15번 행이다.

두 번째 방법은 "global $전역변수명;"을 써서, 지정된 전역변수를 이 함수 내부에서 사용할 것임을 선언하는 것이다. 이 방법을 사용한 것이 17번 행인데, 이렇게 한번만 선언하면 이 함수 내부에서는 지역변수에 접근하듯 자연스럽게 전역변수에 접근할 수 있다. 따라서 18번 행에서는 $gv가 문제없이 출력된다.

1. 주어진 숫자만큼 별(*)을 출력하고 줄 넘김을 하는 함수 line을 정의하시오. 또 이 함수를 이용하여 지정된 크기의 삼각형을 출력하는 프로그램을 완성하시오. 예를 들어 이 프로그램에 n이 3으로 주어지면 다음과 같은 삼각형을 출력한다.

   ```
   *
   **
   ***
   ```

2. $start, $end라는 두 매개변수를 가지는 함수 sum을 정의하시오. 이 함수는 $start부터 $end까지 정수의 합을 반환한다. 그리고 이 함수를 이용하여 10~20의 합과 50~60의 합, 그리고 그 두 값을 더한 값을 출력하는 프로그램을 완성하시오.

3. 다음 PHP 코드를 실행해 보고, 왜 그런 출력이 나오는지 설명해 보시오.

   ```php
   $a = 1;

   function test($a) {
       echo "(1) $a<br>";

       echo "(2) $GLOBALS[a]<br>";
   }

   test(2);
   echo "(3) $a<br>";
   ```

CHAPTER **7**

객체

CHAPTER 7

객체

이 장에서는 PHP 객체지향 프로그래밍에 대해 공부한다. 단 여기서 다루는 것은 객체지향 프로그램에 있어 가장 기초적인
것들이며, 객체지향 프로그래밍을 공부했다고 말하기 어려울 정도로 극히 일부분이다. 하지만 객체지향 프로그래밍이 어
느 정도 수준에 이를 수 있도록 공부하려면 많은 시간과 노력을 들여야 하고, 그렇게 하다보면 빠른 시간 안에 의미 있는
프로그램을 짤 수 있도록 핵심만을 공부한다는 이 책의 본래의 취지에 너무 멀어져 버릴 것이다.

따라서 이 장에서는 객체 기반의 프로그램을 짜기 위해서가 아니라, 나중에 데이터베이스에 접근하기 위한 기초를 만들어
두기 위한 수준까지만 객체지향 프로그래밍을 공부할 것이다. 혹시 PHP 객체지향 프로그램에 대해 깊게 공부하고 싶은 독
자는 별도의 책이나 인터넷 강좌를 통해 나머지 부분을 채워 나가기 바란다.

7.1 객체의 개념

프로그래밍을 하는 입장에서 바라보면, 객체란 서로 관련 있는 변수와 함수들의 묶음이라
고 할 수 있다. 그리고 객체를 편리하게 만들고 사용할 수 있도록 다양한 기능과 문법을 제
공하는 언어들이 있는데 이들을 객체지향 언어라고 부른다. 현재 가장 대표적인 객체지향
언어로는 자바, C++ 등이 있다. PHP는 원래 객체지향 언어가 아니었지만, 버전이 올라가
면서 객체지향 프로그래밍을 위한 구조가 도입되었다.

프로그램에서 객체를 이용하기 위해서는 다음과 같은 세 단계를 거쳐야 한다.

• 클래스 정의

• 객체 생성

• 객체 사용

난데없이 나온 클래스라는 용어에 당황한 사람들도 있겠다. 클래스는 객체의 설계도라고
할 수 있다. 집이 어떤 모양으로 지어질지 설계도를 먼저 만들고 그 설계도와 같은 모양의
집을 짓듯이, 먼저 객체가 어떤 모양으로 만들어질지 클래스를 정의하고, 그 클래스에 적혀
있는 모양대로 만들어진 실체인 객체를 만들게 된다. 한 장의 설계도만 있으면 똑같은 형태
의 집을 여러 채 지을 수 있듯이 하나의 클래스 정의만 있으면 똑같은 형태의 객체를 필요
한 만큼 여러 개 만들 수 있게 된다.

7.1.1 클래스 정의

클래스를 정의하는 형식은 다음과 같다.

```
class 클래스명 {
    프로퍼티 정의
    ...
    메서드 정의
    ...
}
```

"프로퍼티(Property)"와 "메서드(Method)"라는 단어 때문에 놀라지 말자. 객체 안에 들어있는 변수는 일반 변수와 구분하기 위해 프로퍼티라고 부르고, 객체 안에 들어있는 함수는 일반 함수와 구분하기 위해 메서드라고 부른다. 혹시 위의 형식에서는 프로퍼티 정의, 메서드 정의라고 간단하게 써서 하나의 클래스에는 프로퍼티 한 개, 메서드 한 개만 정의할 수 있다고 착각할 수도 있는데, 그렇지 않다. 클래스를 정의할 때에는 필요하면 몇 개든 변수(프로퍼티)들과 함수(메서드)들을 적어 넣으면 된다.

예를 들어 사람들의 이름, 주소, 전화번호를 다루는 프로그램이 있다고 하자. 그렇다면 사람 한 명의 정보를 하나의 객체로 만들면 될 것이다. 이 때 각각의 사람은 이름, 주소, 전화번호를 가지고 있어야하고, 한 사람의 정보를 모아서 출력할 수 있는 메서드가 하나 있어야 할 것이다. 이런 객체를 만들기 위해 Person이라는 이름의 클래스를 정의해 보면 다음과 같다.

```
1: class Person {
2:     // 프로퍼티 정의
3:     public $name, $addr, $phone;
4:
5:     // 메서드 정의
6:     public function printInfo() {
7:         echo "$this->name $this->addr $this->phone<br>";
8:     }
9: }
```

먼저 3번 행에 주목해 보자. 이 클래스에 속한 변수, 즉 프로퍼티가 $name, $addr, $phone, 이렇게 3개라는 것을 알려주고 있다. 그 앞의 public은 접근 지시자라고 하는데, 그 의미는 조금 후에 알게 될 것이다. 일단 지금은 앞에 public을 쓰고 뒤에 변수명들을 적어서 프로퍼티를 정의한다고만 생각하자.

그 뒤의 6~8번 행에 나온 것이 printInfo()라는 이름의 메서드를 정의한 것이다. 형식은 함수 선언과 별 차이가 없으며, 맨 앞에 접근 지시자 public이 적혀 있다는 점만 다르다. 다만 7번 행에 나온 "$this->name"과 같은 표현이 생소할 텐데, 이에 대해서는 바로 뒤에서 설명할 것이다.

7.1.2 객체 생성

이렇게 클래스 정의가 되었다고 하더라도, 실제로는 아무 동작도 실행되지 않는다. 단지
PHP 엔진에게 "나중에 Person 클래스 같은 모양의 객체를 만들겠다고 하면, 저렇게 만들어
줘"라고 얘기했을 뿐이다. 설계도를 가지고 집을 짓듯이, 클래스 정의와 똑같은 실체를 만
들어주어야 하는데 그것을 객체라고 부른다. 객체를 만들려면 다음과 같이 한다.

```
객체명 = new 클래스명();
```

예를 들어 앞에서 정의한 Person형 객체(클래스 Person에서 정의한 모양을 가진 객체) 두 개
를 만들어 보자. 이름은 $p1, p2라고 붙일 것이다.

```
$p1 = new Person();
$p2 = new Person();
```

이 코드가 실행되어야 Person형 객체 $p1과 $p2가 실제로 만들어진다. 이 두 객체는 Person
클래스에 적어 놓은 모양대로 만들어졌으므로, $p1과 $p2 각각에는 자신의 프로퍼티 name,
addr, phone과 메서드 printInfo()가 들어있다. 이를 그림으로 표시하면 다음과 같다.

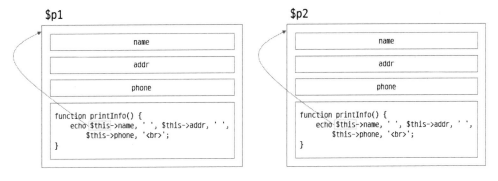

[그림 7-1] 객체의 생성

자, 이제 "$this"의 의미를 알아보자. 메서드 내부의 코드에서 해당 객체의 프로퍼티를 지칭
할 때에는 $name과 같이 적지 않고, $this->name과 같이 적어야 한다. $name은 이 함수 내부
의 지역변수를 의미하기 때문이다. $this->name이라고 써 주어야 이 객체의 프로퍼티인

name이라고 인식된다는 점에 주의하기 바란다.

$this는 이 메서드를 담고 있는 객체의 별명이다. 따라서 $p1 안에서 사용된 $this는 $p1 객체를, $p2 안에서 사용된 $this는 $p2 객체를 의미한다. 프로퍼티를 정의할 때는 "$name"과 같이 앞에 $를 붙이지만, 사용할 때는 "$this->name"과 같이 name 앞에 $가 없다는 것도 같이 기억해두자.

7.1.3 객체 사용

객체를 사용한다는 것은 객체의 프로퍼티 값을 바꾸거나 메서드를 호출한다는 뜻이다. 객체의 프로퍼티나 메서드를 사용할 때에는 "객체명->프로퍼티" 또는 "객체명->메서드"와 같은 형태로 사용하면 된다. 예를 들어

```
$p1->name  = "홍길동";
$p1->addr  = "서울";
$p1->phone = "123-4567";
```

이 문장들은 Person형 객체 $p1의 프로퍼티 name, addr, phone의 값을 "홍길동", "서울", "123-4567"로 설정한다. 역시 좀 전의 $this->name처럼 객체명에만 $가 붙고, name 앞에는 $가 붙지 않는다는 점도 보아두자.

여기서 주의할 점은 $p1 객체의 프로퍼티 값만 변한다는 점이다. $p2는 같은 클래스로부터 만들어지기는 했지만 별도의 객체이므로 $p2 객체의 프로퍼티 값에는 아무런 변화가 없다.

메서드 호출도 마찬가지 방법으로 한다.

```
$p1->printInfo();
```

이 문장은 Person형 객체 $p1의 printInfo() 메서드를 실행한다. 실행하면 $p1 객체에 담긴 이름, 주소, 전화번호를 출력하게 될 것이다.

지금까지 설명한 내용을 정리하기 위해 간단한 예제를 만들어 보면 다음과 같다.

예제 7-1 간단한 객체 사용 예 (7-1.php)

```
1: <!doctype html>
2: <html>
3: <head>
4:     <meta charset="utf-8">
5: </head>
6: <body>
7:
8: <?php
9:     // 클래스 정의
10:    class Person {
11:        // 프로퍼티 정의
12:        public $name, $addr, $phone;
13:
14:        // 메서드 정의
15:        public function printInfo() {
16:            echo "$this->name $this->addr $this->phone<br>";
17:        }
18:    }
19:
20:    // 객체 생성
21:    $p1 = new Person();
22:    $p2 = new Person();
23:
24:    // 객체 사용
25:    $p1->name = "홍길동";
26:    $p1->addr = "서울";
27:    $p1->phone = "123-4567";
28:
29:    $p2->name = "이순신";
30:    $p2->addr = "통영";
31:    $p2->phone = "222-3333";
32:
33:    $p1->printInfo();
34:    $p2->printInfo();
35: ?>
36:
37: </body>
38: </html>
```

> **↓ 실행 결과**
>
> 홍길동 서울 123-4567
> 이순신 통영 222-3333

7.2 객체의 활용

7.2.1 접근 지시자

아까 미루어두었던 "public"이라는 단어에 대해 생각해 보기로 하자. 이것은 위 예제의 12번 행과 15번 행에서 찾을 수 있다. 이 단어는 접근 지시자라고 하며, 이 단어 바로 뒤에 적은 클래스의 프로퍼티나 메서드를 외부에서 접근할 수 있는지 없는지를 알려준다. 다음 코드를 보자.

```
 1: class Person {
 2:     public $name;
 3:     private $addr;
 4:
 5:     public function printInfo() {
 6:         echo "$this->name $this->addr<br>";
 7:     }
 8: }
 9:
10: $a = new Person();
11:
12: // 오류 없이 실행됨 : public 프로퍼티
13: $a->name = "홍길동";
14:
15: // 오류 : private 프로퍼티는 클래스 외부에서 접근 불가
16: $a->addr = "서울";
17:
18: // 오류 없이 실행됨 : public 메서드
19: $a->printInfo();
```

이 코드는 설명을 위해 Person 클래스를 약간 줄여 놓은 것이다. 그런데 2번 행의 name 프로퍼티 앞에는 public이 적혀 있는데, 3번 행의 addr 프로퍼티 앞에는 private가 적혀 있다. public은 이 프로퍼티나 메서드가 프로그램 어디에서든 제한 없이 접근가능 하다는 뜻이다. 단어의 뜻 그대로 공공에게 열려있는 것이다. 반면 private은 이 프로퍼티나 메서드가 이 클래스 외부에서는 접근할 수 없고, 단지 클래스 내부에서만 사용할 수 있다는 뜻을 가지고 있다.

이러한 이유 때문에 13번 행과 19번 행은 아무 문제없이 잘 실행되지만, 16번 행에서는 오류가 발생한다. 9번 행 이후는 클래스 외부의 코드인데 여기에서 private 프로퍼티에 접근하려고 했기 때문이다. 하지만 6번 행에 있는 $this->addr에서는 오류가 발생하지 않는다. 아무리 private 이라고 해도 같은 클래스 안에 있는 코드에서는 접근이 가능하기 때문이다.

사실 객체 지향 프로그램을 하는 이유 중 하나가, 클래스 내부의 사정을 속속들이 알고 있지 않아도 외부에서 이것을 편하게 이용할 수 있게 하려는 것이다. 예를 들어 지금 살펴보고 있는 Person 클래스를 사용하는 이유가, 단지 이름, 주소, 전화번호를 저장해 두었다가 나중에 편하게 출력해서 보려는 것뿐이라고 가정해보자. 이런 경우 클래스 외부에서는 이 클래스에 사람 이름이 담긴 프로퍼티가 name이고, 주소가 담긴 프로퍼티는 addr이라는 것을 굳이 알 필요가 없다. 차라리 이들 프로퍼티는 외부에서 아예 건드릴 수 없게 하고, 프로퍼티 값 세 개를 한 번에 설정하는 public 메서드를 추가하는 편이 더 좋을 것이다. 이런 생각으로 예제 7-1을 수정하면 다음과 같다.

예제 7-2 프로퍼티를 private으로 감춘 예 (7-2.php)

```
 1: <!doctype html>
 2: <html>
 3: <head>
 4:     <meta charset="utf-8">
 5: </head>
 6: <body>
 7:
 8: <?php
 9:     class Person {
10:         private $name, $addr, $phone;
11:
```

```
12:        public function setInfo($name, $addr, $phone) {
13:            $this->name = $name;
14:            $this->addr = $addr;
15:            $this->phone = $phone;
16:        }
17:
18:        public function printInfo() {
19:            echo "$this->name $this->addr $this->phone<br>";
20:        }
21:    }
22:
23:    $p1 = new Person();
24:    $p2 = new Person();
25:
26:    $p1->setInfo("홍길동", "서울", "123-4567");
27:    $p2->setInfo("이순신", "통영", "222-3333");
28:
29:    $p1->printInfo();
30:    $p2->printInfo();
31: ?>
32:
33: </body>
34: </html>
```

실행 결과

```
홍길동 서울 123-4567
이순신 통영 222-3333
```

10번 행에 보면 모든 프로퍼티들에 private 접근 지시자를 사용해서 외부로부터의 직접적인 접근을 막았다. 그리고 12~16번 행에서 setInfo()라는 별도의 public 메서드를 만들어 매개변수로 전달된 값들을 프로퍼티에 대입하여 준다. 이렇게 해 두면 클래스 외부의 코드 23~30번 행에서는 클래스 내부에 무엇을 어떻게 저장해 두는지 신경을 쓸 필요가 없다. 그저 객체를 만든 뒤에 setInfo(이름, 주소, 전화번호)를 호출해서 정보들을 저장하고, printInfo()를 호출하면 저장된 값들이 출력된다는 사실만 기억하면 되기 때문이다.

7.2.2 생성자

앞의 예제에서 어느 정도 정리가 되긴 했지만, 아직도 귀찮은 부분이 하나 더 있다. 각각의
객체를 new를 통해 만들어 주고 나서, 꼭 setInfo() 메서드를 호출해서 정보들을 채워주어야
한다는 것이다. 즉, 실제로 객체를 하나 만들고 사용할 준비를 하려면 아래와 같은 두 줄의
코드가 필요하다.

```
$p1 = new Person();
$p1->setInfo("홍길동", "서울", "123-4567");
```

이런 번거로움을 피하기 위해 생성자라고 불리는 특별한 메서드를 사용할 수 있다. 생성자
는 다음과 같이 만든다.

```
public function __construct(매개변수) {
    실행할 코드들
}
```

어떤 클래스든 생성자의 이름은 "__construct"로 이미 정해져 있고, 생성자를 만들어 두면
객체가 생성될 때 자동으로 실행된다. 다만 이렇게 되면 별도로 메서드 호출을 할 기회가
없으므로, 생성자에 주어지는 인자는 new로 객체를 생성할 때 클래스명 뒤의 괄호 안에 적
어준다. 예를 들어 방금 보았던 Person형 객체 $p1의 경우는 다음과 같이 생성자에게 인자
를 전달하면 되는 것이다.

```
$p1 = new Person("홍길동", "서울", "123-4567");
```

이 문장 한 줄이면 Person형 객체 $p1이 만들어지고 Person 클래스의 생성자가 자동 실행된
다. 그리고 생성자에게는 "홍길동", "서울", "123-4567"이 인자로 주어진다. 생성자를 이용
하도록 수정된 코드는 다음과 같다.

예제 7-3 생성자 사용 예 (7-3.php)

```php
 1: <!doctype html>
 2: <html>
 3: <head>
 4:     <meta charset="utf-8">
 5: </head>
 6: <body>
 7:
 8: <?php
 9:    class Person {
10:        private $name, $addr, $phone;
11:
12:        public function __construct($name, $addr, $phone) {
13:            $this->name = $name;
14:            $this->addr = $addr;
15:            $this->phone = $phone;
16:        }
17:
18:        public function printInfo() {
19:            echo "$this->name $this->addr $this->phone<br>";
20:        }
21:    }
22:
23:    $p1 = new Person("홍길동", "서울", "123-4567");
24:    $p2 = new Person("이순신", "통영", "222-3333");
25:
26:    $p1->printInfo();
27:    $p2->printInfo();
28: ?>
29:
30: </body>
31: </html>
```

실행 결과

```
홍길동 서울 123-4567
이순신 통영 222-3333
```

7.2.3 객체 생성과정

이제 우리는 다음 코드가 Person형 객체 $p1을 생성하는 코드라는 것을 알게 되었다.

```
$p1 = new Person("홍길동", "서울", "123-4567");
```

하지만 우리가 객체를 정확하게 활용하기 위해서는 이 코드를 실행할 때 실제로 어떤 일이 일어나는지도 알고 있어야 한다. 사실 이 문장은 네 가지 동작을 수행하는데, 그 동작을 순서대로 나열하면 다음과 같다.

① 변수 $p1이 생겨난다. 아직까지 $p1은 어떤 값이라도 담을 수 있는 PHP의 일반 변수이다.

② "new Person"이 실행된다. 이로 인해 클래스 Person에 정의된 모양과 똑같은 실체가 생겨난다. 그리고 모든 객체는 생성될 때 이것을 식별할 수 있는 고유의 ID 값이 주어진다. 설명을 위해 지금 생겨난 객체의 ID가 100이라고 가정할 것이다.

③ 생성자가 있다면 실행된다. 이 때 위 문장에서 클래스명 뒤에 적어준 인자들이 있다면 생성자로 전달되어 실행된다. 생성자의 실행까지 끝나고 나면, new Person("홍길동", "서울", "123-4567")이 있던 자리에, 방금 완성된 객체의 ID 값이 반환된다.

④ "="이 실행된다. 이 때 변수 $p1에는 새로 생겨난 객체의 ID 값이 대입된다. 즉 변수 $p1은 "ID가 100인 객체"라는 정보를 담고 있는 것이다. 이것을 프로그래머들은 "객체형 변수 $p1이 새로 생긴 객체를 가리키고 있다."라고 말한다. 그리고 우리들 입장에서 쉽게 보면 "새로 생긴 객체의 이름이 $p1이다"라고 생각하는 것이다.

7.2.4 클래스 상수

우리는 예전에 10, 3.14, true, "abc"와 같이 고정되어 변하지 않는 값을 상수라 부른다고 배웠었다. 그런데 사실 상수는 2가지 종류가 있다. 우리가 배웠던 것은 리터럴 상수(literal constant)라고 하는데, 적어놓은 그 값 자체인 상수를 의미한다. 따라서 10, 3.14, true, "abc"는 모두 리터럴 상수이다.

다른 종류의 상수는 심볼릭 상수(symbolic constant)라고 하는데 별도의 이름이 있는 상수이다. 다음 프로그램을 보자.

예제 7-4 심볼릭 상수의 사용 예 (7-4.php)

```
 1: <!doctype html>
 2: <html>
 3: <head>
 4:     <meta charset="utf-8">
 5: </head>
 6: <body>
 7:
 8: <?php
 9:     define("PI", 3.14);
10:
11:     $r = 10;
12:     echo "반지름 ", $r, "인 원이 있을 때,<br>";
13:     echo "둘레는 ", 2 * PI * $r, "<br>";
14:     echo "넓이는 ", PI * $r * $r, "<br>";
15: ?>
16:
17: </body>
18: </html>
```

실행 결과

```
반지름 10인 원이 있을 때,
둘레는 62.8
넓이는 314
```

심볼릭 상수는 다음과 같이 정의한다.

```
define("상수명", 값);
```

이 예제의 9번 행이 상수를 정의한 문장이다. 이 문장이 실행되면, PHP는 프로그램을 읽어 나가다가 상수명이 나올 때, 이것을 미리 정의되어 있던 실제 값으로 바꾸어 준다. 즉 9번 행 뒤에 있는 어느 문장에서든 PI라는 상수명이 나오면, 이것을 먼저 3.14로 바꾼 뒤 해당 문장을 실행하는 것이다. 따라서 13번 행에서 출력하는 것은 "2 * 3.14 * $r"의 계산 결과이고, 14번 행에서 출력하는 것은 "3.14 * $r * $r"의 계산 결과이다.

이렇게 프로그램을 작성하는 것은 두 가지 이유가 있다.

첫째는 프로그램이 알아보기 쉬워진다. 코드 중간에 3.14를 직접 쓰는 것보다는 PI를 쓴 것이 원주율 값이라는 의미가 분명하게 나타난다.

두 번째는 나중에 수정하기가 쉬워진다. 예를 들어 좀 더 정확한 계산이 필요하다고 생각되어서 파이 값을 3.14가 아니라 3.1415로 바꾸기로 했다고 하자. 수식에 3.14를 직접 사용했다면 수식을 사용한 곳을 찾아다니면서 일일이 그 값을 고쳐 주어야 하지만, 위와 같이 상수를 사용했다면 9번 행의 3.14만 3.1415로 바꾸는 것으로 프로그램 수정이 끝나게 된다. 이 예의 경우에는 바로 밑에 두 번만 사용했으니 큰 차이가 아니라고 생각할 수도 있지만, 수백 줄 수천 줄의 프로그램을 작성하고 있는 중이라면 상수를 썼을 때와 아닐 때 일의 크기가 매우 달라질 것이다.

이제 본론으로 돌아와서 클래스 상수에 대한 이야기를 시작하기 위해 다음과 같은 코드를 생각해 보자.

```
 1: class Desk {
 2:     public $colorCode;
 3: }
 4:
 5: class Chair {
 6:     public $colorCode;
 7: }
 8:
 9: $d = new Desk();
10: $c = new Chair();
11:
12: $d->colorCode = '1103'; // 책상의 붉은 색상 코드는 1103
13: $c->colorCode = '7103'; // 의자의 붉은 색상 코드는 7103
```

이 코드가 가구회사를 위한 프로그램의 일부라고 가정하자. Desk는 책상을 위한 클래스이고, Chair는 의자를 위한 클래스이다. 그리고 이 클래스들은 각각 책상과 의자의 색상 코드를 담는 colorCode라는 프로퍼티를 가지고 있다. 따라서 $d는 특정한 책상 하나, $c는 특정한 의자 하나에 관한 정보를 담고 있는 객체가 될 것이다.

이제 12번 행을 보자. 책상의 색상을 붉은 색으로 설정하기 위해 '1103'이라는 붉은 색의 코드 값을 넣고 있다. 이렇게 하면 사람이 알아보기 힘들기 때문에 RED라는 이름의 심볼릭 상수를 정의해서 사용하면 좋을 것이다. 그런데 문제가 있다. 13번 행에 보면 의자의 붉은 색상 코드는 '7103'이다. 책상을 위해 RED라는 상수를 '1103'으로 정의하면, 의자를 위해서는 RED라는 심볼릭 상수를 쓸 수가 없는 상황인 것이다.

이런 경우에 클래스 상수를 이용하면 문제가 쉽게 해결된다. 클래스 상수는 클래스 안에서 정의되는 심볼릭 상수이며, 이를 이용하여 위의 코드를 바꾸면 다음과 같다.

```
 1: class Desk {
 2:     const RED = '1103';
 3:
 4:     public $colorCode;
 5: }
 6:
 7: class Chair {
 8:     const RED = '7103';
 9:
10:     public $colorCode;
11: }
12:
13: $d = new Desk();
14: $c = new Chair();
15:
16: $d->colorCode = Desk::RED;
17: $c->colorCode = Chair::RED;
```

위 코드의 2, 8번 행이 클래스 상수를 정의하는 문장이다. 클래스 상수는 클래스 안에서 다음과 같이 정의한다.

```
const 상수이름 = 값;
```

이렇게 상수를 정의하고 나면 다음과 같은 형식으로 이것을 사용할 수 있다.

클래스명::상수이름

16, 17번 행이 클래스 상수를 사용하는 문장이다. Desk::RED는 Desk 클래스에 정의된 상수 RED이고, Chair::RED는 Chair 클래스에 정의된 상수 RED를 의미한다. 서로 충돌하지 않고 RED라는 같은 이름의 상수를 사용하게 되었을 뿐 아니라, 의미도 쉽게 파악된다.

연습문제

1. 학생들의 학번, 이름, 국어, 영어, 수학 점수를 담을 클래스를 다음과 정의하고 사용해 보시오.
   - 이 클래스에는 5가지의 정보를 저장할 프로퍼티가 public으로 지정되어 있도록 한다.
   - 이 클래스에는 각 학생에 대한 정보 모두를 한 번에 출력하는 메서드 printScore()가 있어야 한다. 이 메서드는 이 학생의 총점과 평균도 출력한다.
   - 학생 객체는 2개 이상 생성한다.
   - 각 객체에 정보를 설정할 때에는 직접 각각의 프로퍼티에 접근해서 값들을 채워 넣는다.
   - 설정된 정보들을 메서드 printScore()를 이용해서 출력한다.

2. 위의 1번 문제에서 만들어진 프로그램을 다음과 같이 수정하시오.
   - 프로퍼티는 모두 private로 하고 메서드만 public으로 지정한다.
   - 생성자가 모든 정보를 받아 프로퍼티들의 초기 값으로 설정하도록 수정한다.

CHAPTER **8**

MySQL 사용법과 필수 쿼리

MySQL 사용법과 필수 쿼리

PHP로 웹 사이트를 구축할 때 가장 많이 사용되는 DBMS는 MySQL(MariaDB)이다. 무료 또는 저렴한 가격으로 이용할 수 있으며, 일반적인 웹 사이트에서 사용하기에 충분한 성능을 보여주기 때문이다.

이 장에서는 PHP 프로그래밍의 입문 단계에서 사용할 기본적인 MySQL 사용법과 필수적인 쿼리(query)만을 아주 간단하게 살펴본다. 우리의 목표는 PHP 프로그램의 핵심을 빨리 공부해서 활용하는 것이므로, 이 책에서 쓰지도 않을 쿼리를 공부하느라 시간과 노력을 쏟는 것을 피하고 싶기 때문이다. 일단은 이 장에서 다루는 내용을 확실히 숙지하고, 더 필요한 부분이 있다면 웹 검색을 통해 보충하기 바란다.

8.1 MySQL 개요

MySQL은 관계형 데이터베이스(relational database)를 관리하는 DBMS이다. 그리고 관계형 데이터베이스는 데이터들을 테이블 형태로 저장하고 관리한다. 예를 들어 한 반의 성적을 저장하는 테이블은 다음과 같을 것이다.

num	name	kor	eng	math
1	홍길동	50	60	70
2	이순신	65	75	85
3	강감찬	60	80	70

[그림 8-1] 테이블, 레코드, 필드

관계형 데이터베이스에서는 이렇게 만들어진 테이블의 한 줄을 레코드(record) 또는 로우(row), 하나의 열을 필드(field) 또는 컬럼(column)이라고 부른다.

한편 테이블들은 데이터베이스라고 불리는 그릇에 담긴다. 하나의 데이터베이스에는 서로 관련 있는 테이블들을 모아 놓으며, 하나의 시스템에 여러 개의 데이터베이스가 존재할 수

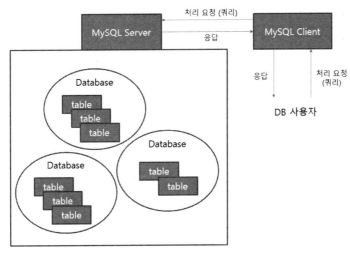

[그림 8-2] MySQL 데이터베이스의 구조 및 동작

있다. 그리고 이들 데이터베이스들을 관리해주는 소프트웨어를 DBMS(DataBase Management System; 데이터베이스 관리 시스템)라고 부른다.

따라서 DBMS는 서버의 형태를 가지게 된다. 사용자가 데이터베이스 사용을 요청하면 언제든 응답해야 하기 때문이다. 사용자가 SQL(Structured Query Language)이라는 언어를 이용하여 DBMS에게 데이터베이스의 내용을 조회하거나 수정하는 명령을 주면, DBMS는 이 명령에 따라 동작을 수행한다. 이 과정을 그림으로 보이면 [그림 8-2]와 같다.

그림에서는 MySQL 서버라고 표시했지만, 어떤 DBMS든 같은 구조를 가지고 있다. 그리고 정확히 말하자면 우리는 MySQL에 호환되는 DBMS인 MariaDB를 사용할 것이다. MySQL은 이제 상업적 용도로 사용할 때는 무료가 아니어서, XAMPP 패키지에 MariaDB가 포함되어 있기 때문이다.

마지막으로 MySQL 클라이언트에 대해 생각해 보자. DBMS의 클라이언트 프로그램은 사용자로부터 쿼리를 입력받아 서버에 전달하고, 서버로부터 온 응답을 사용자에게 표출해주는 역할을 한다. MySQL(MariaDB) 패키지에는 mysql.exe라는 이름의 MySQL 클라이언트 프로그램이 들어있다. XAMPP를 설치했을 경우 이 프로그램 파일은 C:\xampp\mysql\bin 폴더에 있을 것이다. 물론 이 프로그램만으로도 MySQL을 사용하는데 큰 문제는 없지만, 아무래도 명령 행 방식이라 쿼리를 입력하거나 수정할 때에 불편한 점이 있다.

따라서 우리는 GUI(Graphic User Interface) 방식의 MySQL 클라이언트 프로그램인 HeidiSQL을 사용할 것이다. 다만 HeidiSQL을 쓰면 대부분의 데이터베이스 조작을 메뉴 선택만으로 할 수 있는데, 이러한 기능을 활용하지는 않고 항상 쿼리를 직접 입력해서 데이터베이스를 조작할 것이다. 우리가 MySQL을 공부하는 이유는 PHP 프로그램에서 MySQL을 사용하기 위함인데, PHP 프로그램에서는 오직 쿼리로만 데이터베이스를 조작해야 하기 때문이다.

혹시 HeidiSQL에서 메뉴를 이용해서 데이터베이스를 다루는 방법이 궁금하다면 앞으로 실습을 진행하는 중에 짬짬이 사용해 보기 바란다. UI가 꽤 직관적으로 구성되어 있으므로 대부분의 기능들은 매뉴얼 없이도 쉽게 사용할 수 있을 것이다.

8.2 MySQL 클라이언트 설치 및 사용

HeidiSQL은 http://www.heidisql.com 에서 다운로드 받을 수 있다. 웹 사이트에 들어가서 상단에 "Download"를 클릭한다.

그러면 다운로드 페이지로 넘어가는데, 여기에서 "HeidiSQL Installer"를 클릭하면 다운로드가 시작된다.

설치 파일 자체는 10MB 정도로 아주 작은데, 웹 사이트의 네트워크 환경이 좋지 않은지 다운로드 시간은 꽤 걸리는 편이다. 다운로드가 끝나면 설치 파일을 실행한 뒤 "Next" 버튼만 계속해서 눌러주면 별 문제없이 설치가 끝난다.

설치가 끝나면 바로 HeidiSQL이 실행되면서 다음과 같은 화면이 나타난다.

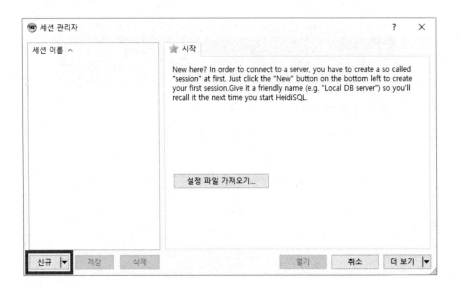

이 화면은 세션 관리자 화면인데, MySQL에 접속할 계정 정보를 관리한다. 새 세션을 만들기 위해 "신규" 버튼을 누른다.

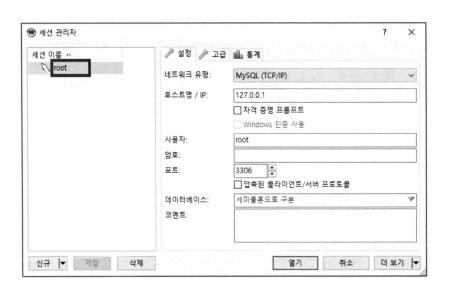

처음에는 좌측에 있는 세션 이름이 "Unnamed"라고 적혀 있고, 다른 항목들은 이 화면과 같이 미리 입력되어 있을 것이다. 우리는 localhost(127.0.0.1)의 MySQL 서버에 root 계정으로 접속할 것인데, 처음에는 root의 비밀번호가 없으니 손댈 것이 없다. 단지 "Unnamed"라고 적혀 있는 세션 이름을 클릭해서 "root"라고 고쳐주면 된다. 이제 "열기" 버튼을 누르면 root 계정으로 MySQL 서버에 접속하고 다음과 같은 화면이 나타날 것이다.

이제 화면 상단 중앙에 있는 "쿼리" 탭을 클릭해 보자. 다음과 같이 화면이 바뀔 것이다.

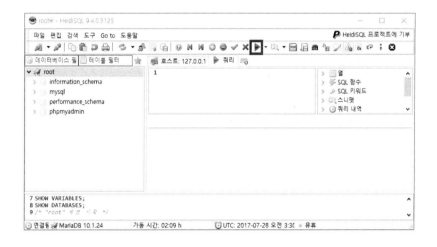

화면 중앙에 "1"이라는 행 번호가 보이는 곳이 쿼리 입력 창이다. 이곳에 실행할 쿼리를 적고 위쪽의 아이콘 중 SQL 실행(▶) 아이콘을 클릭하면 실행될 것이다. 그 결과는 바로 아래에 표시된다.

시험 삼아 아래와 같은 쿼리를 입력하고 실행해 보자.

```
select now();
```

이 쿼리는 오늘 날짜와 현재 시간을 알려주는 쿼리이다. 이 쿼리를 쿼리 입력창에 입력하고 SQL 실행 아이콘을 클릭하면 바로 아래의 쿼리 결과 창에 실행 결과가 나타날 것이다.

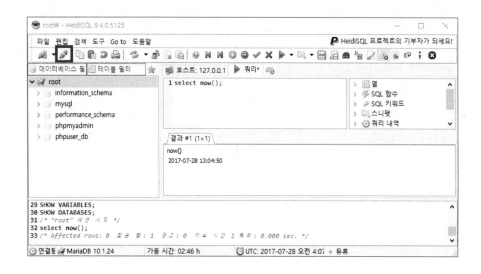

데이터베이스 사용이 끝나서 접속을 종료하고 싶다면 프로그램을 종료하면 된다. 혹시 현재 접속을 종료하고 다른 계정으로 로그인해서 작업을 계속할 것이라면 명령 아이콘 줄에서 두 번째에 있는 "선택된 데이터베이스 연결 해제" 아이콘을 클릭하면 된다.

8.3 사용자 계정 생성

프로그램 개발 중에 계속해서 root 계정을 사용하는 것은 좋은 생각이 아니다. root는 데이터베이스의 모든 것에 다 접근할 수 있는 막강한 권한이 있기 때문에 자칫 실수로 데이터베이스 전체를 날려버릴 수도 있다. 따라서 별도의 일반 계정을 만들어 두고 평상시에는 일반 계정만을 사용하다가, 데이터베이스 관리자로서 해야 할 일이 있을 때만 잠시 root로 접속하는 것이 좋다.

새로운 사용자 계정을 생성하기 위해서는 다음과 같은 형태의 쿼리 3줄이 필요하다.

```
create database DB명;
grant all privileges on DB명.* to ID@localhost identified by '비밀번호' with
grant option;
flush privileges;
```

첫 번째 줄은 새로운 DB를 생성하는 쿼리이다.

두 번째 줄은 사용자 계정을 생성하고, 이 계정으로 로그인 한 사용자가 방금 만든 DB를 사용할 수 있도록 사용 권한을 설정한다.

마지막 줄은 계정 생성과 권한 설정 내용이 DB에 바로 반영되도록 해준다.

이제 계정을 생성해보자. 새롭게 만들려는 계정의 id는 php, 비밀번호는 1234로 하고, 이 계정을 위한 전용 DB를 phpdb라는 이름으로 만든다면, 다음과 같은 쿼리를 실행하면 된다.

```
create database phpdb;
grant all privileges on phpdb.* to php@localhost identified by '1234' with
grant option;
flush privileges;
```

우리는 MySQL 서버가 실행되고 있는 컴퓨터에서만 클라이언트를 실행시켜 접속할 것이므로 두 번째 줄에 php@localhost라고 적었다. 우리가 PHP 프로그램을 공부하는 과정에서는 이것으로 충분하다. 하지만 만약 다른 컴퓨터에서도 이 컴퓨터의 MySQL 서버에 접속하고 싶다면 두 번째 줄을 복사한 뒤 php@localhost 대신 php@'%'라고 고쳐서 총 4줄의 쿼리를 실행해주어야 한다. 이럴 경우 실행할 쿼리는 다음과 같다.

```
create database phpdb;
grant all privileges on phpdb.* to php@localhost identified by '1234' with
grant option;
grant all privileges on phpdb.* to php@'%' identified by '1234' with grant
option;
flush privileges;
```

계정 생성이 모두 끝났다. root 접속을 종료하면 다시 세션 관리자 창이 뜨는데 "신규" 버튼을 누른다. 방금 만든 계정 정보를 등록하고 로그인이 잘 되는지 확인해야 하기 때문이다.

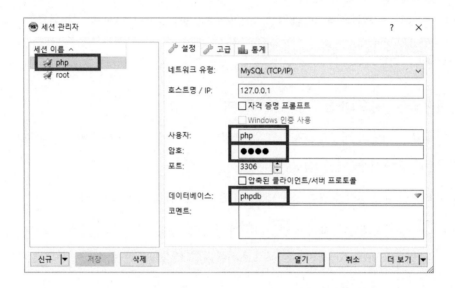

세션 이름에는 php, 사용자 ID도 php, 암호는 1234, 사용할 데이터베이스 이름을 phpdb로 입력한 뒤 "열기" 버튼을 누른다. 접속이 잘 되고 다음과 같은 화면이 나올 것이다.

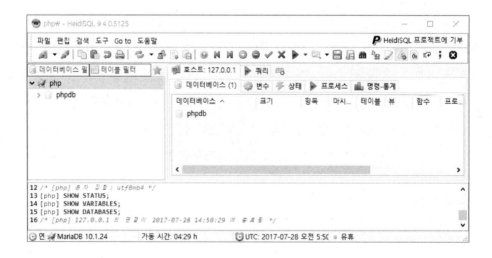

혹시 위 그림과 달리 왼쪽 창의 "phpdb" 앞에 녹색 체크 표시(✔)가 되어 있다면 바로 윗줄의 "php"를 한번 클릭해보자. 체크 표시가 없어질 것이다.

이제 이 계정으로 데이터베이스를 사용하는데 문제가 없는지 확인하기 위해 "쿼리" 탭으로 가서 "show tables" 쿼리를 실행해 보라. 이 쿼리는 현재 사용 중인 데이터베이스 안에 있는 테이블들의 리스트를 보여준다. 그런데 아마도 잘 실행되지 않고 다음과 같은 오류 화면이 보일 것이다.

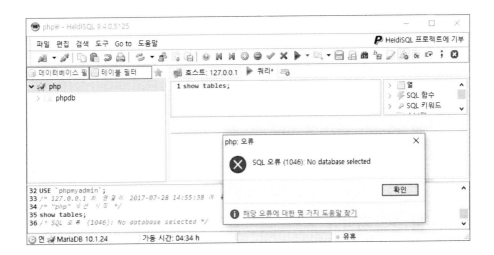

오류 메시지인 "No Database selected"는 "당신이 방금 실행하려던 쿼리는 특정한 데이터베이스에 대해 실행해야하는 것인데, 아직 어떤 데이터베이스를 사용할지 선택하지 않았다"는 뜻이다. 대부분의 쿼리는 특정한 데이터베이스를 대상으로 한다. 따라서 이런 쿼리를 실행하기 위해서는 내가 어떤 데이터베이스에 대해 명령을 주는 것인지를 먼저 지정해야 한다. 명령 행 버전의 MySQL 클라이언트를 사용해본 독자라면 "use DB명"으로 사용할 DB를 지정했던 것을 기억할 것이다.

HeidiSQL에서 사용할 DB를 지정하는 하는 방법은 아주 간단하다. 왼쪽 창에서 데이터베이스 이름을 한번만 클릭해주면 된다. "phpdb"를 클릭하면 그 앞에 체크 표시(✔)가 나타나는 것을 볼 수 있다. 이것은 "당신이 현재 사용하고 있는 데이터베이스는 phpdb입니다"라는 의미이다.

이제 다시 "show tables" 쿼리를 실행해보라. 아직 만들어 놓은 테이블이 없어서 결과 값은 비어있지만 오류가 나지 않고 실행되는 것을 확인할 수 있을 것이다.

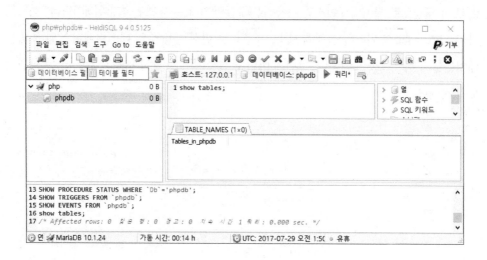

8.4 테이블 관련 명령어

(1) create table

테이블을 생성하려면 create table 쿼리를 쓴다.

■ 사용법

```
create table 테이블명(
    필드명1 자료형 [옵션],
    필드명2 자료형 [옵션],
    ...
);
```

■ 예

```
create table score (
    num  int           primary key,
    name varchar(20),
    kor  int,
    eng  int,
    math int
);
```

위에서 [옵션] 부분은 필요하면 적고, 필요 없으면 쓰지 않아도 된다. 위의 예에서 보인 쿼리는 5개의 필드가 있는 테이블 score를 만든다. num 필드는 정수 값이 들어가는 프라이머리 키(primary key)이며, name은 최대 20자의 문자열, 그리고 kor, eng, math는 정수 필드이다.

(2) show tables

현재 사용 중인 데이터베이스 안에 있는 테이블들의 목록을 보는 명령이다. 별다른 사용법 없이 그대로 쓰면 된다.

```
show tables;
```

(3) desc

특정한 한 테이블의 구조를 보는 명령이다. 사용법은 다음과 같다.

■ 사용법
```
desc 테이블명;
```

■ 예
```
desc score;
```

위의 예에서 보인 쿼리를 실행하면 테이블 score의 모든 필드에 대한 정보가 표시된다.

(4) drop table

테이블을 삭제할 때는 drop table 쿼리를 쓴다. 사용법은 다음과 같다.

■ 사용법
```
drop table 테이블명;
```

■ 예
```
drop table score;
```

8.5 데이터 조작 명령어

(1) insert

insert 쿼리는 테이블에 새로운 레코드를 추가한다.

■ 사용법
```
insert into 테이블명 (필드명1, 필드명2, ....)
            values (필드값1, 필드값2, ...);
```

■ 예
```
insert into score (num, name, address, tel)
            values (1, '홍길동', 50, 60, 70);
```

insert 쿼리는 "필드명1"에 "필드값1", "필드명2"에 "필드값2"가 들어가는 형식으로 동작한다. 다만 모든 필드에 빠짐없이 값을 다 넣는 경우에는 다음과 같이 필드명 부분을 생략할 수 있다.

```
insert into score values (2, '이순신', 65, 75, 85);
```

이렇게 하면 create table 할 때 적었던 필드 순서대로 값이 들어간다.

(2) select

select 쿼리는 테이블의 데이터를 조회한다.

■ 사용법
```
select 필드명1, 필드명2, … from 테이블명 [where 조건식];
```

■ 예
```
select name, kor from score where num=1;
```

사용법에서 "where 조건식" 부분은 옵션이므로 필요 없으면 생략해도 좋다.

예로 보인 쿼리는 score 테이블에서 num 필드 값이 1인 레코드를 조회한다. 단 name과 kor 필드만 조회한다. 만약 num 필드 값이 1인 레코드의 모든 필드 값을 조회하고 싶다면, 필드 명이 들어갈 자리에 와일드카드 문자(*)를 적는다.

```
select * from score where num=1;
```

만약 특정 레코드가 아니라 테이블의 모든 데이터를 보고 싶다면 "where 조건식"을 쓰지 않으면 된다.

```
select * from score;
```

이 명령은 score 테이블의 모든 데이터를 조회한다.

(3) update

update 쿼리는 데이터를 수정한다.

■ 사용법

```
update 테이블명 set 필드명=필드값, 필드명=필드값, … [where 조건식]
```

■ 예

```
update score set kor=90 where num=1;
```

예로 보인 쿼리는 score 테이블에서 num 필드 값이 1인 레코드의 kor 필드 값을 90으로 바꾼다. 사용법에서 "where 조건식" 부분은 역시 옵션이긴 한데, 생략할 때는 조심해야 한다. 만약 위의 예에서 조건식이 없다면 모든 레코드의 kor 필드 값이 90이 되기 때문이다.

(4) delete

delete 쿼리는 레코드를 삭제한다.

■ 사용법

```
delete from 테이블명 [where 조건식]
```

■ 예

```
delete from score where num=1;
```

예로 보인 쿼리는 score 테이블에서 num 필드의 값이 1인 레코드를 삭제한다. 역시 "where 조건식" 부분을 생략할 때는 조심해야 한다. 삭제할 레코드를 따로 지정하지 않는다면 테이블의 모든 레코드를 삭제할 것이기 때문이다.

연습문제

1. 테이블, 레코드, 필드의 의미가 무엇인지 설명하시오.

2. HeidiSQL을 설치하고 localhost의 MySQL 서버에 접속한 뒤 다음의 쿼리를 실행해 보시오.

```
select now();
```

3. 본문 3절의 사용자 계정 생성 과정을 실습해 보시오. 단, 사용자 아이디, 비밀번호, 사용할 데이터베이스 이름은 본인이 원하는 것으로 바꾸어서 계정을 생성하시오. 그리고 앞으로의 실습에는 이 계정을 사용하도록 합니다.

4-1. 다음은 테이블에 관련된 쿼리를 정리한 것이다. 빈 칸을 채우시오.

동작	쿼리
테이블 생성	
테이블 삭제	
현재 DB안의 테이블 리스트 조회	
테이블의 구조 조회	

4-2. 본문 4절의 테이블 생성, 조회, 수정, 삭제 과정을 실습해 보시오.

5-1. 다음은 데이터 조작에 관련된 쿼리를 정리한 것이다. 빈 칸을 채우시오.

동작	쿼리
레코드 추가	
레코드 삭제	
레코드 수정	
데이터 조회	

5-2. 본문 5절의 레코드 추가, 조회, 수정, 삭제 과정을 실습해 보시오.

CHAPTER 9

MySQL을 이용한 프로그래밍

CHAPTER 9

MySQL을 이용한 프로그래밍

우리가 지난 장에서 MySQL의 사용법을 살펴본 것은 결국 PHP 프로그램을 사용해서 MySQL에 연결하고 데이터베이스에 데이터를 넣거나 꺼내오기 위한 것이었다. PHP는 데이터베이스를 사용하기 위한 네 가지의 방법을 제공한다. 먼저 이방법들의 특징을 요약하면 다음과 같다.

DB 이용 방식		PHP 7	DBMS 변경 시	프로그래밍 방식
mysql 확장		사용 불가	전체 소스 코드 변경	–
mysqli 확장	함수 방식	사용 가능		mysql 확장과 유사
	객체 방식			PDO와 유사
PDO			일부만 변경해서 쉽게 대응	–

가장 오래전부터 사용되어온 방법은 "mysql_"로 시작하는 이름을 가진 함수들의 집합을 사용하는 것인데, 이것을 mysql 확장이라고 부른다. 아직까지도 이 방법을 이용한 코드가 현장에 많이 남아있긴 하지만 좀 더 성능과 사용 편의성이 좋은 다른 방법을 사용할 것을 권한다. 실제로 PHP 7에서는 이 방법을 사용할 수 없으며, 굳이 이 방법을 사용하려면 PHP 5 버전을 이용하여야 한다.

그 뒤에 나온 것이 mysqli 확장이다. 이 방법은 다시 두 가지 형태로 나누어지는데, "mysqli_"로 시작하는 함수 형태로 사용하는 방법, 그리고 객체 형태로 사용하는 방법이 있다.

마지막으로 PDO(Php Data Object)를 이용하는 방법이 있다. 앞서 언급한 3가지의 방법들은 특정 데이터베이스마다 별도의 함수들이 존재한다. 예를 들어 mysql 데이터베이스를 사용하기 위해 mysql 또는 mysqli 확장을 이용하여 프로그램을 작성했다고 하자. 나중에 데이터베이스를 오라클로 바꾸려면 oci 확장을 이용하도록 프로그램 전체를 수정해야 한다. 하지만 PDO를 이용했을 경우, 데이터베이스 접속 문자열 하나만 수정하면 다른 부분을 손대지 않고 데이터베이스 변경에 대응할 수 있다. 물론 특정 데이터베이스에서만 가능한 비표준 쿼리를 사용했다면 그런 것들은 추가로 수정해 주어야 하지만, 그렇지 않다면 프로그램을 수정할 필요가 없다.

이러한 이유에서, 우리는 PDO를 이용하여 데이터베이스를 다루는 방법을 공부할 것이다. mysqli 확장의 경우, 객체 방식의 mysqli 확장은 PDO와 유사하다. 따라서 꼭 mysqli 확장을 사용해야 한다면, PDO 사용 방법에 대한 개념을 잡은 뒤웹 검색을 통하여 정확한 사용 방법을 파악하면 될 것이다.

9.1 MySQL 접속 및 종료

PHP 프로그램에서 MySQL에 접근하려면 먼저 서버에 접속해야 한다. 이를 위한 문장의 형태는 다음과 같다.

```
$DB객체명 = new PDO("mysql:host=서버주소;dbname=사용할DB",
                    "사용자ID", "비밀번호");
```

사실 이것은 PDO라는 클래스의 객체를 생성하는 문장이다. 그리고 생성자에는 3개의 인자를 주도록 되어있다. DB 접속 문자열, 사용자 ID, 그리고 비밀번호가 그것이다.

DB 접속 문자열은 접속할 데이터베이스의 종류, 서버의 주소와 사용할 DB명으로 구성되어 있다. 다만 접속 문자열의 형식은 DBMS마다 다르므로, 지정된 형태대로 적어주어야 한다. 그리고 사용하는 DBMS를 다른 것으로 바꾸려고 할 때 DB 접속 문자열만 바꿔주면 다른 곳은 손대지 않아도 프로그램이 동작할 것이다. 이것이 PDO의 가장 큰 장점이다. 물론 PDO를 썼다 해도, 특정 DBMS에서만 제공하는 비표준 쿼리나 기능을 썼을 경우에는 어쩔 수 없이 그 부분까지는 수정해주어야 할 것이다.

본론으로 돌아와서, MySQL 서버 주소가 "abc.net"이고, 이 서버에 ID는 "php", 비밀번호는 "1234"인 계정이 있을 때, 이 서버에 접속하여 "phpdb"라는 이름의 데이터베이스를 사용하고 싶다고 가정해 보자. PDO 객체명을 $db로 한다면 PHP 프로그램 안에서 msyql 서버에 접속하기 위한 코드는 다음과 같다.

```
$db = new PDO("mysql:host=abc.net;dbname=phpdb", "php", "1234");
```

만약 다른 사항들은 똑같은데 MySQL 서버와 PHP 프로그램이 실행되는 컴퓨터가 같은 컴퓨터일 경우, 다음과 같이 서버 주소를 localhost로 써 줄 수 있다.

```
$db = new PDO("mysql:host=localhost;dbname=phpdb", "php", "1234");
```

이러한 DB 접속 과정을 거치면 phpdb에 대한 쿼리를 실행할 수 있다. 쿼리를 실행하는 명령은 뒤에서 다루기로 하고, 접속 종료에 대해 생각해보자. 사실 DB 사용이 모두 끝나고 나면 다음과 같이 명시적으로 접속을 끊어주는 것이 원칙이다.

```
$DB객체명 = null;
```

예를 들어 위 예제에서와 같이 DB 객체명이 $db라면 다음과 같이 한다.

```
$db = null;
```

이 문장은 $db 객체를 null(아무 값도 없음을 의미)로 설정해서 PDO 객체와의 관계를 끊어주므로 접속도 종료된다. 하지만 PDO를 사용할 때는 명시적으로 접속을 종료해 주지 않아도 프로그램이 종료했을 때 알아서 접속이 끊어지므로, 이 문장을 반드시 실행해야 하는 것은 아니다.

여기서 한 가지 생각을 더 해보아야 하는 것이, 오류가 발생했을 경우의 처리이다. 혹시 비밀번호를 잘못 입력했을 경우, 브라우저 화면에는 다음과 같은 오류 메시지가 출력된다.

```
Fatal error: Uncaught PDOException: SQLSTATE[HY000] [1045] Access denied for
user "php"@"localhost" (using password: YES) in C:\xampp\htdocs\9-1.php:11
Stack trace: #0 C:\xampp\htdocs\9-1.php(11): PDO->__construct("mysql:
host=loca...", "php", "1234d") #1 {main} thrown in C:\xampp\htdocs\9-1.php
on line 11
```

이런 오류 메시지는 개발 중에는 도움이 될지 모르지만, 여러분들이 만든 웹 사이트가 실제로 운영된다면 사용자들에게 이런 정신없는 메시지를 보여주고 싶지는 않을 것이다. 오류 상황을 감안하여 데이터베이스를 사용하는 코드의 틀을 정리하면 다음과 같다.

```
1: try {
2:     $db = new PDO("mysql:host=서버주소;dbname=사용할DB",
3:                   "사용자ID", "비밀번호");
4:     $db->setAttribute(PDO::ATTR_ERRMODE,
5:                       PDO::ERRMODE_EXCEPTION);
6:
7:     // 이곳에 쿼리를 실행(DB 사용)하는 코드가 들어감
8:
9: } catch (PDOException $e) {
```

```
10:    exit($e->getMessage());
11: }
```

먼저 코드의 전체적인 구성을 살펴보자. 1, 9, 11번 행이 이루는 구조를 try~catch 구문이라고 하는데, 다음과 같은 형태를 가진다.

```
try {
    여러분들이 실행하고 싶은 코드들;
    ...
} catch (PDOException $e) {
    try 블록 안의 코드들을 실행하다가 PDO 오류가 발생했을 경우 실행할 코드들;
    ...
}
```

즉 우리가 실행하고 싶은 코드는 try { ... } 블록 안에 적어주고, 이것을 실행하다가 오류가 발생할 경우 실행할 코드들을 catch { ... } 블록 안에 적어주면 되는 것이다.

PHP는 try 블록 안의 코드를 실행하다가 PDO 관련 오류가 발생했을 경우, 실행을 중단하고 catch 블록의 코드를 실행한다. 이 때 PDOException 클래스 형태의 객체를 하나 만들어서, 그 오류에 대한 정보를 담아 준다. 그리고 "catch (PDOException $e)"는 그 PDOException형 객체를 $e라는 이름으로 받겠다는 의미이다.

이 오류 정보 객체에는 getMessage()라는 이름의 메서드가 있는데, 오류 메시지 문자열을 반환한다. 따라서 $e->getMessage()를 실행하면 방금 발생한 오류에 대한 오류 메시지 문자열을 얻을 수 있다.

한편 exit()는 이미 알고 있다시피 프로그램 실행을 종료하는 함수인데, 인자로 문자열이 주어지면 먼저 이것을 출력한 뒤에 프로그램을 종료한다. 따라서 catch 블록 안의 코드는 오류 메시지를 출력하고 프로그램 실행을 종료하는 동작을 하게 되는 것이다. 이렇게 try~catch를 사용하면 화면에 나타나는 메시지는 다음과 같이 바뀐다.

```
SQLSTATE[HY000]  [1045]  Access  denied  for  user  "php"@"localhost"  (using
password: YES)
```

처음 보았던 오류 메시지보다는 한결 정리된 메시지를 확인할 수 있다. 실제 일반 사용자들에게 서비스하는 웹 사이트라면 사실 이보다는 좀 더 보기 좋은 오류 페이지 화면을 만들어야 하겠지만, catch 블록의 내용만 수정하면 되는 문제이니 우리는 일단 이 정도로 만족하고 사용하도록 하자.

마지막으로 위 코드의 4~5번 행을 보자. 다음과 같은 하나의 문장이다.

```
$db->setAttribute(PDO::ATTR_ERRMODE, PDO::ERRMODE_EXCEPTION);
```

이것은 DB 사용 중에 쿼리 오류가 발생하면 try~catch에 의한 오류 처리를 해달라는 의미로 해석하면 된다. 좀 더 정확히 얘기하자면 PDO 객체의 속성(ATTRibue; 프로퍼티라고 보면 됨) 중에 쿼리 오류 처리 방식(ERRMODE)이 있는데, 그것을 쿼리 오류가 발생하면 예외(EXCEPTION) 상황으로 간주하도록 설정하라는 명령이다. 예외 상황이 발생하면 try~catch에 의한 오류 처리가 시작된다.

만약 4~5번 행이 없으면 DB 접속 오류와 같은 치명적인 상황에서만 오류 처리 코드가 실행되고, 일반적인 쿼리 실패 상황은 그냥 넘어가게 된다. 예를 들어, 이미 만들어져있는 테이블과 같은 이름의 테이블을 또 만들려고 create table 쿼리를 실행해도 오류가 보고되지 않을 것이다. 하지만 4~5번 행을 실행하고 나면 쿼리 실패 시에도 오류 처리 코드를 실행하도록 오류 처리 수준이 변경된다.

9.2 데이터베이스의 내용을 변경하는 쿼리 실행

이제 쿼리를 실행하는 방법을 살펴보도록 한다. 가장 먼저 생각할 것은 쿼리가 다음과 같이 두 가지 부류로 나누어질 수 있다는 점이다.

• 데이터베이스의 내용을 변경하는 쿼리 : create, drop, insert, delete, update. 쿼리를 실행한 후 특별히 받아와야 하는 데이터가 없다.

• 데이터를 조회하는 쿼리 : select. 이 쿼리를 실행하고 하면 테이블 데이터가 반환된다. 따라서 받아온 테이블에서 원하는 데이터를 꺼내는 추가 단계가 필요하다.

여기서는 먼저, 추가적인 처리가 필요 없는 쿼리들을 실행하는 방법을 살펴볼 것이다. create, drop, insert, delete, update와 같이 데이터베이스의 내용을 변경하는 쿼리를 실행하는 방법은 다음과 같다.

```
$DB객체명->exec(쿼리);
```

실제 사용한 예를 보는 편이 이해가 빠를 것이다. create table 쿼리를 이용하여 DB에 테이블을 하나 만드는 PHP 프로그램을 작성해 보자.

예제 9-1 테이블 생성 예제 (9-1.php)

```
 1: <!doctype html>
 2: <html>
 3: <head>
 4:     <meta charset="utf-8">
 5: </head>
 6: <body>
 7:
 8: <?php
 9:     try {
10:         $db = new PDO("mysql:host=localhost;dbname=phpdb",
11:                     "php", "1234");
12:         $db->setAttribute(PDO::ATTR_ERRMODE,
13:                     PDO::ERRMODE_EXCEPTION);
14:
15:         $sql  = "create table score (
16:                     num   int           primary key,
17:                     name varchar(20),
18:                     kor   int,
19:                     eng   int,
20:                     math int
21:                 )";
22:         $db->exec($sql);
23:         echo "성적 테이블 생성 성공!<br>";
24:
```

```
25:    } catch (PDOException $e) {
26:        exit($e->getMessage());
27:    }
28: ?>
29:
30: </body>
31: </html>
```

📥 **실행 결과**

성적 테이블 생성 성공!

혹시 MySQL 사용법을 실습하면서 만든 score 테이블이 데이터베이스에 남아있다면 먼저 삭제하고 이 예제를 실행하기 바란다. 테이블이 이미 있다면 다음과 같은 오류가 나타날 것이다.

SQLSTATE[42S01]: Base table or view already exists: 1050 Table 'score' already exists

이 프로그램은 score라는 이름의 테이블을 생성해 준다. 22번 행의 "$db->exec($sql)"가 실제 쿼리를 실행하는 코드이다. 22번 행의 괄호 안에 쿼리 문자열을 직접 적어주어도 되지만, 쿼리가 길기 때문에 $sql이라는 변수에 담았다가 실행하였다. 바로 위 15~21번 행이 쿼리 문자열을 $sql에 넣는 부분이다.

테이블을 만들었으니 이제 레코드를 추가해 보자. 방금 만든 테이블에 레코드 3개를 추가하는 프로그램은 다음과 같다. 이 프로그램을 실행한 후에는 MySQL 클라이언트에서 "select * from score"를 실행해서 레코드가 잘 추가되었는지 확인해보기 바란다.

예제 9-2 레코드 추가 예제 (9-2.php)

```
1: <!doctype html>
2: <html>
3: <head>
4:    <meta charset="utf-8">
```

```
 5: </head>
 6: <body>
 7:
 8: <?php
 9:     try {
10:         $db = new PDO("mysql:host=localhost;dbname=phpdb",
11:                       "php", "1234");
12:         $db->setAttribute(PDO::ATTR_ERRMODE,
13:                       PDO::ERRMODE_EXCEPTION);
14:
15:         $score = [
16:             [1, "홍길동", 50, 60, 70],
17:             [2, "이순신", 65, 75, 85],
18:             [3, "강감찬", 60, 80, 70]
19:         ];
20:
21:         for ($i = 0; $i < count($score); $i++) {
22:             $num  = $score[$i][0];
23:             $name = $score[$i][1];
24:             $kor  = $score[$i][2];
25:             $eng  = $score[$i][3];
26:             $math = $score[$i][4];
27:
28:             $sql = "insert into score values
29:                     ($num, '$name', $kor, $eng, $math)";
30:             $db->exec($sql);
31:             echo "쿼리 실행 성공 : $sql<br>";
32:         }
33:
34:     } catch (PDOException $e) {
35:         exit($e->getMessage());
36:     }
37: ?>
38:
39: </body>
40: </html>
```

⬇ **실행 결과**

```
쿼리 실행 성공 : insert into score values (1, '홍길동', 50, 60, 70)
쿼리 실행 성공 : insert into score values (2, '이순신', 65, 75, 85)
쿼리 실행 성공 : insert into score values (3, '강감찬', 60, 80, 70)
```

이 예제의 29번 행을 입력할 때는, name 필드 값이 담긴 변수명을 작은따옴표로 둘러싸주었음에 유의하기 바란다. 다른 필드는 모두 정수형(int)이지만, name 필드는 문자열(varchar)이므로, '홍길동'과 같이 필드 값을 작은따옴표로 둘러싸주어야 한다.

9.3 데이터를 조회하는 쿼리 실행

데이터 조회를 위해 select 쿼리를 실행하는 형식은 다음과 같다.

```
$쿼리객체명 = $DB객체명->query(쿼리);
```

select는 create, insert, delete, update 등과는 달리 값을 꺼내오는 쿼리이다. 따라서 쿼리를 실행할 때도 query()라는 별도의 메서드를 사용하고, 쿼리의 결과를 어디엔가 담아놓고 사용해야 하므로 반환 값도 받아두어야 한다. query() 메서드는 PDOStatement 클래스 형태의 객체를 반환하는데, 이 객체에는 쿼리 문장과 그 쿼리의 결과가 담기므로 "$쿼리객체명"이라고 적어 두었다. 예를 들어 앞에서 만든 score 테이블로부터 모든 데이터를 읽어 와서 $query라는 이름의 쿼리 객체로 받아두는 코드는 다음과 같다.

```
$query = $db->query("select * from score");
```

이 코드가 실행되고 나면 쿼리 결과 객체 안에는 테이블 형태의 데이터가 들어가 있다. 그리고 테이블 안에서 각각의 데이터를 꺼내기 위해서는 추가적인 작업이 필요하다. score 테이블의 모든 데이터를 읽어 와서 화면에 출력해 주는 프로그램을 살펴보도록 하자.

예제 9-3 데이터 출력 예제 (9-3.php)

```php
 1: <!doctype html>
 2: <html>
 3: <head>
 4:     <meta charset="utf-8">
 5:     <style>
 6:         table { width: 400px; text-align: center; }
 7:         th    { background-color: cyan; }
 8:     </style>
 9: </head>
10: <body>
11:
12: <table>
13:     <tr>
14:         <th>번호</th><th>이름</th>
15:         <th>국어</th><th>영어</th><th>수학</th>
16:         <th>총점</th><th>평균</th>
17:     </tr>
18: <?php
19:     try {
20:         $db = new PDO("mysql:host=localhost;dbname=phpdb",
21:                       "php", "1234");
22:         $db->setAttribute(PDO::ATTR_ERRMODE,
23:                           PDO::ERRMODE_EXCEPTION);
24:
25:         $query = $db->query("select * from score");
26:
27:         while ($row = $query->fetch(PDO::FETCH_ASSOC)) {
28:             echo "<tr>";
29:             echo "<td>", $row["num"],  "</td>";
30:             echo "<td>", $row["name"], "</td>";
31:             echo "<td>", $row["kor"],  "</td>";
32:             echo "<td>", $row["eng"],  "</td>";
33:             echo "<td>", $row["math"], "</td>";
34:
35:             $sum = $row["kor"] + $row["eng"] + $row["math"];
36:             echo "<td>", $sum, "</td>";
37:             echo "<td>", number_format($sum / 3, 2), "</td>";
```

```
38:            echo "</tr>";
39:        }
40:
41:    } catch (PDOException $e) {
42:        exit($e->getMessage());
43:    }
44: ?>
45: </table>
46:
47: </body>
48: </html>
```

실행 결과

번호	이름	국어	영어	수학	총점	평균
1	홍길동	50	60	70	180	60.00
2	이순신	65	75	85	225	75.00
3	강감찬	60	80	70	210	70.00

데이터베이스에 접속하는 코드는 이전과 동일하므로 25번 행부터 살펴보자. 25번 행의 쿼리 실행 문장에서는 방금 얘기한대로 query() 메서드를 사용하였고 반환 값을 $query로 받았다.

여기서 가장 중요한 것은 27~39번 행의 while 반복문이다. 27번 행에 있는 while 문의 조건 식만을 떼어 내면 다음과 같다.

```
$row = $query->fetch(PDO::FETCH_ASSOC)
```

while의 조건식인데 "=="가 아니라 "="가 사용되었음에 주의하기 바란다. 따라서 $row와 $query->fetch(PDO::FETCH_ASSOC) 값이 같은지를 비교하는 것이 아니다. $query->fetch(PDO::FETCH_ASSOC)를 실행한 결과가 $row에 먼저 대입되고, 이렇게 얻어진 $row의 값이 참인지 거짓인지 판단하게 된다.

fetch() 메서드는 쿼리의 결과 값에서 한 레코드를 뜯어내서 배열로 만들어 반환하는 함수이다. 이 메서드를 호출할 때는 클래스 상수로 인자를 주는데, 그 의미는 다음과 같다.

- PDO::FETCH_ASSOC : 하나의 레코드를 연관 배열로 만들어서 반환한다. 배열의 인덱스 는 필드명과 같다.

- PDO::FETCH_NUM : 하나의 레코드를 일반 배열로 만들어서 반환한다. 당연히 인덱스 는 0으로 시작하는 숫자이다.

- 아무 값도 주지 않은 경우 : 디폴트 값인 PDO::FETCH_BOTH가 적용된다. 인덱스로 필 드명과 숫자를 모두 사용할 수 있는 배열을 반환한다.

fetch() 메서드가 하나의 레코드를 읽어 $row에 담아주는 과정을 그림으로 표시하면 다음과 같다.

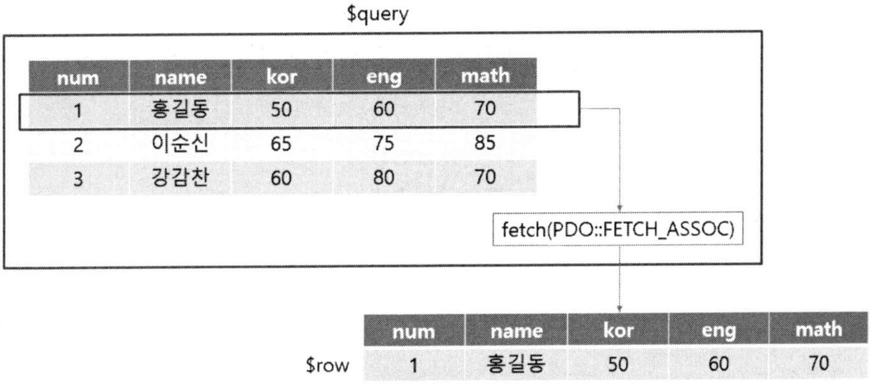

[그림 9-1] fetch(PDO::FETCH_ASSOC)의 동작

그런데 이 메서드는 제일 처음에 호출될 때는 제일 첫 번째 레코드를 뜯어내고, 다시 불릴 때마다 그 다음, 그 다음 레코드를 순서대로 꺼내주게 된다. 만약 마지막 레코드까지 다 뜯 어서 돌려준 상태여서 더 이상 줄 레코드가 없으면, false를 반환한다. PHP는 무언가 값이 있으면 true로 간주하므로, 반환된 레코드가 있는 동안은 조건식이 true로 평가된다. 따라서 이 반복문은 모든 레코드에 대해서 실행되고 나서 fetch() 메서드가 false를 반환할 때 종료 된다.

이제 28~38번 행의 반복부로 넘어가 보자. 조건식이 true라서 반복부에 진입했다면 $row에 는 하나의 레코드로 만들어진 연관 배열이 들어있을 것이다. 연관 배열 각 칸의 이름은 필 드명과 같으므로 $row["필드명"] 형태로 원하는 필드 값을 출력하면 된다. 다만 37번 행에 보면 평균을 출력할 때 세 과목의 합을 3으로 나눈 뒤 바로 찍지 않고 number_format이라는 PHP 내장 함수를 이용하였다. 이 함수의 사용법은 다음과 같다.

```
number_format(값, 소수점_아래_자릿수)
```

"소수점_아래_자리_수"는 옵션이므로 생략할 수 있다. 이 함수는 기본적으로 주어진 값에 세 자리마다 쉼표(,)를 찍은 문자열을 반환한다. 다만 이 예제에서는 4자리 이상의 숫자가 없으므로 쉼표를 보지 못한 것이다. 이 함수를 사용한 이유는 소수점 아래 자릿수 때문이다. 만약 두 번째 인자를 적어주면 소수점 아래 자릿수도 지정한대로 맞추어 준 문자열을 반환한다.

쉼표만 제외하면 number_format()과 round()와 같은 역할을 하는 것처럼 생각될 수도 있는데, 약간 다르다. number_format()은 소수점 아래 부분이 0이어도 무조건 자릿수를 맞추지만, round()는 그렇지 않다.

```
echo number_format(65, 2);    // 65.00을 출력
echo round(65, 2);            // 65를 출력
```

이제 그동안 공부한 내용을 정리해보자. 쿼리의 종류에 따른 데이터베이스 접근 코드의 형태는 다음과 같다.

구분	코드 형식
select 외의 쿼리	`$db->exec(쿼리);`

select 쿼리	`$query = $db->query(쿼리);`
	`while ($row = $query->fetch(PDO::FETCH_ASSOC)) {`
	`    // $row["필드명"] 형태로 필드 값 사용`
	`}`

9.4 prepared statement 사용

지금까지 설명한 방법만으로도 PHP에서 데이터베이스를 사용하는데 큰 문제는 없다. PDO 객체를 생성해서 데이터베이스에 접속하고 이 객체의 exec() 또는 query() 메서드를 사용해서 쿼리를 실행하는 것이다. 하지만 데이터베이스에 동일한 쿼리, 또는 같은 패턴의 쿼리를 여러 번 실행하는 프로그램의 경우에는 좀 더 성능을 향상시킬 수 있는 방법이 있다. 바로 prepared statement를 이용하는 것이다.

prepared statement를 사용하면 쿼리가 데이터베이스에서 분석된 후 나중에 빠르게 사용할 수 있는 형태로 저장된다. 따라서 동일하거나 같은 패턴의 쿼리 실행 요청이 또 들어올 때는, 앞에서 우리가 배웠던 일반적인 방법을 썼을 때에 비해 빠르게 실행된다.

prepared statement의 사용법은 복잡하지 않다. 앞의 예제에서 우리들은 select 쿼리를 사용하기 위해 다음과 같은 문장을 사용했다.

```
$query = $db->query("select * from score");
```

이것을 prepared statement를 이용하도록 바꾸면 다음과 같이 된다.

```
$query = $db->prepare("select * from score");
$query->execute();
```

다른 곳은 바꿀 필요가 없다. 이것만으로도 prepared statement를 사용하게 되는 것이다. 게다가 지금까지 배웠던 방법으로는 select 쿼리에는 query() 메서드를, 다른 쿼리에는 exec() 메서드를 실행하도록 구분이 되어 있었지만, prepared statement의 경우에는 어떤 쿼리든지 execute()로 실행하므로 혼동할 일도 없다.

예제 9-3의 경우, 하나의 프로그램 안에서는 select 쿼리 한 번만 실행되기 때문에 prepared statement의 장점이 크게 느껴지지 않을 수도 있겠다. 좀 더 적절한 예를 위해서 데이터를 insert하는 예제 9-2로 돌아가 보자. 이 예제는 다음과 같이 insert 문을 세 번 반복 실행하면서 레코드를 추가했었다.

```
21:          for ($i = 0; $i < count($score); $i++) {
22:              $num  = $score[$i][0];
23:              $name = $score[$i][1];
24:              $kor  = $score[$i][2];
25:              $eng  = $score[$i][3];
26:              $math = $score[$i][4];
27:
28:              $sql = "insert into score values
29:                      ($num, '$name', $kor, $eng, $math)";
30:              $db->exec($sql);
31:              echo "쿼리 실행 성공 : $sql<br>";
32:          }
```

위 코드를 수정해서 prepared statement를 사용하도록 하면 다음과 같다.

```
 1:          $query = $db->prepare("insert into score values
 2:                              (:num, :name, :kor, :eng, :math)");
 3:
 4:          for ($i = 0; $i < count($score); $i++) {
 5:              $num  = $score[$i][0];
 6:              $name = $score[$i][1];
 7:              $kor  = $score[$i][2];
 8:              $eng  = $score[$i][3];
 9:              $math = $score[$i][4];
10:
11:              $query->bindValue(":num",  $num,  PDO::PARAM_INT);
12:              $query->bindValue(":name", $name, PDO::PARAM_STR);
13:              $query->bindValue(":kor",  $kor,  PDO::PARAM_INT);
14:              $query->bindValue(":eng",  $eng,  PDO::PARAM_INT);
15:              $query->bindValue(":math", $math, PDO::PARAM_INT);
16:
17:              $query->execute();
18:              echo $i + 1, "번째 레코드 추가 성공<br>";
19:          }
```

먼저 1~2번 행을 보자. 쿼리 문장을 준비(prepare)하는 코드이다. 2번 행을 보면 insert 쿼리 중 각 필드에 들어갈 값이 적힐 자리에 :num, :name, :kor, :eng, :math가 대신 적혀 있음을 알 수 있을 것이다.

이 쿼리는 세 번을 실행해야 하는데, 쿼리의 다른 부분은 동일하지만 필드 값은 매번 다르게 적혀야 한다. 따라서 특정한 값 대신 콜론(:)으로 시작하는 단어를 적어서 "이 자리에는 내가 나중에 execute() 메서드를 실행하기 전에 알려주는 값으로 채워줘"라고 이야기하는 것이다.

이렇게 쿼리 문장 안에 나중에 값이 들어올 자리를 잡아둔 것들을 플레이스홀더(placeholder)라고 부른다. 통상적으로 플레이스홀더는 콜론 뒤에 필드명을 적는 형태로 하지만, 반드시 그래야 하는 것은 아니다. 변수 이름을 짓듯 여러분이 알아보기 쉬운 이름으로 적어주면 된다.

한 가지 더 살펴 볼 것은, 쿼리 문자열에서 문자열 필드에 들어갈 값인 :name을 작은따옴표로 둘러싸지 않았다는 점이다. prepared statement를 사용하면 PHP와 MySQL이 들어갈 값의 자료형을 보고 알아서 처리해주므로, 더 이상 작은따옴표에 신경 쓰지 않아도 된다.

이렇게 하는 것으로 prepared statement를 준비하는 작업은 끝이 났다. 다만 prepare()를 호출하는 문장이 반복문을 시작하기 전에 한 번만 실행된다는 점을 주의해서 보기 바란다. 세 번의 쿼리를 실행하기 위해 세 번의 prepare()를 하는 것이 아니다. prepare()를 한번만 하면 이 쿼리 문장은 데이터베이스로 전송되고 분석되어 실행할 준비가 완료되므로 여러 번 실행할 필요가 없다.

이제 쿼리의 플레이스홀더에 들어가는 값을 채우는 방법을 알아보자. 다음과 같은 형식으로 하면 된다.

```
$쿼리객체명->bindValue(플레이스홀더, 값, 자료형);
```

"자료형"에는 미리 정의되어 있는 클래스 상수를 적어주면 된다. 정수는 PDO::PARAM_INT, 문자열은 PDO::PARAM_STR, 진릿값은 PDO::PARAM_BOOL이다. 이렇게 값을 지정한 부분이 11~15번 행이다. 값을 지정하는 작업이 모두 끝나면 execute() 메서드를 호출하여 쿼리를 실행한다. 이제 prepared statement를 이용하여 쿼리를 실행하는 코드 패턴을 정리하면 다음과 같다.

```
// 쿼리 준비 : 최초 한 번만 실행
$쿼리객체명 = $DB객체명->prepare("쿼리");
```

```
// 플레이스홀더 값들을 채우고 쿼리 실행
$쿼리객체명->bindValue(플레이스홀더, 값, 자료형); // 플레이스홀더 수만큼
$쿼리객체명->execute();
```

이렇게 예제 9-2와 9-3을 수정하여 prepared statement를 사용하도록 변경된 코드는 다음과 같다. 바뀐 부분은 음영 처리해서 표시해 두었다.

예제 9-4 prepared statement를 이용한 레코드 추가 예제 (9-4.php)

```php
 1: <!doctype html>
 2: <html>
 3: <head>
 4:     <meta charset="utf-8">
 5: </head>
 6: <body>
 7:
 8: <?php
 9:     try {
10:         $db = new PDO("mysql:host=localhost;dbname=phpdb",
11:                     "php", "1234");
12:         $db->setAttribute(PDO::ATTR_ERRMODE,
13:                     PDO::ERRMODE_EXCEPTION);
14:
15:         $score = [
16:             [1, "홍길동", 50, 60, 70],
17:             [2, "이순신", 65, 75, 85],
18:             [3, "강감찬", 60, 80, 70]
19:         ];
20:
21:         $query = $db->prepare("insert into score values
22:                     (:num, :name, :kor, :eng, :math)");
23:
24:         for ($i = 0; $i < count($score); $i++) {
25:             $num  = $score[$i][0];
26:             $name = $score[$i][1];
27:             $kor  = $score[$i][2];
```

```
28:            $eng  = $score[$i][3];
29:            $math = $score[$i][4];
30:
31:            $query->bindValue(":num",  $num,  PDO::PARAM_INT);
32:            $query->bindValue(":name", $name, PDO::PARAM_STR);
33:            $query->bindValue(":kor",  $kor,  PDO::PARAM_INT);
34:            $query->bindValue(":eng",  $eng,  PDO::PARAM_INT);
35:            $query->bindValue(":math", $math, PDO::PARAM_INT);
36:
37:            $query->execute();
38:            echo $i + 1, "번째 레코드 추가 성공<br>";
39:        }
40:
41:    } catch (PDOException $e) {
42:        exit($e->getMessage());
43:    }
44: ?>
45:
46: </body>
47: </html>
```

실행 결과

```
1번째 레코드 추가 성공
2번째 레코드 추가 성공
3번째 레코드 추가 성공
```

예제 9-5 prepared statement를 이용한 데이터 출력 예제 (9-5.php)

```
 1: <!doctype html>
 2: <html>
 3: <head>
 4:     <meta charset="utf-8">
 5:     <style>
 6:         table { width: 400px; text-align: center; }
 7:         th    { background-color: cyan; }
 8:     </style>
 9: </head>
10: <body>
11:
12: <table>
13:     <tr>
14:         <th>번호</th><th>이름</th>
15:         <th>국어</th><th>영어</th><th>수학</th>
16:         <th>총점</th><th>평균</th>
17:     </tr>
18: <?php
19:     try {
20:         $db = new PDO("mysql:host=localhost;dbname=phpdb",
21:                       "php", "1234");
22:         $db->setAttribute(PDO::ATTR_ERRMODE,
23:                           PDO::ERRMODE_EXCEPTION);
24:
25:         $query = $db->prepare("select * from score");
26:         $query->execute();
27:
28:         while ($row = $query->fetch(PDO::FETCH_ASSOC)) {
29:             echo "<tr>";
30:             echo "<td>", $row["num"],  "</td>";
31:             echo "<td>", $row["name"], "</td>";
32:             echo "<td>", $row["kor"],  "</td>";
33:             echo "<td>", $row["eng"],  "</td>";
34:             echo "<td>", $row["math"], "</td>";
35:
36:             $sum = $row["kor"] + $row["eng"] + $row["math"];
```

```
37:            echo "<td>", $sum, "</td>";
38:            echo "<td>", number_format($sum / 3, 2), "</td>";
39:            echo "</tr>";
40:        }
41:
42:    } catch (PDOException $e) {
43:        exit($e->getMessage());
44:    }
45: ?>
46: </table>
47:
48: </body>
49: </html>
```

📥 **실행 결과**

번호	이름	국어	영어	수학	총점	평균
1	홍길동	50	60	70	180	60.00
2	이순신	65	75	85	225	75.00
3	강감찬	60	80	70	210	70.00

이론적으로 보자면, 아주 드물게 실행하는 쿼리는 exec()나 query()를 사용하고, 여러 번 실행할 쿼리는 prepared statement를 사용하면 될 것이다. 하지만 하나의 프로그램에 두 가지 방법을 섞어서 쓰면 혼동이 오기도 하고 코드의 일관성이 없어 보기도 좋지 않으므로, 한 가지 방법으로 통일하여 사용하는 것이 현실적이다. 따라서 이 책의 나머지 부분에서는 prepared statement를 일관되게 사용할 것이다.

9.5 비즈니스 로직과 화면 출력 코드의 분리

이제 PHP 프로그램에서 데이터베이스를 사용하는 방법에 대한 기능적인 설명은 끝이 났다. 하지만 크고 복잡한 프로그램을 작성하다 보면 HTML 코드와 PHP 코드가 번갈아가며 나오는 복잡한 모양이 되어, 프로그램을 작성할 때도 혼란스럽고 나중에 읽기도 어려워진다.

이러한 문제를 해결하는 방법 중 하나는 다음의 두 가지 사항을 지키는 것이다.

첫째, 비즈니스 로직을 구현한 코드를 프로그램의 앞쪽에 따로 몰아놓고, 화면 출력에 관한 코드는 뒤쪽에 몰아서 적는다. 갑자기 비즈니스 로직이라고 하니 거창한 말처럼 생각할 수 있을 텐데, 데이터베이스에 접근한다거나 무언가 계산을 하는 알고리즘을 비즈니스 로직이라 부른다고 생각하면 된다.

둘째, 화면출력 코드는 기본적으로 HTML 파일의 형태를 따르고 필요한 부분에만 짧게 PHP 코드를 삽입한다. 이 때 가급적 대체 문법을 사용하여 가독성을 높게 한다.

대체 문법은 PHP 코드와 HTML 코드가 섞여 있는 상황에서 프로그램 가독성을 높이기 위해 주로 사용된다. 방법은 다음과 같다.

• 여는 중괄호 대신 콜론(:)을 적는다.

• 닫는 중괄호 대신 상황에 맞게 endif, endwhile, endfor, endforeach, endswitch를 사용한다.

• else 앞의 닫는 중괄호는 아예 생략한다. 또 else if와 같이 띄어 쓰는 것은 대체 문법에서는 허용되지 않으니 반드시 elseif를 사용해야 한다.

앞의 예제 9-5를 이렇게 수정하면 다음과 같은 코드를 얻을 수 있다. 역시 수정된 부분은 음영 처리해 두었다.

예제 9-6 비즈니스 로직과 화면 출력 코드를 분리한 예 (9-6.php)

```php
1: <?php
2:     try {
3:         $db = new PDO("mysql:host=localhost;dbname=phpdb",
4:                     "php", "1234");
```

```php
 5:          $db->setAttribute(PDO::ATTR_ERRMODE,
 6:                            PDO::ERRMODE_EXCEPTION);
 7:
 8:          $query = $db->prepare("select * from score");
 9:          $query->execute();
10:
11:          $result = $query->fetchAll(PDO::FETCH_ASSOC);
12:
13:     } catch (PDOException $e) {
14:          exit($e->getMessage());
15:     }
16: ?>
17:
18: <!doctype html>
19: <html>
20: <head>
21:     <meta charset="utf-8">
22:     <style>
23:         table { width: 400px; text-align: center; }
24:         th    { background-color: cyan; }
25:     </style>
26: </head>
27: <body>
28:
29: <table>
30:     <tr>
31:         <th>번호</th><th>이름</th>
32:         <th>국어</th><th>영어</th><th>수학</th>
33:         <th>총점</th><th>평균</th>
34:     </tr>
35:
36:     <?php foreach ($result as $row) : ?>
37:     <tr>
38:         <td><?= $row["num"]  ?></td>
39:         <td><?= $row["name"] ?></td>
40:         <td><?= $row["kor"]  ?></td>
41:         <td><?= $row["eng"]  ?></td>
42:         <td><?= $row["math"] ?></td>
```

```
43:          <td><?= $sum = $row["kor"] + $row["eng"] + $row["math"] ?></td>
44:          <td><?= number_format($sum / 3, 2) ?></td>
45:     </tr>
46:     <?php endforeach ?>
47: </table>
48:
49: </body>
50: </html>
```

실행 결과

번호	이름	국어	영어	수학	총점	평균
1	홍길동	50	60	70	180	60.00
2	이순신	65	75	85	225	75.00
3	강감찬	60	80	70	210	70.00

먼저 프로그램 전체의 형태를 훑어보자. 1~16번 행까지는 PHP로 데이터베이스에 접근하여 데이터를 읽어오는 부분이 모여 있고, 18번 행부터는 화면에 성적표를 출력하는 HTML 코드들이 모여 있다. 화면 출력 코드 부분에도 일부 PHP 코드가 보이긴 하지만 기본적인 형태는 HTML 파일의 형태를 하고 있음을 볼 수 있을 것이다.

이제 1~16번 행의 코드를 살펴보자. 대부분은 이전 예제와 달라진 것이 없다. 다만 이전에는 while 문으로 한 레코드씩 fetch()를 실행해서 화면에 한 줄씩 출력하던 코드가 11번 행에서는 다음과 같이 바뀌었다는 점만 다르다.

```
$result = $query->fetchAll(PDO::FETCH_ASSOC);
```

fetchAll()이라는 메서드는 한 레코드씩 배열로 만들어 주는 것이 아니라 모든 레코드를 다 읽어서 하나의 2차원 배열에 담아준다. 이렇게 얻어진 $result의 형태를 그림으로 표시하면 다음과 같다.

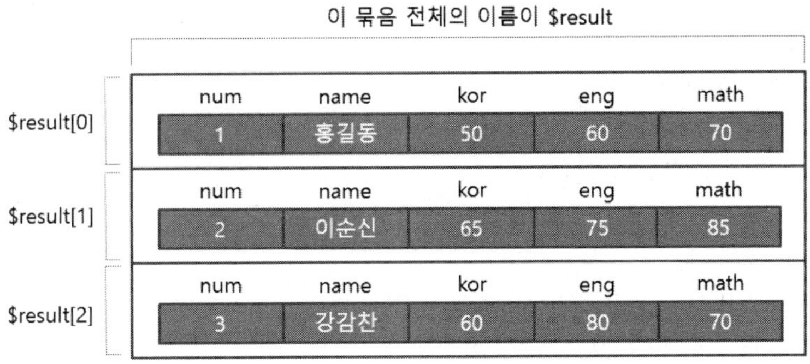

이 묶음 전체의 이름이 $result

[**그림 9-2**] fetchAll() 메서드의 실행 결과

이렇게 $result에 모든 데이터가 다 담겨 있으므로 복잡한 일은 다 끝났다. 이 2차원 배열의 내용을 화면에 뿌려주기만 하면 되는 것이다. 36~46번 행이 그 부분이다. 36과 46번 행에서 대체 문법을 사용한 것도 주의 깊게 살펴보기 바란다.

```php
36:    <?php foreach ($result as $row) : ?>
37:    <tr>
38:        <td><?= $row["num"]  ?></td>
39:        <td><?= $row["name"] ?></td>
40:        <td><?= $row["kor"]  ?></td>
41:        <td><?= $row["eng"]  ?></td>
42:        <td><?= $row["math"] ?></td>
43:        <td><?= $sum = $row["kor"] + $row["eng"] + $row["math"] ?></td>
44:        <td><?= number_format($sum / 3, 2) ?></td>
45:    </tr>
46:    <?php endforeach ?>
```

앞서 말했듯 $result는 2차원 배열이다. 그리고 이 배열의 각 칸에는 하나의 레코드 데이터가 연관 배열의 형태로 들어있다. 따라서 foreach를 사용해서 반복을 한 번 할 때마다 하나의 레코드로 만들어진 연관 배열이 $row에 담기게 되므로, $row["필드명"]의 형태로 각각의 필드 값을 출력할 수 있다.

혹시 43번 행에서 echo 단축 태그 안에 하나의 값이 아니라 대입문이 나오는 것을 보고 의아해 하는 독자도 있을 수 있는데, 문제없이 동작한다. 세 과목의 합을 $sum에 대입하고 나서 $sum을 출력하게 된다.

이제 마지막으로 prepared statement를 이용한 데이터베이스 접근 코드를 정리해 보자. 먼저 쿼리 실행 형식은 다음과 같다.

```
// 쿼리 준비 : 최초 한 번만 실행
$쿼리객체명 = $DB객체명->prepare("쿼리");

// 플레이스홀더 값들을 채우고 쿼리 실행
$쿼리객체명->bindValue(플레이스홀더, 값, 자료형); // 플레이스홀더 수만큼
$쿼리객체명->execute();
```

실행한 쿼리가 select라면, 데이터를 꺼내는 코드의 형식은 다음과 같다.

구분	코드 형식
fetch() 사용	```while ($row = $query->fetch(PDO::FETCH_ASSOC)) {` ` // $row["필드명"] 형태로 필드 값 사용` `}```
fetchAll() 사용	```$result = $query->fetchAll(PDO::FETCH_ASSOC);` `foreach ($result as $row) {` ` // $row["필드명"] 형태로 필드 값 사용` `}```

연습문제

1. 데이터베이스에 접속한 뒤 "DB 접속 성공"이라고 출력하고 종료되는 프로그램을 작성하시오.

2. 간단한 주소록을 위해 다음과 같은 2개의 프로그램을 작성하시오. 단, exec() 메서드를 사용하여 작성하시오.
   • 테이블 생성 : 일련번호, 이름, 주소, 전화번호 필드를 가진다.
   • 샘플 데이터 추가 : 샘플 데이터는 세 명 이상 넣는다.

3. 위 문제에서 만든 테이블의 데이터를 query() 메서드로 조회하는 프로그램을 작성하시오.

4. 위 연습문제 2, 3에서 작성된 프로그램 3개를, prepared statement를 사용하도록 수정해 보시오.

5. 위 연습문제에서 작성된 프로그램 중 데이터를 출력하는 프로그램의 비즈니스 로직과 화면 출력 코드를 분리하고, 화면 출력 코드에는 대체 문법을 사용하여 수정해 보시오.

CHAPTER 10

간이 웹하드

CHAPTER 10
간이 웹하드

이 장에서는 사용자로부터 파일을 업로드 받는 방법을 알아보고, 이를 이용하여 기본적인 기능만을 제공하는 간이 웹 하드 프로그램을 작성한다. 모든 파일들이 하나의 폴더에 저장된다는 제약을 두긴 하지만, 파일 업로드, 다운로드, 삭제, 정렬 기능이 동작하도록 만들 것이다. 각각의 기능들이 어떻게 구현되는지도 보아야겠지만, 여러 개의 모듈로 구성된 데이터베이스 응용 프로그램을 작성하는 과정을 파악하는데 중점을 두고 읽어나가기 바란다.

10.1 파일 업로드

10.1.1 준비 작업

PHP에서 파일을 업로드받기 위해서는 먼저 두 가지 준비 작업을 해야 한다.

첫째, 업로드 파일들을 위한 폴더를 만들어야 한다. PHP 프로그램들이 있는 폴더에 업로드 파일들을 같이 저장할 수도 있지만, 그렇게 하면 나중에는 프로그램 파일과 업로드 파일이 섞여 뒤죽박죽이 될 것이다. PHP 프로그램들이 있는 폴더에 "files"라는 이름으로 폴더를 만들도록 한다. 혹시 다른 이름으로 하고 싶다면 뒤에 나올 예제 프로그램도 그에 맞춰 수정해주면 된다.

둘째, PHP 설정 파일을 수정하는 것이 좋다. PHP 설정 파일에는 업로드할 수 있는 파일의 최대 크기를 설정하는 항목이 있는데, XAMPP는 기본 값이 2MB로 매우 작게 되어 있어 파일 업로드 테스트 시 불편하기 때문이다. XAMPP Control Panel을 실행해서 다음과 같이 PHP 설정 파일을 연다.

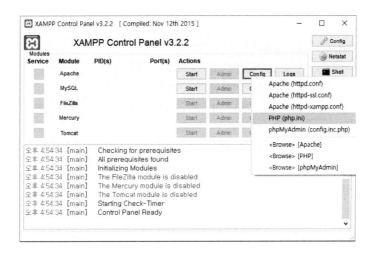

이제 Ctrl-F를 눌러 찾기 대화상자가 나오면 upload_max를 찾는다. 다음과 같은 행이 보일 것이다.

```
upload_max_filesize=2M
```

여기에서 "2M"를 "20M"로 수정하자. 이제 20MB까지의 파일을 업로드할 수 있다. 설정 파일을 저장하고 나면 Apache 행의 "Stop" 버튼을 누른 뒤 다시 "Start"를 눌러서 Apache를 재시작하여야 한다.

10.1.2 파일 업로드 폼

파일 업로드는 <input type="file"> 태그로 받을 수 있다. 이를 이용한 파일 업로드 폼의 예는 다음과 같다.

예제 10-1 파일 업로드를 위한 폼 (10-1.html)

```
 1: <!doctype html>
 2: <html>
 3: <head>
 4:     <meta charset="utf-8">
 5: </head>
 6: <body>
 7:
 8: <form action="10-2.php" method="post"
 9:       enctype="multipart/form-data">
10:     업로드할 파일을 선택하세요.<br>
11:     <input type="file" name="upload"><br>
12:     <input type="submit" value="업로드">
13: </form>
14:
15: </body>
16: </html>
```

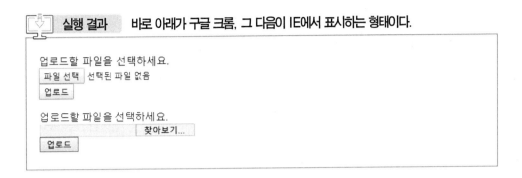

파일을 업로드할 때에는 <form> 태그의 두 속성이 정확하게 설정되어야 한다.

* method="post" : 전송 방식이 POST이어야 한다. GET 방식을 쓰면 파일 내용이 아니라 파일명만 전송된다.

* enctype="multipart/form-data" : enctype 속성은 폼을 전송할 때 사용할 인코딩 방법을 지정한다. 이 속성이 "multipart/form-data"가 아니어도 파일명만 전송된다.

이제 11번 행을 보자. <input type="file" name="upload"> 태그로 업로드할 파일을 선택할 수 있도록 했다. 이 태그의 name이 upload인 것도 기억해 두자. PHP 프로그램에서 업로드된 파일 정보를 얻을 때 필요할 것이다.

이 폼을 실행하면 위의 실행 결과에서 볼 수 있는 화면이 나타난다. 브라우저에 따라 화면에 표출하는 모양은 조금씩 다르지만 사용법은 같다. "파일선택" 또는 "찾아보기" 버튼을 눌러 파일을 선택한 뒤 "업로드" 버튼을 누르면, 선택된 파일이 업로드된 후 10-2.php가 실행된다.

10.1.3 업로드 파일 처리

HTML 입력 폼을 통해 전송된 파일은 일단 웹 서버의 임시 폴더에 저장된다. 이 때문에 업로드는 다음과 같은 두 단계를 거쳐 이루어진다.

① 사용자가 업로드할 파일을 지정하고 전송(submit) 버튼을 누르면 파일이 웹 서버로 전송된다. 이 때 이 파일은 임시 폴더에 임시 파일명으로 저장된다.

② 이 파일을 우리가 원하는 폴더에 우리가 원하는 이름으로 이동시킨다.

따라서 업로드를 처리할 PHP 프로그램에서는 임시 폴더에 저장되어 있는 파일을 우리가 원하는 폴더에 원하는 이름으로 옮겨놓는 작업을 해야 한다. 이 작업을 수행하는 코드는 다음과 같다.

예제 10-2 파일 업로드를 처리하는 프로그램 (10-2.php)

```php
 1: <?php
 2:     $upload_succeeded = false;
 3:
 4:     if ($_FILES["upload"]["error"] == UPLOAD_ERR_OK) {
 5:         $temp_name = $_FILES["upload"]["tmp_name"];
 6:         $file_name = $_FILES["upload"]["name"];
 7:         $file_size = $_FILES["upload"]["size"];
 8:         $file_type = $_FILES["upload"]["type"];
 9:
10:         $save_name = iconv("utf-8", "cp949", $file_name);
11:
12:         if (move_uploaded_file($temp_name, "files/$save_name"))
13:             $upload_succeeded = true;
14:     }
15: ?>
16:
17: <!doctype html>
18: <html>
19: <head>
20:     <meta charset="utf-8">
21: </head>
22: <body>
23:
24: <?php if ($upload_succeeded) : ?>
25:     업로드 성공<br>
```

```
26:     파일 이름 : <?= $file_name ?><br>
27:     파일 크기 : <?= number_format($file_size) ?> bytes<br>
28:     파일 타입 : <?= $file_type ?><br>
29: <?php else : ?>
30:     업로드 실패<br>
31: <?php endif ?>
32:
33: </body>
34: </html>
```

실행 결과 "시험용 이미지 파일.JPG"라는 이름의 파일을 업로드 하였을 경우

```
업로드 성공
파일 이름 : 시험용 이미지 파일.jpg
파일 크기 : 2,890,270 bytes
파일 타입 : image/jpeg
```

업로드 파일을 처리하기 위해서는 파일에 관련된 정보들이 필요한데, 이들 정보는 $_FILES["업로드_태그_이름"] 배열에 담겨있다. 여기에서 "업로드_태그_이름"이란 파일 업로드 입력란을 위한 태그의 name 속성을 의미한다. 이 배열이 가지고 있는 정보는 다음과 같다.

배열	담겨있는 정보
$_FILES["업로드_태그_이름"]["tmp_name"]	임시 폴더에 업로드된 파일의 임시 파일명.
$_FILES["업로드_태그_이름"]["name"]	원래 파일명.
$_FILES["업로드_태그_이름"]["size"]	파일의 크기.
$_FILES["업로드_태그_이름"]["type"]	파일의 타입.
$_FILES["업로드_태그_이름"]["error"]	업로드 과정에서 발생한 오류 코드.

오류 코드를 제외한 나머지는 파일에 관련된 정보이므로 부연 설명이 필요 없을 것이다. 파일이 전송되어 웹 서버의 임시 폴더에 저장되는 과정에서 오류가 발생했을 경우, $_FILES["업로드_태그_이름"]["error"]에 그 원인을 알 수 있는 정수 값이 담긴다. 오류 없이 무사히 업로드가 진행되었다면 이 값은 0이 된다. 따라서 제일 먼저 할 일은 이 값을 체크하는 것이다. 이 코드는 4번 행에 있다.

```
4:      if ($_FILES["upload"]["error"] == UPLOAD_ERR_OK) {
```

PHP에는 UPLOAD_ERR_OK라는 심볼릭 상수가 0으로 정의되어 있으므로, 0을 직접 사용하는 것 보다는 이 상수를 사용하는 것이 코드의 의미를 알기 쉽다.

```
5:          $temp_name = $_FILES["upload"]["tmp_name"];
6:          $file_name = $_FILES["upload"]["name"];
7:          $file_size = $_FILES["upload"]["size"];
8:          $file_type = $_FILES["upload"]["type"];
```

5~8번 행은 파일 정보를 변수에 담아 놓는 코드들이라는 것을 쉽게 알 수 있다. 하지만 그 뒤의 코드는 설명이 좀 필요하다. 먼저 10번 행의 코드를 보자.

```
10:         $save_name = iconv("utf-8", "cp949", $file_name);
```

여기에서는 iconv()라는 함수를 사용하고 있는데, 이 함수의 사용법은 다음과 같다.

```
변경된_문자열 = iconv(현재_인코딩, 대상_인코딩, 본래_문자열);
```

이 함수는 "본래_문자열"이 "현재_인코딩"으로 인코딩되어 있다고 할 때, 이 문자열을 "대상_인코딩"으로 변환한 문자열을 반환한다. 이 작업을 하는 이유는 우리가 웹 페이지를 UTF-8 인코딩으로 작성하였으므로 파일명도 UTF-8 인코딩으로 전달받기 때문이다. 하지만 우리는 윈도우즈 운영체제에서 웹 서버를 돌리고 있다. 그리고 한국어 윈도우즈가 사용하는 기본 인코딩은 "CP949"이므로, UTF-8로 인코딩 되어 있는 파일명을 "CP949"로 바꾸어야 파일이 한국어 윈도우즈에 문제없이 저장된다. 파일명이 영문으로만 되어 있다면 이러한 처리를 할 필요가 없겠으나, 파일명이 한글인 것도 업로드를 받겠다면 인코딩 변환을 해야 한다.

이제 12번 행으로 넘어가 보자.

```
12:            if (move_uploaded_file($temp_name, "files/$save_name"))
```

move_uploaded_file은 임시 폴더에 업로드된 파일을, 지정한 경로와 이름을 가진 파일로 옮겨주는 함수이다. 사용법은 다음과 같다.

```
move_uploaded_file(임시_파일명, 이동_후의_파일명)
```

"이동_후의_파일명"은 경로를 포함할 수 있다. 따라서 12번 행의 코드는 업로드된 임시 파일을 "files" 폴더의 $save_name이라는 이름으로 이동시킨다. 이 함수는 반환 값이 있는데, 파일을 옮기는데 성공하면 true를, 실패하면 false를 반환한다. 따라서 프로그램 선두인 2번 행에서 $upload_succeeded를 false로 초기화 해두었다가, move_uploaded_file() 함수가 true를 반환하면 이 변수의 값을 true로 해서, 업로드가 최종적으로 성공했음을 기록한다.

그 뒤의 코드는 어려운 부분이 없다. 24~31번 행에서는 업로드의 성공 여부에 따라 적절한 정보를 화면에 표시한다.

10.2 웹 하드 프로그램을 위한 데이터베이스 준비

10.2.1 테이블 생성

가장 먼저 할 일은 웹 하드 프로그램을 위한 테이블을 생성하는 것이다. 테이블 생성 쿼리는 다음과 같다.

예제 10-3 웹하드를 위한 테이블 생성 (webhard.sql)

```
1: create table webhard (
2:    num    int          auto_increment primary key,
3:    fname varchar(80),
4:    ftime varchar(20),
5:    fsize int
6: );
```

num 필드는 파일에 고유번호를 부여하기 위한 것이므로, auto_increment 필드로 지정하였다. 따라서 이 필드는 우리가 직접 값을 넣어주지 않아도 레코드가 생길 때 자동적으로 1씩 증가된 값을 MySQL이 부여한다.

그 뒤의 fname은 파일명, ftime은 파일을 업로드한 날짜와 시간, fsize는 파일 크기를 담을 필드이다.

10.2.2 DAO(Data Access Object) 클래스 작성

그동안 우리가 작성해본 MySQL 응용 프로그램들은 데이터베이스를 이용하는 코드와 다른 PHP, HTML 코드들이 하나의 파일에 들어있었다. 간단한 프로그램들은 그렇게 작성을 해도 큰 문제가 없겠으나, 어느 정도 규모가 있는 프로그램들은 프로그램이 지나치게 길어지고 알아보기도 어려운 형태가 된다.

따라서 데이터베이스에 접근하는 코드를 하나의 클래스에 몰아넣고, 다른 프로그램 파일에서는 그 클래스의 객체를 생성한 뒤, 그 객체의 메서드들을 호출하는 방식으로 프로그램을 작성하는 것이 일반적이다. 그리고 이 객체를 DAO(Data Access Object)라고 부른다. 웹 하드를 위한 DAO 클래스는 다음과 같이 작성할 수 있다.

예제 10-4 웹 하드 DAO 클래스 (WebhardDao.php)

```php
1: <?php
2: class WebhardDao {
3:     private $db;     // PDO 객체를 저장하기 위한 프로퍼티
4:
5:     // DB에 접속하고 PDO 객체를 $db에 저장
6:     public function __construct() {
7:         try {
8:             $this->db = new PDO("mysql:host=localhost;dbname=phpdb",
9:                                 "php", "1234");
10:            $this->db->setAttribute(PDO::ATTR_ERRMODE,
11:                                PDO::ERRMODE_EXCEPTION);
12:        } catch (PDOException $e) {
13:            exit($e->getMessage());
14:        }
15:    }
16:
17:    // 모든 파일정보 반환 (2차원 배열)
18:    // $sort 필드 기준으로 정렬, $dir는 정렬 방향(asc/desc)
19:    public function getFileList($sort, $dir) {
20:        try {
21:            $query = $this->db->prepare("select * from webhard
22:                                    order by $sort $dir");
23:            $query->execute();
24:
25:            $result = $query->fetchAll(PDO::FETCH_ASSOC);
26:
27:        } catch (PDOException $e) {
28:            exit($e->getMessage());
29:        }
30:
31:        return $result;
32:    }
33:
34:    // 새 파일 정보를 DB에 추가
```

```
35:     public function addFileInfo($fname, $ftime, $fsize) {
36:         try {
37:             $sql = "insert into webhard (fname, ftime, fsize)
38:                     values (:fname, :ftime, :fsize)";
39:             $query = $this->db->prepare($sql);
40:
41:             $query->bindValue(":fname", $fname, PDO::PARAM_STR);
42:             $query->bindValue(":ftime", $ftime, PDO::PARAM_STR);
43:             $query->bindValue(":fsize", $fsize, PDO::PARAM_INT);
44:             $query->execute();
45:
46:         } catch (PDOException $e) {
47:             exit($e->getMessage());
48:         }
49:     }
50:
51:     // $num번 파일 정보를 DB에서 삭제하고 그 파일명을 반환
52:     public function deleteFileInfo($num) {
53:         try {
54:             // 삭제할 파일명을 $result에 담아 둠
55:             $query = $this->db->prepare("select fname from webhard
56:                                         where num=:num");
57:             $query->bindValue(":num", $num, PDO::PARAM_INT);
58:             $query->execute();
59:
60:             $result = $query->fetchColumn();
61:
62:             // 지정된 레코드 삭제
63:             $query = $this->db->prepare("delete from webhard
64:                                         where num=:num");
65:
66:             $query->bindValue(":num", $num, PDO::PARAM_INT);
67:             $query->execute();
68:
69:         } catch (PDOException $e) {
70:             exit($e->getMessage());
```

```
71:        }
72:
73:        return $result;
74:    }
75: }
76: ?>
```

먼저 클래스 생성자부터 살펴보도록 하자.

```
6:     public function __construct() {
7:         try {
8:             $this->db = new PDO("mysql:host=localhost;dbname=phpdb",
9:                                  "php", "1234");
10:            $this->db->setAttribute(PDO::ATTR_ERRMODE,
11:                                     PDO::ERRMODE_EXCEPTION);
12:        } catch (PDOException $e) {
13:            exit($e->getMessage());
14:        }
15:    }
```

6~15번 행은 클래스 생성자이다. 객체가 생성되면 이 생성자는 데이터베이스에 접속하고 PDO 객체를 이 클래스의 private 프로퍼티인 $db에 저장한다.

```
19:    public function getFileList($sort, $dir) {
20:        try {
21:            $query = $this->db->prepare("select * from webhard
22:                                          order by $sort $dir");
23:            $query->execute();
24:
25:            $result = $query->fetchAll(PDO::FETCH_ASSOC);
26:
27:        } catch (PDOException $e) {
28:            exit($e->getMessage());
29:        }
30:
31:        return $result;
32:    }
```

19~32번 행은 getFileList($sort, $dir) 메서드의 정의이다. 이 메서드는 웹 하드 메인 화면에서 업로드 파일들의 정보를 읽어오기 위해 사용된다. $sort는 가져올 때 정렬 기준이 될 필드명이고, $dir은 정렬 방향이다. $dir에는 오름차순(asc) 또는 내림차순(desc) 중 하나가 주어진다. 이 매개변수들은 나중에 정렬 기능을 구현할 때 사용될 것이다.

```
35:     public function addFileInfo($fname, $ftime, $fsize) {
36:         try {
37:             $sql = "insert into webhard (fname, ftime, fsize)
38:                     values (:fname, :ftime, :fsize)";
39:             $query = $this->db->prepare($sql);
40:
41:             $query->bindValue(":fname", $fname, PDO::PARAM_STR);
42:             $query->bindValue(":ftime", $ftime, PDO::PARAM_STR);
43:             $query->bindValue(":fsize", $fsize, PDO::PARAM_INT);
44:             $query->execute();
45:
46:         } catch (PDOException $e) {
47:             exit($e->getMessage());
48:         }
49:     }
```

35~49번 행은 addFileInfo($fname, $ftime, $fsize) 메서드의 정의이다. 새로운 파일 정보를 저장하기 위해, 주어진 데이터로 insert 쿼리를 실행한다.

```
52:     public function deleteFileInfo($num) {
53:         try {
54:             // 삭제할 파일명을 $result에 담아 둠
55:             $query = $this->db->prepare("select fname from webhard
56:                                         where num=:num");
57:             $query->bindValue(":num", $num, PDO::PARAM_INT);
58:             $query->execute();
59:
60:             $result = $query->fetchColumn();
61:
62:             // 지정된 레코드 삭제
63:             $query = $this->db->prepare("delete from webhard
64:                                         where num=:num");
```

```
65:
66:            $query->bindValue(":num", $num, PDO::PARAM_INT);
67:            $query->execute();
68:
69:        } catch (PDOException $e) {
70:            exit($e->getMessage());
71:        }
72:
73:        return $result;
74:    }
```

52~74번 행은 deleteFileInfo($num) 메서드의 정의이다. 파일 정보를 삭제하기 위해, $num 번째 레코드에 delete 쿼리를 실행한다. 다만 쿼리 실행 전에 삭제할 파일명을 저장해 두었 다가 메서드 실행이 끝날 때 반환한다. 이 메서드는 파일 삭제 기능을 구현할 때 사용될 것 이다.

이 메서드에서 다른 것은 특이할 것이 없는데, 60번 행에 그동안 사용했던 fetch() 또는 fetchAll()이 아니라 fetchColumn() 메서드를 사용하였다. 이 메서드는 다음 레코드의 모든 컬럼을 읽어서 배열에 담아주는 것이 아니라, 특정한 컬럼 값 하나만 반환해 준다. 사용법은 다음과 같다.

```
fetchColumn(컬럼 번호)
```

컬럼 번호는 0부터 시작하므로, 첫 번째 컬럼은 0번, 두 번째 컬럼은 1번과 같은 번호가 부 여된다. 다만 컬럼 번호가 생략되면 0으로 간주된다. 이 메서드가 실행되기 전의 쿼리는 "select fname from webhard where num=:num"이었으므로 쿼리 결과는 단지 하나의 값뿐이 다. 따라서 이 메서드를 이용하여 하나의 값을 읽어낸 것이다.

이렇게 WebhardDao 클래스 파일을 입력하고 저장하고 나면 다른 프로그램 파일에서는 다 음과 같은 두 줄의 코드로 이 클래스의 객체를 생성한다.

```
require("WebhardDao.php");
$dao = new WebhardDao();
```

require는 자신이 있던 자리에 지정된 파일의 내용을 넣어주는 역할을 한다. 따라서 이 코드의 첫 번째 줄은 여러분이 WebhardDao.php 파일의 내용을 모두 복사해서 require가 있는 자리에 붙여넣기 한 것과 똑같은 동작을 한다. 두 번째 줄은 WebhardDao 형의 객체를 생성하고 그 이름을 $dao라 한다.

10.3 웹 하드 메인 페이지

웹 하드의 메인 페이지는 다음과 같이 작성하면 된다.

예제 10-5 웹 하드 메인 페이지 (webhard.php)

```php
 1: <?php
 2:     require("WebhardDao.php");
 3:     $dao = new WebhardDao();
 4:
 5:     $sort = isset($_REQUEST["sort"]) ? $_REQUEST["sort"] : "fname";
 6:     $dir  = isset($_REQUEST["dir"])  ? $_REQUEST["dir"]  : "asc";
 7:
 8:     $result = $dao->getFileList($sort, $dir);
 9: ?>
10:
11: <!doctype html>
12: <html>
13: <head>
14:     <meta charset="utf-8">
15:     <style>
16:         table { width: 700px; text-align: center; }
17:         th    { background-color: cyan; }
18:
19:         .left  { text-align: left;  }
20:         .right { text-align: right; }
```

```
21:
22:            a:link  { text-decoration: none; color: blue; }
23:            a:hover { text-decoration: none; color: red;  }
24:     </style>
25: </head>
26: <body>
27:
28: <form action="add_file.php?sort=<?= $sort ?>&dir=<?= $dir ?>"
29:       enctype="multipart/form-data" method="post">
30:     업로드할 파일을 선택하세요.<br>
31:     <input type="file" name="upload"><br>
32:     <input type="submit" value="업로드">
33: </form>
34: <br>
35:
36: <table>
37:     <tr>
38:         <th>파일명
39:             <a href="?sort=fname&dir=asc">^</a>
40:             <a href="?sort=fname&dir=desc">v</a>
41:         </th>
42:         <th>업로드
43:             <a href="?sort=ftime&dir=asc">^</a>
44:             <a href="?sort=ftime&dir=desc">v</a>
45:         </th>
46:         <th>크기</th>
47:         <th>삭제</th>
48:     </tr>
49:     <?php foreach ($result as $row) : ?>
50:     <tr>
51:         <td class="left"><a href="files/<?= $row["fname"] ?>">
52:                            <?= $row["fname"] ?></a></td>
53:         <td><?= $row["ftime"] ?></td>
54:         <td class="right"><?= $row["fsize"] ?>  </td>
55:         <td><a href="del_file.php?num=<?= $row["num"] ?>&sort=<?=
56:                    $sort ?>&dir=<?= $dir ?>">X</td>
```

```
57:    </tr>
58:    <?php endforeach ?>
59: </table>
60:
61: </body>
62: </html>
```

실행 결과

업로드할 파일을 선택하세요.
파일 선택 선택된 파일 없음
업로드

파일명 ∧ ∨	업로드 ∧ ∨	크기	삭제
시험용 엑셀 파일.xlsx	2017-08-15 14:13:02	20795	X
시험용 이미지 파일.jpg	2017-08-15 14:13:11	2890270	X
시험용 파워포인트 파일.pptx	2017-08-15 14:13:25	54318	X

당연한 얘기기만 처음 실행하면 아무 파일도 표시되지 않는다. 이 실행 화면은 파일을 3개 업로드한 후에 얻어진 것이다.

이제 프로그램을 살펴보자. 이 프로그램의 경우에는 순서대로 프로그램 코드를 보는 것 보다 관련된 부분끼리 모아서 보는 것이 이해하기 편하다.

10.3.1 파일 리스트 출력

먼저 파일 리스트를 출력하는 기본 기능에 관련된 부분을 모아서 보이면 다음과 같다.

```
2:     require("WebhardDao.php");
3:     $dao = new WebhardDao();
...
8:     $result = $dao->getFileList($sort, $dir);
...
49:    <?php foreach ($result as $row) : ?>
50:    <tr>
```

```
51:            <td class="left"><a href="files/<?= $row["fname"] ?>">
52:                              <?= $row["fname"] ?></a></td>
53:        <td><?= $row["ftime"] ?></td>
54:        <td class="right"><?= $row["fsize"] ?>  </td>
...
57:    </tr>
58:    <?php endforeach ?>
```

2번 행은 웹 하드를 위한 DAO 클래스 정의를 불러오고, 3번 행에서는 $dao라는 이름으로 객체를 생성한다.

8번 행은 DAO의 getFileList() 메서드를 호출하여 업로드된 파일들의 정보를 읽어온다. 이 메서드는 두 개의 매개변수 $sort와 $dir을 가지는데, 이것이 어떻게 활용되는지는 조금 뒤에 얘기할 것이다. 일단은 테이블에 저장된 파일정보 리스트를 가져온다는 점만 생각하자. 이 문장을 실행하고 나면 이차원 배열 $result에는 파일정보 리스트가 들어있을 것이다. $result의 한 줄에는 하나의 파일에 대한 파일 정보가 들어있다.

49번 행은 $result의 내용을 한 줄씩 떼어 $row에 넣어주면서 50~57번 행의 내용을 반복한다.

50~57번 행은 업로드된 파일들의 리스트를 출력한다. 다만 51~52번 행에서 파일명을 출력할 때에 다음과 같이 <a> 태그를 이용하여 파일에 대한 링크를 만든다.

```
<a href="files/<?= $row["fname"] ?>"><?= $row["fname"] ?></a>
```

예를 들어 표시할 파일명이 a.jpg라면 다음과 같은 HTML 코드가 될 것이다.

```
<a href="files/a.jpg">a.jpg</a>
```

JPG 파일은 브라우저에서 바로 볼 수 있는 유형이므로, 이 링크를 클릭하면 사진이 나타날 것이다. 만약 엑셀, 파워포인트 파일처럼 브라우저가 직접 표출할 수 없는 경우에는 파일이 다운로드 된다.

10.3.2 정렬 기능

정렬 기능에 관련된 코드들은 다음과 같다.

```
5:      $sort = isset($_REQUEST["sort"]) ? $_REQUEST["sort"] : "fname";
6:      $dir  = isset($_REQUEST["dir"])  ? $_REQUEST["dir"]  : "asc";
7:
8:      $result = $dao->getFileList($sort, $dir);
...
38:         <th>파일명
39:             <a href="?sort=fname&dir=asc">^</a>
40:             <a href="?sort=fname&dir=desc">v</a>
41:         </th>
42:         <th>업로드
43:             <a href="?sort=ftime&dir=asc">^</a>
44:             <a href="?sort=ftime&dir=desc">v</a>
45:         </th>
```

5~8번 행은 이 프로그램에 GET 방식으로 전달된 "sort"와 "dir" 값에 따라 파일정보 리스트를 정렬해서 가져온다.

- sort : 정렬 기준이 될 필드명. fname, ftime 중 한 값이 전달되어야 하며, 아무 값도 전달되지 않으면 디폴트는 fname으로 한다.

- dir : 정렬 방향. asc(오름차순), desc(내림차순) 중 한 값이 전달되어야 하며, 아무 값도 전달되지 않으면 디폴트는 asc로 한다.

5~6번 행은 GET 방식으로 전달된 값을 변수 $sort와 $dir에 저장한다. 그리고 8번 행은 DAO의 getFileList() 메서드를 호출하여 업로드된 파일들의 정보를 읽어온다. 이 메서드는 $sort와 $dir를 가지고 다음과 같은 쿼리를 실행하도록 작성하였다.

```
select * from webhard order by $sort $dir
```

따라서 이 메서드를 호출할 때 $sort에 정렬 기준 필드명을, $dir에 정렬 방향을 넣어주면 우리가 원하는 대로 정렬된 데이터를 받아 올 수 있게 된다.

이제 sort와 dir 값을 지정할 링크가 필요한데, 이것은 39, 40, 43, 44번 행에 있다.

39번 행을 보면 "파일명" 뒤에 "^"표시로 보이는 링크가 있다. 그런데 href 속성에 이동할 페이지 이름이 없다. 이럴 경우 이 링크를 클릭하면 다시 이 프로그램이 실행된다. 다만 "?sort=fname&dir=asc"는 적혀있으므로, 다시 이 프로그램을 실행하되 sort와 dir 값은 전달된다. 결국 이 상황에서 39번 행은 다음 HTML 태그와 똑같은 동작을 한다.

```
<a href="webhard.php?sort=fname&dir=asc">^</a>
```

굳이 이동할 페이지 이름을 적지 않은 것은 융통성 때문이다. 만약 여기에 페이지 이름을 적어 주었다고 하자. 나중에 이 파일의 이름을 바꾼다면 39, 40, 43, 44번 행을 모두 고쳐 주어야 한다. 하지만 이렇게 페이지 이름을 적지 않으면 파일명을 아무리 바꾸어도 "지금 보여주고 있는 이 페이지"로 이동하므로 수정할 필요가 없어진다.

이제 39, 40번 행을 같이 보자. 파일명 뒤에 있는 "^"를 클릭하면 파일명 오름차순, "v"를 클릭하면 파일명 내림차순 정렬을 하는 sort와 dir 값을 가지고 이 프로그램을 다시 실행하는 링크가 있다. 43, 44번 행도 업로드 시간 올림차순, 업로드 시간 내림차순 정렬을 하는 링크를 제공한다.

10.3.3 파일 추가와 삭제 링크

파일 추가, 즉 파일 업로드를 처리하는 프로그램은 add_file.php라는 이름으로 만들 것이다. 업로드 폼의 형태는 파일 업로드 예제와 거의 같다.

```
28: <form action="add_file.php?sort=<?= $sort ?>&dir=<?= $dir ?>"
29:     enctype="multipart/form-data" method="post">
30:     업로드할 파일을 선택하세요.<br>
31:     <input type="file" name="upload"><br>
32:     <input type="submit" value="업로드">
33: </form>
```

달라진 부분은 28번 행에서 add_file.php를 호출할 때 현재의 파일 리스트 정렬 기준인 sort 와 dir 값을 넘겨준다는 것이다. 이것은 파일 업로드가 끝나고 다시 메인 페이지로 돌아올 때 정렬 기준 설정을 유지하기 위한 것이다.

예를 들어 현재 업로드 시간 내림차순으로 정렬이 되어 있다고 가정하자. 이 상태에서 사용 자가 파일을 추가하기 위해 업로드 버튼을 누르면 add_file.php로 이동한다. add_file.php는 업로드 관련 처리를 하고 나서, 다시 메인 페이지로 이동할 것이다. 이 때 다음과 같은 URL 로 이동했다고 생각해보자.

```
webhard.php
```

이렇게 sort와 dir 없이 메인 페이지로 돌아오면, 디폴트인 파일명 오름차순으로 정렬된 리 스트가 출력된다. 따라서 add_file.php로 이동할 때 현재의 sort와 dir 값을 넘겨주고, add_file.php에서는 다음과 같은 URL로 이동할 것이다.

```
webhard.php?sort=$_REQUEST["sort"]&dir=$_REQUEST["dir"]
```

이렇게 하면 원래의 정렬 기준을 유지할 수 있다.

이제 파일 삭제로 넘어가 보자. 파일을 삭제하는 기능은 del_file.php에 구현할 것이다. 이 프 로그램으로 이동하는 링크는 파일 리스트의 각 줄에 "X"로 표시한다.

```php
49:    <?php foreach ($result as $row) : ?>
50:    <tr>
51:        <td class="left"><a href="files/<?= $row["fname"] ?>">
52:                              <?= $row["fname"] ?></a></td>
53:        <td><?= $row["ftime"] ?></td>
54:        <td class="right"><?= $row["fsize"] ?>  </td>
55:        <td><a href="del_file.php?num=<?= $row["num"] ?>&sort=<?=
56:                      $sort ?>&dir=<?= $dir ?>">X</td>
57:    </tr>
58:    <?php endforeach ?>
```

del_file.php에는 삭제할 파일의 num 필드 값이 전달되어야 한다. 그래야 해당 하는 레코드를 삭제할 것이기 때문이다. 그리고 add_file.php의 경우와 같이 메인 페이지로 돌아갔을 때 정렬 기준을 유지하기 위해서는 sort, dir도 전달되어야 한다. 예를 들어 $sort가 fname, $dir이 asc 일 때, num 필드의 값이 15인 파일을 삭제하는 "X" 링크는 다음과 같은 href를 가진다.

```
del_file.php?num=15&sort=fname&dir=asc
```

10.4 파일 추가와 삭제 기능

10.4.1 파일 추가

이제 업로드 처리를 하고 업로드된 파일정보를 테이블에 추가하는 프로그램을 살펴보자.

예제 10-6 파일 추가 프로그램 (add_file.php)

```php
 1: <?php
 2:     $errMsg = "업로드 실패!";
 3:
 4:     if ($_FILES["upload"]["error"] == UPLOAD_ERR_OK) {
 5:         $tname = $_FILES["upload"]["tmp_name"];
 6:         $fname = $_FILES["upload"]["name"];
 7:         $fsize = $_FILES["upload"]["size"];
 8:
 9:         $save_name = iconv("utf-8", "cp949", $fname);
10:
11:         if (file_exists("files/$save_name"))
12:             $errMsg = "이미 업로드한 파일입니다.";
13:         else if (move_uploaded_file($tname, "files/$save_name")) {
14:             require("WebhardDao.php");
15:             $dao = new WebhardDao();
16:
```

```
17:                    $dao->addFileInfo($fname, date("Y-m-d H:i:s"), $fsize);
18:
19:                    header("Location: webhard.php?sort=$_REQUEST[sort]"
20:                                                . "&dir=$_REQUEST[dir]");
21:                    exit();
22:            }
23:        }
24: ?>
25:
26: <!doctype html>
27: <html>
28: <head>
29:     <meta charset="utf-8">
30: </head>
31: <body>
32:
33: <script>
34:     alert('<?= $errMsg ?>');
35:     history.back();
36: </script>
37:
38: </body>
39: </html>
```

4번 행에서는 $_FILES["upload"]["error"] 값이 UPLOAD_ERR_OK인지 체크한다. 문제가 없다면 5~7번 행에서 파일 정보를 얻어내고, 9번 행에서 파일명의 인코딩 변환을 실시한다.

11~12번 행에는 파일 업로드 예제에 없던 조건식이 다음과 같이 추가되어 있다.

```
11:            if (file_exists("files/$save_name"))
12:                $errMsg = "이미 업로드한 파일입니다.";
13:            else if (move_uploaded_file($tname, "files/$save_name")) {
```

이 코드는 사용자가 선택한 파일이 이미 웹 하드에 있는 파일인 경우 오류 메시지를 출력하기 위한 것이다. file_exists()는 PHP 내장 함수이며 사용법은 다음과 같다.

> file_exists("파일명")

파일명은 경로를 포함할 수 있다. 이 함수는 지정된 파일이 이미 존재하면 true, 아니면 false를 반환한다. 따라서 업로드 파일이 files 폴더에 이미 있다면 변수 $errMsg에 담긴 오류 메시지를 바꿔주는 것이다. 기본적으로 $errMsg는 2번 행에서 "업로드 실패!"로 설정되어 있다.

13번 행에서는 move_uploaded_file() 함수를 호출한다. 그리고 이 함수가 true를 반환하면 파일 정보를 테이블에 저장한 뒤 메인 페이지로 돌아간다. 이 동작을 하는 코드가 14~21번 행이다. 그중 파일 정보를 저장하는 코드는 다음과 같다.

```
14:             require("WebhardDao.php");
15:             $dao = new WebhardDao();
16:
17:             $dao->addFileInfo($fname, date("Y-m-d H:i:s"), $fsize);
```

다른 부분은 별 문제가 없을 것이다. 다만 17번 행에서 addFileInfo() 메서드의 두 번째 인자로 업로드 시간을 줄 때 다음과 같은 코드를 사용하였다.

> date("Y-m-d H:i:s")

date()는 현재 날짜와 시간을 알려주는 PHP 내장 함수인데, 지정한 형식대로 날짜와 시간을 표시한 문자열을 반환한다. 그리고 "Y-m-d H:i:s"는 "년-월-일 시:분:초" 형식의 문자열을 의미한다. date() 함수의 인자를 적을 때는 대소문자에 주의해야 한다. 대소문자가 달라지면 전혀 다른 의미가 될 수 있기 때문이다. 일반적으로는 "Y-m-d H:i:s"만으로도 시간 표시에 문제가 없겠지만, 혹시 다른 형식으로 시간을 출력하고 싶다면 "php date"로 웹을 검색해서 자세한 사용법을 찾아 사용하면 된다.

이제 19~21번 행을 보자.

```
19:             header("Location: webhard.php?sort=$_REQUEST[sort]"
20:                              . "&dir=$_REQUEST[dir]");
21:             exit();
```

header() 함수는 웹 서비스에 사용되는 http 프로토콜의 헤더에 지시된 내용을 기록해 넣는 역할을 하는데, 헤더 중 "Location"이라는 항목에 URL을 적어주면 브라우저의 화면이 지정된 URL로 이동(forward)하게 된다. 혹시 프로토콜이니, 헤더니 하는 얘기가 잘 이해되지 않는다면, 다음과 같은 사용법만 기억해도 큰 문제는 없다.

```
header("Location: 이동할_URL");
```

이 문장은 지정된 URL로 화면을 전환해 준다. 다만 header() 함수를 사용할 때 두 가지 주의할 점이 있다.

첫째, header()가 실행되기 전에는 브라우저 화면으로 어떠한 출력도 나가지 않도록 프로그램을 작성하는 것이 좋다는 점이다. 예를 들어 프로그램 첫 줄의 <?php 앞에 공백 한 개만 들어가 있어도 header() 함수는 오류를 표시하고 실행을 중단할 수 있다. 다행히 우리가 사용하는 XAMPP 패키지는 이러한 문제가 발생하지 않도록 PHP 설정이 되어 있지만, 여러분이 작성한 프로그램이 다른 서버에서도 문제없이 동작하기를 바란다면 이 규칙을 지켜주는 것이 좋겠다.

둘째, header() 함수 다음 줄에는 프로그램 실행을 강제로 종료하는 함수인 exit()를 호출하는 것이 좋다. 이렇게 하는 이유는 header() 함수가 호출되었다고 바로 페이지 전환이 되는 것이 아니라, 그 뒤에 있는 모든 코드를 다 실행하고 나서야 페이지 전환이 일어나기 때문이다. 따라서 header() 함수 바로 뒤에 exit()를 호출해서 불필요한 처리를 하지 않도록 해 주는 것이 좋다. 그렇게 하면 이 프로그램은 대략 다음과 같은 구조가 된다.

```
if (업로드 성공) {
    ...
    header(...);
    exit();
}
업로드 실패 시 오류 메시지 출력 코드
```

업로드가 성공한 경우에는 exit()로 프로그램이 종료될 것이므로 그 뒤의 부분은 절대 실행되지 않는다. 따라서 exit() 뒷부분은 업로드가 실패한 경우에만 실행되므로, 이곳에 오류를 처리할 코드를 적어준 것이다. 이것이 26번 행부터 시작하는 HTML 코드 영역이다.

26번 행부터는 오류 처리 코드가 있는데, 오류 창을 띄워 이 사실을 알린 뒤 메인 페이지로 돌아가는 짧은 자바스크립트 코드를 실행하는 것이 전부이다. 자바스크립트 코드 부분은 다음과 같다.

```
33: <script>
34:     alert('<?= $errMsg ?>');
35:     history.back();
36: </script>
```

alert()은 화면에 지정된 메시지를 담은 다이얼로그 박스를 띄우는 자바스크립트 메서드이며, history.back()은 이전 화면으로 돌아가게 해주는 메서드이다. 따라서 경고 창에 오류 메시지를 출력하고 웹 하드의 메인 페이지로 돌아가게 된다.

다만 34번 행을 보면 자바스크립트 alert() 함수가 출력할 오류 메시지를 직접 써넣지 않고 변수 $errMsg에 담긴 문자열을 출력하고 있다. 이것은 상황에 맞는 오류 메시지를 출력하게 해 준다.

10.4.2 파일 삭제

이제 파일을 삭제하는 프로그램만 작성하면 된다.

예제 10-7 파일 삭제 프로그램 (del_file.php)

```
1: <?php
2:     require("WebhardDao.php");
3:     $dao = new WebhardDao();
4:
5:     $file_name = $dao->deleteFileInfo($_REQUEST["num"]);
6:     unlink("files/$file_name");
7:
8:     header("Location: webhard.php?sort=$_REQUEST[sort]"
9:                              . "&dir=$_REQUEST[dir]");
10: ?>
```

5번 행에서는 테이블 webhard에서 지정된 num 필드 값을 가진 레코드를 삭제한다. delete-FileInfo()는 방금 테이블에서 삭제한 레코드의 파일명을 반환하는데, 6번 행에서 이 파일을 삭제한다. PHP 내장 함수인 unlink()는 지정된 파일을 디스크에서 삭제해 준다.

모든 작업이 끝나면 다시 웹 하드 메인 페이지로 돌아가는데, 이 때 이 프로그램에 전달되었던 sort와 dir을 다시 메인 페이지로 전달해 준다. 앞서 말한바와 같이 정렬 기준을 계속해서 유지해 주기 위한 것이다.

1. 다음에 보인 업로드 처리 함수를 이용하여 파일 업로드 예제를 수정해 보시오.

```
 1: function processUpload($tagName, $savePath) {
 2:     if ($_FILES[$tagName]["error"] != UPLOAD_ERR_OK)
 3:         return 1;
 4:
 5:     $rv["name"] = $_FILES[$tagName]["name"];
 6:     $rv["size"] = $_FILES[$tagName]["size"];
 7:     $rv["type"] = $_FILES[$tagName]["type"];
 8:
 9:     $tempName  = $_FILES[$tagName]["tmp_name"];
10:     $saveName = iconv("utf-8", "cp949", $rv["name"]);
11:
12:     if (file_exists("$savePath/$saveName"))
13:         return 2;
14:
15:     if (!move_uploaded_file($tempName, "$savePath/$saveName"))
16:         return 3;
17:
18:     return $rv;
19: }
```

이 함수의 매개변수는 다음과 같다.

$tagName : 파일 업로드 태그의 name
$savePath : 업로드된 파일이 놓일 경로

이 함수는 업로드에 성공하면 5~7번 행에서 만들어진 배열을 반환한다. 만약 업로드 처리 중 오류가 발생하면 정수를 반환하는데, 그 의미는 다음과 같다.

1 : 임시 파일로 업로드 중에 오류 발생
2 : 이미 업로드된 파일을 다시 업로드하려고 시도
3 : 지정된 폴더로 이동 중에 오류 발생

※ 프로그램을 수정하는데 필요하다면, PHP 내장 함수 is_int()를 사용할 수 있다. 이 함수는 인자로 주어진 값이 정수이면 true, 정수가 아니면 false를 반환한다.

2. DAO의 addfileInfo() 메서드는 다음과 같이 3개의 매개변수를 가진다.

```
public function addFileInfo($fname, $ftime, $fsize)
```

이 메서드가 업로드 시간 $ftime을 전달 받지 않고, 메서드 안에서 직접 date() 함수를 호출하여 현재 시간 필드를 채우도록 수정하시오. 그리고 이에 맞추어 add_file.php도 수정해 보시오.

3. 웹 하드 파일 정보 리스트의 파일 크기는 현재 무조건 바이트 단위로 출력된다. 프로그램을 수정하여 다음과 같이 알아보기 쉽게 파일 크기가 출력되도록 하시오.

- 숫자 중간(세 자리마다)에 쉼표를 넣을 것
- 파일 크기에 따라 B, KB, MB로 단위가 바뀌어 출력되도록 할 것

4. 위 연습문제 1에서 제시한 함수를 이용하여 add_file.php를 수정해 보시오.

CHAPTER 11

회원가입과 로그인

CHAPTER 11

회원 가입과 로그인

우리는 앞에서 GET또는 POST 방식을 이용해서 두 페이지 간에 정보를 전달하고 받는 방법을 배웠다. 하지만 하나의 웹 사이트를 구성하는 많은 페이지들이 데이터를 공유해야 하는 경우가 종종 발생하게 된다. 로그인한 사용자 정보나 쇼핑몰의 장바구니가 그 대표적인 예인데, 이러한 상황에 사용할 수 있는 것이 쿠키와 세션변수이다. 이 장에서는 쿠키와 세션변수의 사용법을 공부하고, 세션변수를 이용하는 예로 회원가입과 로그인 페이지를 작성해 본다.

11.1 쿠키

쿠키는 특정한 한 사용자에 관련된 데이터를 그 사람의 컴퓨터에 저장해 놓은 것이다. 쿠키는 변수처럼 이름과 값을 가지지만 메모리가 아니라 웹 브라우저가 관리하는 저장 공간에 저장된다.

PHP에서는 setcookie()라는 함수를 이용하여 쿠키를 생성하며, 그 사용법은 다음과 같다.

```
setcookie("쿠키명", "쿠키_값", 만료시간);
```

여기에서 만료시간은 1970년 1월 1일 0시 0분 0초를 기준으로 한, 초 단위의 시간이다. PHP의 내장함수인 time()이 같은 단위를 쓰는 현재 시간을 반환하므로, 만료시간은 일반적으로 다음과 같이 적는다.

```
time() + 쿠키_지속시간
```

예를 들어 만료시간에 "time() + 60 * 60 * 2"를 쓰면, 현재 시간으로부터 2시간 후에 쿠키가 만료된다. 현재 시간에 "60(초) * 60(분) * 2(시간)"을 더했기 때문이다.

setcookie() 함수는 쿠키 생성에 성공하면 true, 실패하면 false를 반환한다.

이렇게 생성된 쿠키 값을 읽을 때는 $_COOKIE 연관 배열을 사용한다. 형식은 다음과 같다.

```
$_COOKIE["쿠키명"]
```

쿠키를 삭제하는 문장의 형식은 다음과 같다.

```
setcookie("쿠키이름");
```

이렇게 쿠키의 이름만 주고 값이나 만료시간 없이 setcookie()를 실행하면 해당 쿠키가 삭제된다. 다음과 같은 형식으로 쿠키를 삭제할 수도 있다.

```
setcookie("쿠키이름", "", time() - 3600);
```

이 문장은 쿠키의 값을 빈 문자열("")로 주고, 쿠키 만료시간을 한 시간(3600초) 전으로 세팅하므로 결국 지정된 쿠키를 삭제하겠다는 의미가 된다. 어느 것을 쓸지는 취향 문제이므로 마음에 드는 형식을 사용하면 되겠다.

쿠키를 사용한 예제는 다음과 같다.

예제 11-1 쿠키 사용 예제 (11-1.php)

```php
 1: <!doctype html>
 2: <html>
 3: <head>
 4:     <meta charset="utf-8">
 5: </head>
 6: <body>
 7:
 8: <?php
 9:     // $_REQUEST["action"] 값에 따라 쿠키 생성 또는 삭제
10:     $action = isset($_REQUEST["action"]) ? $_REQUEST["action"] : "";
11:
12:     if ($action) {
13:         if ($action == "create")
14:             setcookie("userid", "test", time() + 60 * 60 * 24);
15:         else if ($action == "delete")
16:             setcookie("userid");
17:
18:         // 프로그램 실행이 끝난 뒤에야
19:         // 사용자 PC에 쿠키가 실제로 저장되고
20:         // 쿠키 값을 읽을 수 있으므로, 이 프로그램을 다시 실행
21:         header("Location: $_SERVER[SCRIPT_NAME]");
22:         exit();
23:     }
24:
25:     // 쿠키 값 읽기
26:     $cookie = isset($_COOKIE["userid"]) ? $_COOKIE["userid"] : "";
27: ?>
28:
29: userid 쿠키의 값 : <?= $cookie ?><br>
```

```
30: <a href="?action=create">쿠키 생성</a><br>
31: <a href="?action=delete">쿠키 삭제</a>
32:
33: </body>
34: </html>
```

 실행 결과

```
userid 쿠키의 값 : test
쿠키 생성
쿠키 삭제
```

위의 실행 결과는 "쿠키 생성" 링크를 한번 클릭한 후의 화면이다. 이제 소스 코드를 살펴보도록 하자.

```
10:     $action = isset($_REQUEST["action"]) ? $_REQUEST["action"] : "";
```

10번 행은 action이라는 이름으로 이 프로그램에 전달된 값을 $action에 넣는다. 다만 그런 값이 전달되지 않았으면 빈 문자열을 넣는다.

```
12:     if ($action) {
```

12번 행의 조건식은 $action에 전달된 값이 있으면 true, 없으면 false가 된다. PHP에서는 문자열을 조건식에 넣으면 true로 본다. 단, 빈 문자열은 false로 간주한다. 따라서 13~22번 행은 action이라는 이름으로 전달된 값이 있는 경우에만 실행된다.

```
13:         if ($action == "create")
14:             setcookie("userid", "test", time() + 60 * 60 * 24);
15:         else if ($action == "delete")
16:             setcookie("userid");
```

13~14번 행에서는 전달된 값이 "create"이면 쿠키를 생성하고, 15~16번 행에서는 전달된 값이 "delete"이면 쿠키를 삭제한다.

```
21:          header("Location: $_SERVER[SCRIPT_NAME]");
22:          exit();
```

21~22번 행은 이 프로그램을 다시 실행한다. 이것은 setcookie() 함수 실행이 성공하였어도, 아직은 쿠키 값을 읽을 수 없기 때문이다. 쿠키는 이 프로그램 실행이 끝나고 난 뒤에야 사용자 PC에 저장되므로, 쿠키 값을 확인하려면 이 프로그램을 다시 실행해야 한다.

21번 행에서는 이를 위해 header() 함수를 사용하였는데, 이 프로그램의 이름인 11-1.php 대신 $_SERVER["SCRIPT_NAME"]을 적었다. 이 변수는 현재 실행 중인 PHP 프로그램의 경로와 이름을 담고 있다. 그리고 여기에서 경로는 웹 도큐먼트 루트로부터의 경로이다. 예를 들어 11-1.php가 C:\xampp\htdocs\book 폴더에 있다고 가정하자. 이 프로그램을 실행했을 때 $_SERVER["SCRIPT_NAME"]의 값은 다음과 같다.

```
/book/11-1.php
```

이렇게 이 프로그램이 다시 실행되면 action값이 주어지지 않는다. 따라서 26번 행과 그 아래에 있는 코드들이 실행된다.

```
26:     $cookie = isset($_COOKIE["userid"]) ? $_COOKIE["userid"] : "";
```

이 코드는 userid 쿠키 값을 읽어서 $cookie라는 변수에 담는다. 쿠키가 없다면 빈 문자열이 변수에 대입될 것이다. 이 변수 값은 29번 행에서 출력된다.

11.2 세션변수

11.2.1 세션변수 사용

쿠키는 사용자의 컴퓨터에 파일 형태로 저장되기 때문에 보안에 문제가 있다. 대표적인 사례가 자동 로그인인데, 자동 로그인을 사용하면 계정 정보가 쿠키 형태로 저장되고 나중에 다른 사람이 그 정보를 쉽게 읽을 수 있다. 이런 이유 때문에 대부분의 웹 사이트에서 자동 로그인을 켤 때는 PC방 등 여러 사람이 공유하는 PC에서 이 기능을 사용하지 말라는 경고가 표시되는 것이다.

따라서 최근의 웹 사이트는 자동 로그인과 같이 반드시 쿠키를 사용해야 하는 상황이 아니라면 대부분 세션변수를 사용한다. 세션은 서버와 한 사용자간의 연결을 의미하는데, 사용자가 세션 시작 명령을 담은 PHP 프로그램을 실행하면 해당 사용자와 PHP 간에 세션이 생성된다. 이 때 PHP는 각 사용자마다 세션 아이디라고 부르는 유일한 식별자를 부여하고, 이에 대응하는 저장 공간을 만들어 세션 변수 값들을 저장한다. 따라서 데이터가 사용자 PC가 아니라 서버에 저장되므로 쿠키에서 나타났던 보안 문제를 해결할 수 있다. 수립된 세션은 일정 시간동안 사용자로부터 아무런 요청이 없으면 해제된다.

세션을 사용하는 방법은 쿠키보다 더 간단하고 일관성이 있다. 일단 세션 변수를 사용(생성, 읽기, 삭제)하려면 그 전에 세션을 시작하여야 한다. 이것은 다음과 같은 코드 한 줄로 가능하다.

```
session_start();
```

이 함수는 세션이 없으면 새로 만들고, 이미 만들어져 있다면 앞으로 그것을 사용하도록 해준다. 따라서 이 문장은 세션 변수를 사용하는 프로그램 선두에서 한번만 해주면 된다. 세션 변수를 만드는 법은 다음과 같다.

```
$_SESSION["세션변수명"] = 값;
```

이렇게 세션 변수를 만들고 나면, 다음과 같이 읽을 수 있다.

```
$_SESSION["세션변수명"]
```

세션 변수를 삭제하는 방법은 다음과 같다.

```
unset($_SESSION["세션변수명"]);
```

원래 unset() 함수는 세션 변수만을 위한 것이 아니라 변수를 없애 주는 함수이다. 예를 들어 다음과 같은 프로그램을 생각해 보자.

```php
$a = 10;
echo $a;    // 화면에 10 출력

unset($a);
echo $a;    // 화면에 아무 것도 출력되지 않음
```

변수에 null을 대입하면 변수는 아무 값도 없는 상태로 메모리를 차지하고 있지만, unset()을 사용하면 변수가 아예 메모리에서 삭제된다. 그리고 배열의 한 칸은 결국 하나의 변수이므로 세션 변수 $_SESSION["userid"]도 똑같은 방법으로 없애주면 된다.

세션 변수를 사용하는 예제는 다음과 같다.

예제 11-2 세션변수 사용 예제 (11-2.php)

```php
1: <!doctype html>
2: <html>
3: <head>
4:     <meta charset="utf-8">
5: </head>
6: <body>
7:
8: <?php
9:     session_start();
10:
11:     // $_REQUEST["action"] 값에 따라 세션변수 생성 또는 삭제
12:     $action = isset($_REQUEST["action"]) ? $_REQUEST["action"] : "";
13:
14:     if ($action == "create")
15:         $_SESSION["userid"] = "test";
16:     else if ($action == "delete")
17:         unset($_SESSION["userid"]);
18:
19:     // 세션변수는 등록 즉시 사용 가능하므로
```

```
20:     // 프로그램을 다시 실행할 필요가 없음
21:
22:     // 세션변수 읽기
23:     $session = isset($_SESSION["userid"]) ? $_SESSION["userid"] : "";
24: ?>
25:
26: 세션변수 userid의 값 : <?= $session ?><br>
27: <a href="?action=create">세션변수 생성</a><br>
28: <a href="?action=delete">세션변수 삭제</a>
29:
30: </body>
31: </html>
```

> **실행 결과**

세션변수 userid의 값 : test
세션변수 생성
세션변수 삭제

위의 실행 결과는 "세션변수 생성" 링크를 한번 클릭한 후의 화면이다. 프로그램의 전체 구조는 쿠키 예제와 같으므로 다시 설명할 필요는 없을 것이다. 다만 세션변수는 서버에 저장되므로 등록 즉시 조회가 가능하다. 따라서 header() 함수를 이용하여 프로그램을 다시 실행하는 코드가 없어졌다.

11.2.2 세션 변수를 만드는 다른 방법

방금 설명한 방법이 세션 변수를 만들 때 가장 일반적으로 사용되지만, 과거에 작성된 PHP 프로그램들은 다른 방법을 사용했었다. 따라서 혹시라도 오래 전에 이미 만들어진 사이트를 유지보수 해야 할 경우를 대비해서 과거에 사용되었던 두 가지 방법을 간략하게 설명할 것이다.

첫 번째 방법은 세션 변수와 똑같은 이름을 가진 일반 변수를 먼저 만들고, session_register()

함수를 이용하여 이 변수를 세션 변수로 등록하는 것이다.

```php
$userid = "test";
session_register("userid");
```

두 번째 방법은 $_SESSION 대신에 $HTTP_SESSION_VARS를 사용하는 것이다.

```php
$HTTP_SESSION_VARS["userid"] = "test";
```

11.3 회원가입과 로그인 페이지 구현을 위한 준비

로그인은 세션변수를 활용하는 대표적인 예이다. 사용자가 로그인을 하면 그 사용자의 아이디를 세션변수로 등록한다. 그 뒤에 로그인이 된 상태인지 아닌지 알고 싶을 때는 그 세션변수가 있는지를 체크하면 된다. 따라서 이제부터는 이런 방식으로 동작하는 로그인 프로그램을 작성해 볼 것이다. 그리고 이왕 로그인 프로그램을 작성하는 김에 회원 가입과 회원 정보 수정을 하는 페이지도 만들 것이다. 어차피 로그인을 하려면 회원의 아이디와 비밀번호가 데이터베이스에 저장되어 있어야 하기 때문이다.

이 절에서는 그 준비 단계로, 회원 정보 테이블을 생성하고, 이 테이블에 접근하기 위해 사용될 DAO를 작성한다. 또 회원가입과 로그인 페이지들에서 공통으로 사용될 상수와 함수를 정의하는 모듈도 작성할 것이다.

11.3.1 회원 정보 테이블 생성

실제 웹 사이트에서는 회원들에 대한 많은 정보들을 저장하겠지만, 실습 목적으로는 아이디, 비밀번호, 이름, 이렇게 세 개의 정보만 있으면 충분할 것이다. 테이블을 생성하고 샘플 데이터로 admin이라는 아이디를 가진 회원을 생성하는 쿼리는 다음과 같다.

예제 11-3 회원 정보 테이블 생성 쿼리 (member.sql)

```
1: create table member (
2:    id   varchar(20)  primary key,
3:    pw   varchar(20),
4:    name varchar(20)
5: );
6:
7: insert into member values ('admin', '1234', '관리자');
```

11.3.2 DAO 클래스 작성

회원 가입과 로그인을 위해 member 테이블에 접근하는 DAO는 다음과 같다.

예제 11-4 회원 정보 접근을 위한 DAO (MemberDao.php)

```php
1: <?php
2: class MemberDao {
3:    private $db;    // PDO 객체를 저장하기 위한 프로퍼티
4:
5:    // DB에 접속하고 PDO 객체를 $db에 저장
6:    public function __construct() {
7:       try {
8:          $this->db = new PDO("mysql:host=localhost;dbname=phpdb",
9:                            "php", "1234");
10:         $this->db->setAttribute(PDO::ATTR_ERRMODE,
11:                            PDO::ERRMODE_EXCEPTION);
12:      } catch (PDOException $e) {
13:         exit($e->getMessage());
14:      }
15:   }
16:
17:   // 아이디가 $id인 레코드 반환
18:   public function getMember($id) {
```

```
19:        try {
20:            $query = $this->db->prepare("select * from member
21:                                         where id = :id");
22:            $query->bindValue(":id", $id, PDO::PARAM_STR);
23:            $query->execute();
24:
25:            $result = $query->fetch(PDO::FETCH_ASSOC);
26:
27:        } catch (PDOException $e) {
28:            exit($e->getMessage());
29:        }
30:
31:        return $result;
32:    }
33:
34:    // 회원 정보 추가
35:    public function insertMember($id, $pw, $name) {
36:        try {
37:            $query = $this->db->prepare("insert into member
38:                                         values (:id, :pw, :name)");
39:
40:            $query->bindValue(":id",   $id,   PDO::PARAM_STR);
41:            $query->bindValue(":pw" ,  $pw,   PDO::PARAM_STR);
42:            $query->bindValue(":name", $name, PDO::PARAM_STR);
43:            $query->execute();
44:
45:        } catch (PDOException $e) {
46:            exit($e->getMessage());
47:        }
48:    }
49:
50:    // 아이디가 $id인 회원 정보 업데이트
51:    public function updateMember($id, $pw, $name) {
52:        try {
53:            $query = $this->db->prepare("update member set
54:                                         pw=:pw, name=:name where id=:id");
```

```
55:
56:            $query->bindValue(":id",   $id,   PDO::PARAM_STR);
57:            $query->bindValue(":pw" ,  $pw,   PDO::PARAM_STR);
58:            $query->bindValue(":name", $name, PDO::PARAM_STR);
59:            $query->execute();
60:
61:        } catch (PDOException $e) {
62:            exit($e->getMessage());
63:        }
64:    }
65: }
66: ?>
```

이 코드는 웹 하드를 위한 DAO와 크게 달라진 것이 없다. 접근 대상인 테이블이 달라졌으니 쿼리가 그에 맞게 바뀐 것뿐이다.

5~15번 행은 클래스 생성자이다. 데이터베이스에 접속한 뒤 얻어진 PDO 객체를 이 클래스의 private 프로퍼티인 $db에 저장한다.

17~32번 행은 getMember($id) 메서드의 정의이다. 지정된 아이디를 가진 회원의 회원정보를 읽어오기 위해 사용된다.

34~48번 행은 insertMember($id, $pw, $name) 메서드의 정의이다. 새로운 회원정보를 저장하기 위해, 주어진 데이터로 insert 쿼리를 실행한다.

50~64번 행은 updateMember($id, $pw, $name) 메서드의 정의이다. 회원정보를 수정하기 위해, 주어진 데이터로 update 쿼리를 실행한다.

11.3.3 공통 모듈 작성

로그인, 회원 가입과 회원 정보 수정 기능은 여러 개의 모듈로 구현된다. 이 모듈들에서 반복적으로 사용되는 코드들을 함수로 만들어 두면, 프로그램이 간결하고 알아보기 쉬울 것이다. 또 프로그램 파일의 경로처럼 나중에 변경될 가능성이 있는 값들은 코드에 직접 그

값을 써넣는 대신, 상수로 정의하고 그 상수를 이용하는 것이 좋다. 이들 상수와 함수들을
정의한 프로그램 모듈은 다음과 같다.

예제 11-5 상수와 함수가 정의된 공통 모듈 (tools.php)

```php
 1: <?php
 2:     // 회원 가입과 로그인 모듈을 위한 상수
 3:     define("MAIN_PAGE",   "login_main.php");
 4:     define("MEMBER_PATH", ".");
 5:
 6:     // 세션이 시작되지 않았을 경우 세션을 시작하는 함수
 7:     function session_start_if_none() {
 8:         if (session_status() == PHP_SESSION_NONE)
 9:             session_start();
10:     }
11:
12:     // GET/POST로 전달된 값을 읽어 반환하는 함수
13:     // 해당 값이 정의되지 않았으면 빈 문자열을 반환
14:     function requestValue($name) {
15:         return isset($_REQUEST[$name]) ? $_REQUEST[$name] : "";
16:     }
17:
18:     // 세션변수 값을 읽어 반환하는 함수
19:     // 해당 값이 정의되지 않았으면 빈 문자열을 반환
20:     function sessionVar($name) {
21:         return isset($_SESSION[$name]) ? $_SESSION[$name] : "";
22:     }
23:
24:     // 지시된 URL로 이동하는 함수
25:     // 이 함수 호출 뒤에 있는 코드는 실행되지 않음
26:     function goNow($url) {
27:         header("Location: $url");
28:         exit();
29:     }
30:
```

```
31:      // 경고창에 오류 메시지를 출력하고 이전 페이지로 돌아가는 함수
32:      function errorBack($msg) {
33: ?>
34:          <!doctype html>
35:          <html>
36:          <head>
37:              <meta charset="utf-8">
38:          </head>
39:          <body>
40:
41:          <script>
42:              alert('<?= $msg ?>');
43:              history.back();
44:          </script>
45:
46:          </body>
47:          </html>
48: <?php
49:          exit();
50:      }
51:
52:      // 경고창에 지정된 메시지를 출력하고
53:      // 지정된 페이지로 이동하는 함수
54:      function okGo($msg, $url) {
55: ?>
56:          <!doctype html>
57:          <html>
58:          <head>
59:              <meta charset="utf-8">
60:          </head>
61:          <body>
62:
63:          <script>
64:              alert('<?= $msg ?>');
65:              location.href='<?= $url ?>';
66:          </script>
```

```
67:
68:          </body>
69:          </html>
70: <?php
71:          exit();
72:      }
73: ?>
```

이제 코드를 하나씩 살펴보도록 하자.

```
3:      define("MAIN_PAGE",  "login_main.php");
4:      define("MEMBER_PATH", ".");
```

3~4번 행은 상수 정의이다. 두 개의 상수가 정의되어 있는데, 3번 행의 MAIN_PAGE는 메인 페이지의 파일넹이다. 로그인, 로그아웃, 회원 가입, 회원 정보 수정 처리가 끝나고 나면 이 페이지로 돌아가게 된다. 로그인 기능은 보통 독립적으로 동작하지 않고 다른 웹 페이지 안에 들어가서 사용된다. 따라서 이 장에서 로그인 기능을 작성하는 동안에는 이 상수 값을 login_main.php로 놓고 테스트를 진행하지만, 나중에 웹 사이트에 합쳐질 때는 웹 사이트의 첫 페이지로 바꾸어 적게 될 것이다. 만약 프로그램 코드에 login_main.php를 직접 적는다면, 나중에는 이것을 하나하나씩 찾아서 바꾸어야 한다. 그런 일을 막기 위해서 상수를 정의하고 프로그램 코드에는 MAIN_PAGE라는 상수를 사용하는 것이다.

4번 행은 로그인과 회원 가입 프로그램들이 모여 있는 폴더를 MEMBER_PATH라는 상수로 정의한 것이다. 하나의 웹 사이트를 구성하는 페이지들은 여러 폴더에 나누어져 있다. 이렇게 서로 위치가 다른 웹 페이지들의 한 구석에 항상 로그인 영역이 존재하므로, 로그인에 관련된 폴더 위치를 정확히 알아야 실행시킬 수 있을 것이다. 지금은 하나의 폴더 안에 있는 페이지 파일들끼리만 이동하므로 현재 폴더(.)로 설정해 두었지만, 나중에는 웹 도큐먼트 루트를 기준으로 한 로그인 프로그램 폴더의 경로를 적게 될 것이다.

```
7:      function session_start_if_none() {
8:          if (session_status() == PHP_SESSION_NONE)
9:              session_start();
10:     }
```

7~10번 행은 session_start()를 실행하는 함수이다. 하나의 페이지에 로그인 영역과 게시판 영역이 있다고 하자. 그들 각각은 세션변수를 써야 하므로 각각 session_start()를 실행하는 코드가 있을 것이다. 이 두 프로그램이 분리되었을 때는 문제가 없지만 하나의 프로그램으로 묶이게 되면 두 번째 호출된 session_start()는 경고 메시지를 띄우게 된다. 따라서 이 함수는 session_status()의 반환 값을 먼저 체크한다. 만약 이 반환 값이 PHP_SESSION_NONE이면 아직까지 session_start()가 실행되지 않은 것이므로, 이때에만 session_start()를 실행한다.

```
14:     function requestValue($name) {
15:         return isset($_REQUEST[$name]) ? $_REQUEST[$name] : "";
16:     }
```

14~16번 행은 지정된 이름으로 GET/POST 방식을 통해 전달된 값을 읽어서 반환하는 함수이다. 이 함수를 별도로 만든 이유는 먼저 해당 변수가 있는지를 먼저 확인하고, 있을 경우에는 그 값을, 없을 경우에는 빈 문자열을 반환하는 경우가 많기 때문이다.

```
20:     function sessionVar($name) {
21:         return isset($_SESSION[$name]) ? $_SESSION[$name] : "";
22:     }
```

20~22번 행은 지정된 이름을 가진 세션변수 값을 반환한다. 세션변수 역시 해당 값이 있는지를 먼저 판단해야 하므로 함수로 만들었다.

```
26:     function goNow($url) {
27:         header("Location: $url");
28:         exit();
29:     }
```

26~29번 행은 지시된 페이지로 이동하는 함수이다. header() 함수를 사용했을 경우에는 그 아래에 있는 코드까지 모두 실행이 끝난 후에 페이지 이동을 하게 된다. 따라서 header() 함수 호출 직후에 exit()를 호출하여 즉시 프로그램 실행을 중단하고 페이지 이동을 하도록 하였다.

```
32:        function errorBack($msg) {
33: ?>
34:            <!doctype html>
35:            <html>
36:            <head>
37:                <meta charset="utf-8">
38:            </head>
39:            <body>
40:
41:            <script>
42:                alert('<?= $msg ?>');
43:                history.back();
44:            </script>
45:
46:            </body>
47:            </html>
48: <?php
49:            exit();
50:        }
```

32~50번 행은 경고 창에 오류 메시지를 출력하고 이전 페이지로 돌아가는 함수이다. 아이디나 비밀번호를 잘못 입력했거나, 회원 가입 시 입력란에 빈 칸이 있는 경우 사용할 것이다.

```
54:        function okGo($msg, $url) {
55: ?>
56:            <!doctype html>
57:            <html>
58:            <head>
59:                <meta charset="utf-8">
60:            </head>
61:            <body>
62:
63:            <script>
64:                alert('<?= $msg ?>');
65:                location.href='<?= $url ?>';
66:            </script>
67:
```

```
68:        </body>
69:        </html>
70: <?php
71:        exit();
72:    }
```

54~72번 행은 경고 창에 지정된 메시를 출력하고 지정된 페이지로 이동하는 함수이다. 회원 가입 완료 또는 회원 정보 수정이 완료되었다는 메시지를 출력하고 메인 페이지로 돌아갈 때 사용된다.

11.4 로그인 기능 구현

11.4.1 로그인 메인 페이지

가장 먼저 만들어야 할 것은 화면에 아이디와 비밀번호를 입력받는 폼이다. 다음과 같이 작성하면 될 것이다.

```
<form action="login.php" method="post">
    아이디: <input type="text" name="id"><br>
    비밀번호: <input type="password" name="pw"><br>
    <input type="submit" value="로그인">
</form>
```

그럼 위의 HTML 코드를 담은 프로그램 파일을 하나 만들면 로그인 초기화면은 끝나는 것일까? 그렇지 않다. 로그인 초기화면은 무조건 로그인 폼을 보여주면 안 된다. 현재 로그인이 되지 않은 상황에서는 로그인 폼을 보여주지만, 이미 로그인 된 상태라면 로그인한 사람의 아이디를 보여주고 로그아웃을 할 수 있는 링크를 제공해야 하는 것이다. 즉 초기화면은 다음과 같이 구성되어야 한다.

> 만약 현재 로그인이 된 상태라면
>
> 아이디와 로그아웃 버튼 출력
>
> 그렇지 않다면
>
> 로그인 폼과 회원가입 버튼 출력

이 코드를 완성하려면 먼저 생각할 것이, 로그인이 된 상태인지를 어떻게 파악하는가 하는 것이다. 이건 우리가 정하면 되는 문제이므로, 로그인에 성공한다면 uid라는 이름의 세션변수를 만들기로 하자. 그러면 이제 우리는 세션변수 uid가 존재한다면 로그인이 된 상태이고, 존재하지 않는다면 로그인을 하지 않은 상태라고 판단할 수 있다.

이제 로그인 초기화면 코드를 작성해 보면 다음과 같다.

예제 11-6 로그인 메인 페이지 (login_main.php)

```
 1: <?php
 2:     require_once("tools.php");
 3:
 4:     // 사용자 아이디와 이름을 담은 세션 변수 읽기
 5:     session_start_if_none();
 6:     $id   = sessionVar("uid");
 7:     $name = sessionVar("uname");
 8: ?>
 9:
10: <!doctype html>
11: <html>
12: <head>
13:     <meta charset="utf-8">
14: </head>
15: <body>
16:
17: <?php if ($id) :     // 로그인 상태일 때의 출력 ?>
18: <form action="<?= MEMBER_PATH ?>/logout.php" method="post">
19:     <?= $name ?>님 로그인
20:     <input type="submit" value="로그아웃">
21:
22:     <input type="button" value="회원정보 수정"
```

```
23:          onclick="location.href=
24:              '<?= MEMBER_PATH ?>/member_update_form.php'">
25: </form>
26:
27: <?php else :          // 로그인되지 않은 상태일 때의 출력 ?>
28: <form action="<?= MEMBER_PATH ?>/login.php" method="post">
29:     아이디: <input type="text" name="id">  
30:     비밀번호: <input type="password" name="pw">
31:     <input type="submit" value="로그인">
32:
33:     <input type="button" value="회원가입"
34:          onclick="location.href=
35:              '<?= MEMBER_PATH ?>/member_join_form.php'">
36: </form>
37: <?php endif ?>
38:
39: </body>
40: </html>
```

실행 결과

아이디: [＿＿＿＿＿＿]   비밀번호: [＿＿＿＿＿＿＿] [로그인] [회원가입]

먼저 2번 행을 보자.

```
2:      require_once("tools.php");
```

require()가 아니라 require_once()를 사용하고 있다. require_once()는 require()처럼 지정된 파일을 이 코드가 있던 자리에 넣어주는 역할을 한다. 다만 require_once()는, 앞에서 이 파일을 이미 읽어들였다면 다시 이 동작을 수행하지 않는다. 클래스 파일이나 함수를 정의한 파일 등은 전체 프로그램에서 한번만 읽어두면 또다시 읽을 필요가 없으므로 require()보다는 require_once()를 사용한다.

```
5:      session_start_if_none();
6:      $id   = sessionVar("uid");
7:      $name = sessionVar("uname");
```

5~7번 행은 세션변수로 저장된 사용자 아이디와 이름을 각각 변수 $id와 $name에 넣는다. 사용자 이름까지 세션변수를 만들어 두는 것은, 20번 행에서 "○○○님 로그인"을 표시할 때 이름을 표시하기 위한 것이다.

```
17: <?php if ($id) :      // 로그인 상태일 때의 출력 ?>
```

17번 행은 로그인 여부를 판단하는 if 문이 있다. PHP에서는 무언가 값이 있으면 참으로, 빈 문자열이면 거짓으로 간주한다. 따라서 if ($id)라고 쓴 조건식은 "$id가 값이 있으면"으로 해석된다. 이것은 현재 로그인이 되어있는 상태임을 의미하는 것이다.

만약 로그인이 된 상태라면 18~25번 행의 내용이 화면에 출력된다.

```
18: <form action="<?= MEMBER_PATH ?>/logout.php" method="post">
19:     <?= $name ?>님 로그인
20:     <input type="submit" value="로그아웃">
21:
22:     <input type="button" value="회원정보 수정"
23:            onclick="location.href=
24:                '<?= MEMBER_PATH ?>/member_update_form.php'">
25: </form>
```

이 코드는 다음과 같은 화면을 보여줄 것이다.

관리자님 로그인 [로그아웃] [회원정보 수정]

여기에서 로그아웃 버튼을 누르면 logout.php로, 회원정보 수정 버튼을 누르면 member_update_form.php로 이동한다.

```
28: <form action="<?= MEMBER_PATH ?>/login.php" method="post">
29:     아이디: <input type="text" name="id">  
30:     비밀번호: <input type="password" name="pw">
31:     <input type="submit" value="로그인">
32:
33:     <input type="button" value="회원가입"
34:             onclick="location.href=
35:                     '<?= MEMBER_PATH ?>/member_join_form.php'">
36: </form>
```

28~36번 행은 로그인이 되지 않았을 때의 화면을 출력하는 코드들이다. 아이디와 비밀번호 입력란이 있고, 로그인 버튼을 누르면 login.php로, 회원 가입 버튼을 누르면 member_join_form.php로 이동한다.

11.4.2 로그인과 로그아웃 처리

로그인을 처리하는 login.php는 다음과 같다.

예제 11-7 로그인 처리 프로그램 (login.php)

```php
1: <?php
2:     require_once("tools.php");
3:     require_once("MemberDao.php");
4:
5:     // 로그인 폼에서 전달된 아이디, 비밀번호 읽기
6:     $id = requestValue("id");
7:     $pw = requestValue("pw");
8:
9:     // 로그인 폼에 입력된 아이디의 회원정보를 DB에서 읽기
10:    $mdao = new MemberDao();
11:    $member = $mdao->getMember($id);
12:
13:    // 그런 아이디를 가진 레코드가 있고, 비밀번호가 맞으면 로그인
14:    if ($member && $member["pw"] == $pw) {
```

```
15:          session_start_if_none();
16:          $_SESSION["uid"] = $id;
17:          $_SESSION["uname"] = $member["name"];
18:
19:          // 메인 페이지로 돌아감
20:          goNow(MAIN_PAGE);
21:
22:      } else
23:          errorBack("아이디 또는 비밀번호가 잘못 입력되었습니다.");
24:
25: ?>
```

6~7번 행에서는 전달된 아이디와 비밀번호 값을 $id와 $pw라는 변수에 일단 담고, 10~11번 행에서 입력된 아이디 값을 담은 회원정보 레코드를 읽는다. 14번 행에서는 그런 레코드가 있고, 비밀번호가 맞는지 확인하며, 16~17번 행에서 uid와 uname이라는 이름의 세션변수를 생성해서 아이디와 이름을 담는다. 모든 작업이 끝나면 메인 페이지로 이동한다.

로그인이 실패하는 경우를 생각해 보자. 로그인 정보가 잘못 입력되어 로그인이 실패하면 로그인이 실패했다는 메시지를 별도의 다이얼로그 박스에 띄워주고, 사용자가 확인 버튼을 누르면 이전 화면으로 돌아가야 한다. 이러한 동작을 미리 만들어 두었던 errorBack() 함수를 호출하여 실행하였다.

이제 로그아웃을 처리하는 프로그램을 작성해 보자.

예제 11-8 로그아웃 처리 프로그램 (logout.php)

```
1: <?php
2:      require_once("tools.php");
3:
4:      // 세션변수에서 로그인 정보 삭제
5:      session_start_if_none();
6:      unset($_SESSION["uid"]);
7:      unset($_SESSION["uname"]);
8:
9:      // 메인 페이지로 돌아감
```

```
10:      goNow(MAIN_PAGE);
11: ?>
```

로그인할 때 한 일이 세션변수 uid와 uname를 만든 것뿐이니, 로그아웃은 그 것들을 삭제하면 된다. 작업이 끝나면 로그인 메인 페이지로 이동한다.

11.5 회원가입 기능 구현

회원 가입을 받으려면 회원 정보를 입력받는 페이지와, 이 데이터들을 데이터베이스에 저장하는 프로그램이 필요하다. 먼저 회원 정보 입력 폼부터 작성해 보자.

예제 11-9 회원 가입 페이지 (member_join_form.php)

```
1: <!doctype html>
2: <html>
3: <head>
4:     <meta charset="utf-8">
5: </head>
6: <body>
7:
8: <form action="member_join.php" method="post">
9:     <table>
10:        <tr>
11:            <td>아이디</td>
12:            <td><input type="text" name="id"></td>
13:        </tr>
14:        <tr>
15:            <td>비밀번호</td>
16:            <td><input type="password" name="pw"></td>
17:        </tr>
18:        <tr>
19:            <td>성명</td>
```

```
20:                <td><input type="text" name="name"></td>
21:            </tr>
22:        </table>
23:        <input type="submit" value="확인">
24: </form>
25:
26: </body>
27: </html>
```

실행 결과

```
아이디    [                    ]
비밀번호  [                    ]
성명      [                    ]
[ 확인 ]
```

회원 가입 폼은 특이한 것이 없다. 사용자가 세 개의 입력란을 채우고 확인 버튼을 누르면
입력된 데이터를 member_join.php에 전달할 것이다.

예제 11-10 회원 가입 처리 (member_join.php)

```php
1: <?php
2:     require_once("tools.php");
3:     require_once("MemberDao.php");
4:
5:     // 회원가입 폼에 입력된 데이터 읽기
6:     $id   = requestValue("id");
7:     $pw   = requestValue("pw");
8:     $name = requestValue("name");
9:
10:     // 모든 입력란이 채워져 있고, 사용 중인 아이디가 아니면
11:     // 회원정보 추가
12:     $mdao = new MemberDao();
13:     if ($id && $pw && $name) {
14:         if ($mdao->getMember($id))
```

```
15:                errorBack("이미 사용 중인 아이디입니다.");
16:         else {
17:              $mdao->insertMember($id, $pw, $name);
18:              okGo("가입이 완료되었습니다.", MAIN_PAGE);
19:         }
20:     } else
21:         errorBack("모든 입력란을 채워주세요.");
22: ?>
```

6~8번 행은 회원 가입 폼에 입력되었던 데이터를 각각 변수 $id, $pw, $name에 넣는다. 만약 빈 칸이 있었다면 빈 문자열을 넣어준다.

13번 행은 세 개의 입력란이 모두 입력되었는지를 체크한다. 만약 하나라도 빈 칸이 있다면 21번 행이 실행되어 오류 메시지를 출력하고 회원가입 폼 페이지로 돌아간다.

14~15번 행에서는 사용자가 입력한 아이디를 가진 회원정보를 읽어본다. DAO의 getMember() 메서드는 select 쿼리 후 fetch()해서 얻어진 결과를 그대로 반환한다. 따라서 그런 레코드가 이미 있다면 레코드 데이터가 들어있는 배열이, 그런 레코드가 없다면 false가 반환될 것이다. if 문의 조건식에 값이 있는 배열이 놓이면 참으로 판단되므로, 사용 중인 아이디가 있다는 오류 메시지를 출력하고 회원가입 폼 페이지로 돌아간다.

이렇게 두 가지 사항에 문제가 없다면 17번 행에서 입력된 데이터를 데이터베이스에 추가하고, 18번 행에서 가입이 완료되었다는 메시지를 띄운 후 로그인 메인 페이지로 돌아간다.

11.6 회원정보 수정 기능 구현

회원정보 수정을 위한 입력 폼의 형태는 회원가입 폼과 같다. 다만 기존의 회원정보를 읽어 각 입력란의 초기 값으로 넣어주는 점만 다르다.

예제 11-11 회원정보 수정 폼 (member_update_form.php)

```php
 1: <?php
 2:     require_once("tools.php");
 3:     require_once("MemberDao.php");
 4:
 5:     // 현재 로그인한 사용자의 회원정보 읽기
 6:     session_start_if_none();
 7:     $mdao = new MemberDao();
 8:     $member = $mdao->getMember($_SESSION["uid"]);
 9: ?>
10:
11: <!doctype html>
12: <html>
13: <head>
14:     <meta charset="utf-8">
15: </head>
16: <body>
17:
18: <form action="member_update.php" method="post">
19:     <table>
20:         <tr>
21:             <td>아이디</td>
22:             <td><input type="text" name="id"
23:                        value=<?= $member["id"] ?>
24:                        readonly></td>
25:         </tr>
26:         <tr>
27:             <td>비밀번호</td>
28:             <td><input type="password" name="pw"
29:                        value=<?= $member["pw"] ?>></td>
30:         </tr>
31:         <tr>
32:             <td>성명</td>
33:             <td><input type="text" name="name"
34:                        value=<?= $member["name"] ?>></td>
35:         </tr>
36:     </table>
```

```
37:    <input type="submit" value="확인">
38: </form>
39:
40: </body>
41: </html>
```

실행 결과

아이디	admin
비밀번호	••••
성명	관리자
확인	

입력란의 초기 값을 주는 것 외에 달라진 점은 24번 행이다. 다른 정보는 변경해도 되지만 아이디는 바꿀 수 없도록 해야 하므로 텍스트박스에 readonly 속성을 주었다.

이제 회원정보 수정을 처리하는 프로그램을 살펴보자.

예제 11-12 회원정보 수정 처리 (member_update.php)

```php
1: <?php
2:     require_once("tools.php");
3:     require_once("MemberDao.php");
4:
5:     // 회원정보 수정 폼에 입력된 데이터 읽기
6:     $id   = requestValue("id");
7:     $pw   = requestValue("pw");
8:     $name = requestValue("name");
9:
10:    // 모든 입력란이 채워져 있으면 회원정보 업데이트
11:    if ($id && $pw && $name) {
12:
13:        // DB의 회원정보 업데이트
14:        $mdao = new MemberDao();
15:        $mdao->updateMember($id, $pw, $name);
```

```
16:
17:         // 현재 로그인한 사용자의 이름이 담긴 세션변수 값을
18:         // 새로 입력된 것으로 변경
19:         session_start_if_none();
20:         $_SESSION["uname"] = $name;
21:
22:         okGo("회원정보가 수정되었습니다.", MAIN_PAGE);
23:     }
24:     else
25:         errorBack("모든 입력란을 채워주세요.");
26: ?>
```

회원가입 폼과 달라진 점은 2가지이다. 첫째는 기존에 있던 아이디인지 검사할 필요가 없다. 회원정보 수정은 항상 기존 회원을 대상으로 이루어지기 때문이다. 따라서 이것을 체크하던 조건문이 없어졌다. 둘째는 실행하는 쿼리가 insert가 아니라 update라는 점이다. 따라서 DAO의 insertMembner() 메서드가 아니라 updateMember() 메서드를 실행하였다.

연습문제

1. 다음은 이름이 "name", 값이 "value"인 쿠키를 생성하고, 그 값을 읽고, 삭제하는 문장을 정리한 표이다. 빈 칸을 채워 표를 완성해 보아라.

동작	문장	조건
세션 시작		
생성		
읽기		변수 $cv에 값을 넣음
삭제		

2. 다음은 이름이 "name", 값이 "value"인 세션 변수를 생성하고, 그 값을 읽고, 삭제하는 문장을 정리한 표이다. 빈 칸을 채워 표를 완성해 보아라.

동작	문장	조건
세션 시작		
생성		
읽기		변수 $cv에 값을 넣음
삭제		

3. 지정된 세션변수 값을 읽어주는 readSessionVar() 함수를 tools.php에 추가하고 login_main.php가 이 함수를 사용하도록 수정해 보시오. 이 함수는 세션이 시작되지 않았으면 start_session()을 실행하고 지정된 세션변수의 값을 읽어 반환한다. 따라서 이 함수가 있으면 다른 프로그램에서 따로 session_start_if_none()를 호출할 필요가 없어진다.

연습문제

4. 세션변수를 사용해서 동작하는 현재의 로그인 프로그램을 수정하여 쿠키를 이용하도록 해 보시오. 보안상의 문제가 있으므로 실제로는 세션변수를 사용하는 것이 맞지만 쿠키 사용을 시험해 보려는 의도이다. 단 쿠키를 생성할 때는 만료시간을 따로 지정하지 말고 쿠키 이름과 값만 주어서 setcookie() 함수를 사용하는 것이 좋다. 그렇게 하면 브라우저 창을 닫을 때 쿠키도 만료되기 때문이다.

5~6 아이디, 비밀번호, 이름 외에 하나 이상의 회원정보를 추가하고, 회원가입과 회원정보 수정 프로그램들을 이에 맞게 수정해 보시오.

CHAPTER 12

게시판

CHAPTER 12

게시판

게시판은 웹 프로그램 강좌들의 마지막 단계에 많이 등장하는 실습 주제이다. 이번 장에서는 간단한 게시판 프로그램을 작성해 본다. 여기에서는 게시판의 기능 구현에 중점을 둘 것이므로 아무나 글을 쓸 수 있고, 다른 사람이 작성한 글도 수정하거나 지울 수 있도록 간단하게 만들 것이다. 하지만 다음 장에서 로그인 기능과 게시판을 결합하면 이런 문제가 해결되고, 실제로 사용할 수 있는 게시판 프로그램이 될 것이다.

게시판을 구성하는 PHP 파일들과 각각의 역할을 요약하면 다음과 같다.

파일명	역할
board.css	게시판을 위한 CSS 파일.
BoardDao.php	DAO 클래스. DB 사용 코드가 모두 이곳에 모여 있음.
tools.php	공통 모듈. 자주 사용할 기능들을 함수로 정의하였음.
board.php	게시판 메인 프로그램. 등록된 글들의 리스트를 보여줌.
view.php	하나의 글 내용을 보여줌.
write_form.php	글쓰기 폼.
write.php	write_form.php에 입력된 글을 DB에 추가.
modify_form.php	글 수정 폼.
modify.php	modify_form.php에 입력된 글을 DB에 업데이트.
delete.php	하나의 글을 DB에서 삭제.

게시판은 꽤 많은 프로그램 파일들이 서로 연관되어 동작하므로 그 관계를 머릿속에 잘 정리하고 있어야 전체 프로그램을 쉽게 이해할 수 있을 것이다. 프로그램 파일들 간의 관계를 정리하면 다음 그림과 같다.

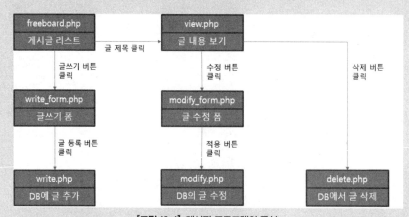

[그림 12-1] 게시판 프로그램의 구성

12.1 준비 작업

12.1.1 CSS 파일

이 책에서는 PHP에 집중하기 위해 가급적 CSS나 자바스크립트의 사용을 자제해 왔다. 게시판도 마찬가지 원칙으로 작성하였으나 최소한의 화면 구성은 필요하므로 스타일시트 파일인 board.css를 별도로 만들도록 한다. 파일의 내용은 다음과 같다.

예제 12-1 게시판을 위한 CSS (board.css)

```
 1: .container {
 2:     width: 680px;
 3:     margin: 0 auto;
 4:     text-align: center;
 5: }
 6:
 7: .login       { height: 70px; }
 8:
 9: .left    { text-align: left;  }
10: .right   { text-align: right; }
11:
12: th  { background-color: cyan; }
13:
14: .list        { width: 680px; }
15: .list-num    { width:  80px; }
16: .list-title  { width: 230px; }
17: .list-writer { width: 100px; }
18: .list-regtime { width: 180px; }
19:
20: .msg         { width: 680px; }
21: .msg-header  { width: 100px; }
22: .msg-text    { width: 580px; }
23:
24: a:link    { text-decoration: none; color: blue; }
25: a:visited { text-decoration: none; color: blue; }
```

```
26: a:hover    { text-decoration: none; color: red;  }
```

따라서 게시판 프로그램 파일 중, 화면 출력이 있는 것에는 다음과 같은 줄이 있을 것이다.

```
<link rel="stylesheet" type="text/css" href="board.css">
```

물론 오로지 PHP에만 관심 있는 사람은 css 파일을 만들지 않을 수도 있다. 모양은 엉망이 되겠지만 PHP 프로그램이 올바르게 동작하는지 확인하는 데는 큰 문제가 없을 것이다.

12.1.2 테이블 및 샘플 데이터 생성

먼저 게시판 데이터를 담을 테이블을 생성하도록 하자. 실행할 쿼리는 다음과 같다.

예제 12-2 게시판 테이블 및 샘플 데이터 생성 (board.sql)

```
 1: create table board (
 2:     num     int             auto_increment primary key,
 3:     writer  varchar(20),
 4:     title   varchar(60),
 5:     content text,
 6:     regtime varchar(20),
 7:     hits    int
 8: );
 9:
10: insert into board values
11:     (1, '홍길동', '글 1', '글의 내용 1', '2017-07-30 10:10:11', 0),
12:     (2, '이순신', '글 2', '글의 내용 2', '2017-07-30 10:10:12', 0),
13:     (3, '강감찬', '글 3', '글의 내용 3', '2017-07-30 10:10:13', 0),
14:     (4, '김수로', '글 4', '글의 내용 4', '2017-07-30 10:10:14', 0),
15:     (5, '장길산', '글 5', '글의 내용 5', '2017-07-30 10:10:15', 0),
16:     (6, '김수로', '글 6', '글의 내용 6', '2017-07-30 10:10:16', 0),
17:     (7, '홍길동', '글 7', '글의 내용 7', '2017-07-30 10:10:17', 0),
18:     (8, '이순신', '글 8', '글의 내용 8', '2017-07-30 10:10:18', 0);
```

1~8번 행은 create table 쿼리를 통해 board라는 이름의 테이블을 생성한다. 각 필드의 의미는 다음과 같다.

필드명	의미
num	글의 고유 번호. 프라이머리 키. 자동 생성.
writer	작성자.
title	글 제목.
content	글 내용.
regtime	글 작성일시.
hits	조회 수.

10~18번 행은 샘플 데이터를 추가한다. 게시판을 한 부분씩 만들어 가면서 중간 중간 프로그램의 동작을 확인하기 위한 것이다.

12.1.3 게시판 DAO 클래스

게시판 역시 데이터베이스를 다루는 코드의 양이 많으므로 DAO를 사용하는 것이 좋다. 게시판을 위한 DAO 클래스는 다음과 같다.

예제 12-3 게시판을 위한 DAO 클래스 (BoardDao.php)

```php
1: <?php
2: class BoardDao {
3:     private $db;    // PDO 객체를 저장하기 위한 프로퍼티
4:
5:     // DB에 접속하고 PDO 객체를 $db에 저장
6:     public function __construct() {
7:         try {
8:             $this->db = new PDO("mysql:host=localhost;dbname=phpdb",
9:                             "php", "1234");
10:            $this->db->setAttribute(PDO::ATTR_ERRMODE,
11:                            PDO::ERRMODE_EXCEPTION);
```

```
12:        } catch (PDOException $e) {
13:            exit($e->getMessage());
14:        }
15:    }
16:
17:    // 게시판의 전체 글 수(전체 레코드 수) 반환
18:    public function getNumMsgs() {
19:        try {
20:            $query = $this->db->prepare("select count(*)
21:                                        from board");
22:            $query->execute();
23:
24:            $numMsgs = $query->fetchColumn();
25:
26:        } catch (PDOException $e) {
27:            exit($e->getMessage());
28:        }
29:
30:        return $numMsgs;
31:    }
32:
33:    // $num번 게시글의 데이터 반환
34:    public function getMsg($num) {
35:        try {
36:            $query = $this->db->prepare("select * from board
37:                                        where num=:num");
38:
39:            $query->bindValue(":num", $num, PDO::PARAM_INT);
40:            $query->execute();
41:
42:            $msg = $query->fetch(PDO::FETCH_ASSOC);
43:
44:        } catch (PDOException $e) {
45:            exit($e->getMessage());
46:        }
47:
```

```
48:        return $msg;
49:    }
50:
51:    // $start번부터 $rows 개의 게시글 데이터 반환(2차원 배열)
52:    public function getManyMsgs($start, $rows) {
53:        try {
54:            $query = $this->db->prepare("select * from board
55:                        order by num desc limit :start, :rows");
56:
57:            $query->bindValue(":start", $start, PDO::PARAM_INT);
58:            $query->bindValue(":rows", $rows, PDO::PARAM_INT);
59:            $query->execute();
60:
61:            $msgs = $query->fetchAll(PDO::FETCH_ASSOC);
62:
63:        } catch (PDOException $e) {
64:            exit($e->getMessage());
65:        }
66:
67:        return $msgs;
68:    }
69:
70:    // 새 글을 DB에 추가
71:    public function insertMsg($writer, $title, $content) {
72:        try {
73:            $query = $this->db->prepare("insert into board
74:                        (writer, title, content, regtime, hits)
75:                    values (:writer, :title, :content, :regtime, 0)");
76:
77:            $regtime = date("Y-m-d H:i:s");
78:            $query->bindValue(":writer",  $writer,  PDO::PARAM_STR);
79:            $query->bindValue(":title" ,  $title ,  PDO::PARAM_STR);
80:            $query->bindValue(":content", $content, PDO::PARAM_STR);
81:            $query->bindValue(":regtime", $regtime, PDO::PARAM_STR);
82:            $query->execute();
83:
```

```
 84:            } catch (PDOException $e) {
 85:                exit($e->getMessage());
 86:            }
 87:    }
 88:
 89:    // $num번 게시글 업데이트
 90:    public function updateMsg($num, $writer, $title, $content) {
 91:        try {
 92:            $query = $this->db->prepare("update board set
 93:                              writer=:writer, title=:title,
 94:                              content=:content, regtime=:regtime
 95:                              where num=:num");
 96:
 97:            $regtime = date("Y-m-d H:i:s");
 98:            $query->bindValue(":writer",  $writer,  PDO::PARAM_STR);
 99:            $query->bindValue(":title" ,  $title ,  PDO::PARAM_STR);
100:            $query->bindValue(":content", $content, PDO::PARAM_STR);
101:            $query->bindValue(":regtime", $regtime, PDO::PARAM_STR);
102:            $query->bindValue(":num", $num, PDO::PARAM_INT);
103:            $query->execute();
104:
105:        } catch (PDOException $e) {
106:                exit($e->getMessage());
107:            }
108:    }
109:
110:    // $num번 게시글 삭제
111:    public function deleteMsg($num) {
112:        try {
113:            $query = $this->db->prepare("delete from board
114:                                where num=:num");
115:
116:            $query->bindValue(":num", $num, PDO::PARAM_INT);
117:            $query->execute();
118:
119:        } catch (PDOException $e) {
```

```
120:                exit($e->getMessage());
121:            }
122:        }
123:
124:        // $num번 게시글의 조회 수 1 증가
125:        public function increaseHits($num) {
126:            try {
127:                $query = $this->db->prepare("update board set
128:                                        hits=hits+1 where num=:num");
129:
130:                $query->bindValue(":num", $num, PDO::PARAM_INT);
131:                $query->execute();
132:
133:            } catch (PDOException $e) {
134:                exit($e->getMessage());
135:            }
136:        }
137: }
138: ?>
```

먼저 생성자부터 살펴보자.

```
6:        public function __construct() {
7:            try {
8:                $this->db = new PDO("mysql:host=localhost;dbname=phpdb",
9:                                    "php", "1234");
10:                $this->db->setAttribute(PDO::ATTR_ERRMODE,
11:                                        PDO::ERRMODE_EXCEPTION);
12:            } catch (PDOException $e) {
13:                exit($e->getMessage());
14:            }
15:        }
```

객체가 생성되면 이 생성자는 데이터베이스에 접속하고 PDO 객체를 이 클래스의 private
프로퍼티인 $db에 저장한다.

```
18:     public function getNumMsgs() {
19:         try {
20:             $query = $this->db->prepare("select count(*)
21:                                             from board");
22:             $query->execute();
23:
24:             $numMsgs = $query->fetchColumn();
25:
26:         } catch (PDOException $e) {
27:             exit($e->getMessage());
28:         }
29:
30:         return $numMsgs;
31:     }
```

18~31번 행은 getNumMsgs() 메서드의 정의이다. 게시판의 전체 글 수, 즉 board 테이블의 전체 레코드 수를 반환한다. 테이블에 들어있는 레코드의 개수를 알아내기 위해 "select count(*) from board"를 사용하였다. 그리고 이 쿼리를 실행하면 하나의 값(테이블의 전체 레코드 개수)만 반환되므로, fetchColumn() 메서드로 그 값을 읽어 레코드의 개수를 구하였다.

```
34:     public function getMsg($num) {
35:         try {
36:             $query = $this->db->prepare("select * from board
37:                                             where num=:num");
38:
39:             $query->bindValue(":num", $num, PDO::PARAM_INT);
40:             $query->execute();
41:
42:             $msg = $query->fetch(PDO::FETCH_ASSOC);
43:
44:         } catch (PDOException $e) {
45:             exit($e->getMessage());
46:         }
47:
48:         return $msg;
49:     }
```

34~49번 행은 getMsg($num) 메서드의 정의이다. 지정된 번호의 게시글 데이터를 하나의 연관 배열로 만들어 반환한다. 연관 배열의 인덱스는 필드명이다.

```
52:     public function getManyMsgs($start, $rows) {
53:         try {
54:             $query = $this->db->prepare("select * from board
55:                         order by num desc limit :start, :rows");
56:
57:             $query->bindValue(":start", $start, PDO::PARAM_INT);
58:             $query->bindValue(":rows", $rows, PDO::PARAM_INT);
59:             $query->execute();
60:
61:             $msgs = $query->fetchAll(PDO::FETCH_ASSOC);
62:
63:         } catch (PDOException $e) {
64:             exit($e->getMessage());
65:         }
66:
67:         return $msgs;
68:     }
```

52~68번 행은 getManyMsgs($start, $rows) 메서드의 정의이다. $start번째 레코드부터, $rows 개의 레코드를 2차원 배열에 담아 반환한다. 이 2차원 배열의 첫 번째 인덱스는 0부터 시작하는 숫자이고, 두 번째 인덱스는 필드명이다.

이 메서드는 게시판 메인 화면에서 게시글들의 리스트를 출력할 때, 현재 페이지에 보여줄 게시글 데이터들을 읽어오기 위해 사용된다. 만약 이렇게 꼭 필요한 개수만큼만 데이터를 가져오지 않고 전체 글을 모두 읽어온다면, 게시글이 많은 경우에 로딩시간이 매우 길어질 것이다.

이 코드에서 54~55번 행의 쿼리를 보면 select 쿼리에 "limit :start, :rows"가 붙어있다. select 문의 옵션인 limit의 사용법은 다음과 같다.

limit 읽어오기_시작할_레코드_번호, 읽어올_레코드_개수

"읽어오기_시작할_레코드_번호"는 0부터 시작된다. limit가 없는 select 쿼리 결과를 머릿속에 그려보자. 그 첫 줄이 0번 레코드이고, 다음 줄이 1번 레코드가 되는 식으로 레코드 번호를 가진다고 생각하면 된다.

한 가지 더, select 쿼리에서 "order by num desc"옵션을 사용했음에 주목하자. "order by 필드명" 뒤에 "desc"를 붙여주면 레코드들이 지정된 필드 값에 따라 내림차순으로 정렬되어 얻어진다. 이렇게 글 번호의 역순으로 정렬해서 데이터를 가져오는 것은, 최근 글이 가장 먼저 나오는 게시판의 속성 때문이다.

```
71:     public function insertMsg($writer, $title, $content) {
72:         try {
73:             $query = $this->db->prepare("insert into board
74:                         (writer, title, content, regtime, hits)
75:                     values (:writer, :title, :content, :regtime, 0)");
76:
77:             $regtime = date("Y-m-d H:i:s");
78:             $query->bindValue(":writer",  $writer,  PDO::PARAM_STR);
79:             $query->bindValue(":title" ,  $title ,  PDO::PARAM_STR);
80:             $query->bindValue(":content", $content, PDO::PARAM_STR);
81:             $query->bindValue(":regtime", $regtime, PDO::PARAM_STR);
82:             $query->execute();
83:
84:         } catch (PDOException $e) {
85:             exit($e->getMessage());
86:         }
87:     }
```

71~87번 행은 insertMsg($writer, $passwd, $title, $content)메서드의 정의이다. 새 글을 저장하기 위해, 주어진 데이터로 insert 쿼리를 실행한다.

```
90:     public function updateMsg($num, $writer, $title, $content) {
91:         try {
92:             $query = $this->db->prepare("update board set
93:                         writer=:writer, title=:title,
94:                         content=:content, regtime=:regtime
95:                     where num=:num");
96:
```

```
 97:            $regtime = date("Y-m-d H:i:s");
 98:            $query->bindValue(":writer",  $writer,  PDO::PARAM_STR);
 99:            $query->bindValue(":title" ,  $title ,  PDO::PARAM_STR);
100:            $query->bindValue(":content", $content, PDO::PARAM_STR);
101:            $query->bindValue(":regtime", $regtime, PDO::PARAM_STR);
102:            $query->bindValue(":num", $num, PDO::PARAM_INT);
103:            $query->execute();
104:
105:        } catch (PDOException $e) {
106:            exit($e->getMessage());
107:        }
108:    }
```

90~108번 행은 updateMsg($num, $writer, $passwd, $title, $content)메서드의 정의이다. 게시
글 데이터를 수정하기 위해, 주어진 데이터로 update 쿼리를 실행한다.

```
111:    public function deleteMsg($num) {
112:        try {
113:            $query = $this->db->prepare("delete from board
114:                                       where num=:num");
115:
116:            $query->bindValue(":num", $num, PDO::PARAM_INT);
117:            $query->execute();
118:
119:        } catch (PDOException $e) {
120:            exit($e->getMessage());
121:        }
122:    }
```

111~122번 행은 deleteMsg($num) 메서드의 정의이다. 게시글을 삭제하기 위해, $num번째
레코드에 delete 쿼리를 실행한다.

```
125:    public function increaseHits($num) {
126:        try {
127:            $query = $this->db->prepare("update board set
128:                                       hits=hits+1 where num=:num");
129:
```

```
130:                $query->bindValue(":num", $num, PDO::PARAM_INT);
131:                $query->execute();
132:
133:          } catch (PDOException $e) {
134:                exit($e->getMessage());
135:          }
136:    }
```

125~136번 행은 increaseHits($num) 메서드의 정의이다. 게시글의 조회 수를 1 증가시키기 위해 hits 필드에 대해 update 쿼리를 실행한다.

12.1.4 공통 모듈

게시판 역시 여러 프로그램 모듈에서 공통적으로 사용하는 기능들이 많으므로 공통 모듈을 작성해서 이들 기능을 함수로 만들어 두는 것이 좋다. 게시판을 위한 공통 모듈은 회원 관리와 로그인을 위한 공통 모듈과 거의 같은 내용이다. 달라진 것은 상수 정의가 없어지고, bdUrl()이라는 함수가 추가된 것뿐이다. 아래 코드에서 음영 처리된 부분이다.

예제 12-4 게시판 공통 모듈 (tools.php)

```php
 1: <?php
 2:     // 게시판 모듈의 URL을 반환하는 함수
 3:     function bdUrl($file, $num, $page) {
 4:         $join = "?";
 5:         if ($num) {
 6:             $file .= $join . "num=$num";
 7:             $join = "&";
 8:         }
 9:         if ($page)
10:             $file .= $join . "page=$page";
11:
12:         return $file;
13:     }
```

```
14:
15:        // 세션이 시작되지 않았으면 시작하는 함수
16:        function session_start_if_none() {
17:            if (session_status() == PHP_SESSION_NONE)
18:                session_start();
19:        }
20:
21:        // GET/POST로 전달된 값을 읽어 반환하는 함수
22:        // 해당 값이 정의되지 않았으면 빈 문자열을 반환
23:        function requestValue($name) {
24:            return isset($_REQUEST[$name]) ? $_REQUEST[$name] : "";
25:        }
26:
27:        // 세션변수 값을 읽어 반환하는 함수
28:        // 해당 값이 정의되지 않았으면 빈 문자열을 반환
29:        function sessionVar($name) {
30:            return isset($_SESSION[$name]) ? $_SESSION[$name] : "";
31:        }
32:
33:        // 지시된 URL로 이동하는 함수
34:        // 이 함수 호출 뒤에 있는 코드는 실행되지 않음
35:        function goNow($url) {
36:            header("Location: $url");
37:            exit();
38:        }
39:
40:        // 경고창에 오류 메시지를 출력하고 이전 페이지로 돌아가는 함수
41:        function errorBack($msg) {
42: ?>
43:        <!doctype html>
44:        <html>
45:        <head>
46:            <meta charset="utf-8">
47:        </head>
48:        <body>
49:
50:        <script>
51:            alert('<?= $msg ?>');
```

```
52:                history.back();
53:          </script>
54:
55:          </body>
56:          </html>
57: <?php
58:          exit();
59:     }
60:
61:     // 경고창에 지정된 메시지를 출력하고
62:     // 지정된 페이지로 돌아가는 함수
63:     function okGo($msg, $url) {
64: ?>
65:          <!doctype html>
66:          <html>
67:          <head>
68:             <meta charset="utf-8">
69:          </head>
70:          <body>
71:
72:          <script>
73:             alert('<?= $msg ?>');
74:             location.href='<?= $url ?>';
75:          </script>
76:
77:          </body>
78:          </html>
79: <?php
80:          exit();
81:     }
82: ?>
```

추가된 함수 bdUrl()을 살펴보자.

```
 3:      function bdUrl($file, $num, $page) {
 4:          $join = "?";
 5:          if ($num) {
 6:              $file .= $join . "num=$num";
 7:              $join = "&";
 8:          }
 9:          if ($page)
10:              $file .= $join . "page=$page";
11:
12:          return $file;
13:      }
```

게시판을 구성하는 프로그램 모듈들은 게시판의 페이지 번호와 글 번호를 계속해서 GET 방식으로 서로 주고받게 된다. 그 때마다 일일이 URL을 적어주면 소스 코드가 지저분해지고 알아보기도 힘들기 때문에 이 함수를 사용해서 URL 문자열을 만들 것이다. 예를 들어 bdUrl("view.php", 1, 5)을 호출하면 다음과 같은 문자열이 반환된다.

```
view.php?num=1&page=5
```

만약 글 번호나 페이지 번호가 0으로 주어지면 해당하는 값 전달은 아예 생략된다. 예를 들어 bdUrl("write.php", 0, 5)는 다음과 같은 문자열을 반환할 것이다.

```
write.php?page=5
```

12.2 게시판 메인 페이지

게시판의 메인 페이지는 해당 게시판에 등록된 글들의 리스트를 보여준다. 소스 코드는 다음과 같다.

예제 12-5 자유게시판 메인 페이지 (board.php)

```php
1: <?php
2:     require_once("tools.php");
3:     require_once("BoardDao.php");
4:
5:     // 전달된 페이지 번호 저장
6:     $page = requestValue("page");
7:
8:     // 화면 구성에 관련된 상수 정의
9:     define("NUM_LINES",      5);   // 게시글 리스트의 줄 수
10:    define("NUM_PAGE_LINKS", 3);   // 화면에 표시될 페이지 링크의 수
11:
12:    // 게시판의 전체 게시글 수 구하기
13:    $dao = new BoardDao();
14:    $numMsgs = $dao->getNumMsgs();
15:
16:    if ($numMsgs > 0) {
17:        // 전체 페이지 수 구하기
18:        $numPages = ceil($numMsgs / NUM_LINES);
19:
20:        // 현재 페이지 번호가 (1 ~ 전체 페이지 수)를 벗어나면 보정
21:        if ($page < 1)
22:            $page = 1;
23:        if ($page > $numPages)
24:            $page = $numPages;
25:
26:        // 리스트에 보일 게시글 데이터 읽기
27:        $start = ($page - 1) * NUM_LINES;      // 첫 줄의 레코드 번호
28:        $msgs = $dao->getManyMsgs($start, NUM_LINES);
29:
30:        // 페이지네이션 컨트롤의 처음/마지막 페이지 링크 번호 계산
31:        $firstLink = floor(($page - 1) / NUM_PAGE_LINKS)
32:                    * NUM_PAGE_LINKS + 1;
33:        $lastLink = $firstLink + NUM_PAGE_LINKS - 1;
34:        if ($lastLink > $numPages)
35:            $lastLink = $numPages;
36:    }
```

```
37: ?>
38:
39: <!doctype html>
40: <html>
41: <head>
42:     <meta charset="utf-8">
43:     <link rel="stylesheet" type="text/css" href="board.css">
44: </head>
45: <body>
46:
47: <div class="container">
48:     <?php if ($numMsgs > 0) : ?>
49:         <table class="list">
50:             <tr>
51:                 <th class="list-num">번호</th>
52:                 <th class="list-title">제목</th>
53:                 <th class="list-writer">작성자</th>
54:                 <th class="list-regtime">작성일시</th>
55:                 <th>조회수</th>
56:             </tr>
57:
58:             <?php foreach ($msgs as $row) : ?>
59:             <tr>
60:                 <td><?= $row["num"] ?></td>
61:                 <td class="left">
62:                     <a href="<?= bdUrl("view.php", $row["num"],
63:                             $page) ?>"><?= $row["title"] ?></a>
64:                 </td>
65:                 <td><?= $row["writer"] ?></td>
66:                 <td><?= $row["regtime"] ?></td>
67:                 <td><?= $row["hits"] ?></td>
68:             </tr>
69:             <?php endforeach ?>
70:         </table>
71:
72:         <br>
73:         <?php if ($firstLink > 1) : ?>
74:             <a href="<?= bdUrl("board.php", 0,
```

```
75:                              $page - NUM_PAGE_LINKS) ?>"><</a> 
76:        <?php endif ?>
77:
78:        <?php for ($i = $firstLink; $i <= $lastLink; $i++) : ?>
79:            <?php if ($i == $page) : ?>
80:                <a href="<?= bdUrl("board.php", 0, $i)
81:                            ?>"><b><?= $i ?></b></a> 
82:            <?php else : ?>
83:                <a href="<?= bdUrl("board.php", 0, $i)
84:                            ?>"><?= $i ?></a> 
85:            <?php endif ?>
86:        <?php endfor ?>
87:
88:        <?php if ($lastLink < $numPages) : ?>
89:            <a href="<?= bdUrl("board.php", 0,
90:                            $page + NUM_PAGE_LINKS) ?>">></a>
91:        <?php endif ?>
92:
93:    <?php endif ?>
94:
95:    <br><br>
96:    <div class="right">
97:        <input type="button" value="글쓰기"
98:                onclick="location.href=
99:                  '<?= bdUrl("write_form.php", 0, $page) ?>'">
100:    </div>
101: </div>
102:
103: </body>
104: </html>
```

실행 결과

번호	제목	작성자	작성일시	조회수
8	글 8	이순신	2017-07-30 10:10:18	0
7	글 7	홍길동	2017-07-30 10:10:17	0
6	글 6	김수로	2017-07-30 10:10:16	0
5	글 5	장길산	2017-07-30 10:10:15	0
4	글 4	김수로	2017-07-30 10:10:14	0

1 2

글쓰기

먼저 6번 행부터 보자.

```
6:       $page = requestValue("page");
```

page라는 이름으로 전달된 현재 페이지 번호를 $page에 담는 코드이다. 만약 페이지 번호가
주어지지 않았으면 빈 문자열이 담길 것이다. 게시판 메인 페이지에 페이지 번호가 따로 주
어지지 않으면 1 페이지를 보여주어야 하는데, 빈 문자열을 그대로 두는 이유는 뒤에 21~22
번 행에서 어차피 페이지 번호를 보정하기 때문이다.

```
9:       define("NUM_LINES",       5);   // 게시글 리스트의 줄 수
10:      define("NUM_PAGE_LINKS", 3);   // 화면에 표시될 페이지 링크의 수
```

9~10번 행은 화면 구성에 관련된 심볼릭 상수를 정의한다. NUM_LINES는 한 페이지에 표
시될 게시글 리스트의 줄 수이고, NUM_PAGE_LINKS는 화면 하단부의 페이지네이션
(Pagination) 컨트롤에 표시될 페이지 링크의 수이다. 페이지네이션 컨트롤이란 말이 다소
생소할 수도 있는데, 다른 페이지로 이동할 수 있는 링크를 뜻한다. 보통 다음과 같은 형태
를 가진다.

‹ 11 12 13 14 15 ›

따라서 NUM_PAGE_LINKS가 3이면 페이지 번호는 1, 2, 3 또는 4, 5, 6과 같이 한 번에 3개

의 페이지 링크가 보인다. 만약 이 숫자를 5로 바꾼다면 1, 2, 3, 4, 5와 같이 1번 페이지부터 5번 페이지까지 이동할 수 있는 링크들이 보이게 될 것이다.

```
13:        $dao = new BoardDao();
14:        $numMsgs = $dao->getNumMsgs();
```

14번 행은 이 게시판의 전체 게시글 수를 $numMsgs에 담는다. 그리고 16번 행의 if 문으로 이 값을 체크하여 이 값이 0보다 클 때만 남은 계산 작업을 하도록 한다.

```
16:      if ($numMsgs > 0) {
```

이것은 게시판에 글이 하나도 없으면 이제부터 나오는 계산을 할 필요가 없어지기 때문이다.

```
18:          $numPages = ceil($numMsgs / NUM_LINES);
```

18번 행은 이 게시판의 전체 게시글 리스트를 표시하는데 모두 몇 페이지가 필요할지를 계산하는 부분이다. "전체 글 수 / 한 페이지에 표시할 줄 수"를 하면 게시글 리스트가 몇 페이지가 될 것인지 계산할 수 있다. 다만 그 답에 소수점 아랫부분이 있다면 "올림"을 해야 한다. 전체 글 수를 보니 1.1 페이지가 필요하다면 실제로는 2 페이지로 나눠 보여주어야 하기 때문이다. ceil() 함수는 소수점 아래 숫자가 있으면 올림(반올림이 아님)해 준다.

```
21:          if ($page < 1)
22:              $page = 1;
23:          if ($page > $numPages)
24:              $page = $numPages;
```

이 코드는 $page의 값이 1보다 작으면 1로, 전체 페이지 수보다 크면 전체 페이지 수로 변경한다. 혹시라도 $page 값에 문제가 있을 경우 보정해 주는 역할을 한다. 특히 페이지 번호가 지정되지 않아 앞의 6번 행에서 $page에 빈 문자열이 있다면 이 때 1로 변경된다. 빈 문자열은 숫자 0으로 취급되고 이 값은 1보다 작기 때문이다.

```
27:          $start = ($page - 1) * NUM_LINES;       // 첫 줄의 레코드 번호
```

27번 행은 현재 출력해야 하는 페이지의 첫 번째 레코드의 위치를 계산한다. 예를 들어 한 페이지에 게시글 리스트를 5개씩 보여주기로 했는데 다음과 같이 주소창에 URL을 입력하였다고 하자.

```
http://localhost/board.php?page=2
```

게시글 데이터를 읽어올 때 역순으로 정렬해서 가지고 오므로, 가장 최근에 올린 게시글은 0번 레코드가 되며, 첫 번째 페이지에는 0~4번 레코드에 담긴 게시물들의 제목이 표시되어야 한다. 따라서 두 번째 페이지는 5번 레코드부터 표시될 것이다. 이를 그림으로 표시하면 다음과 같다.

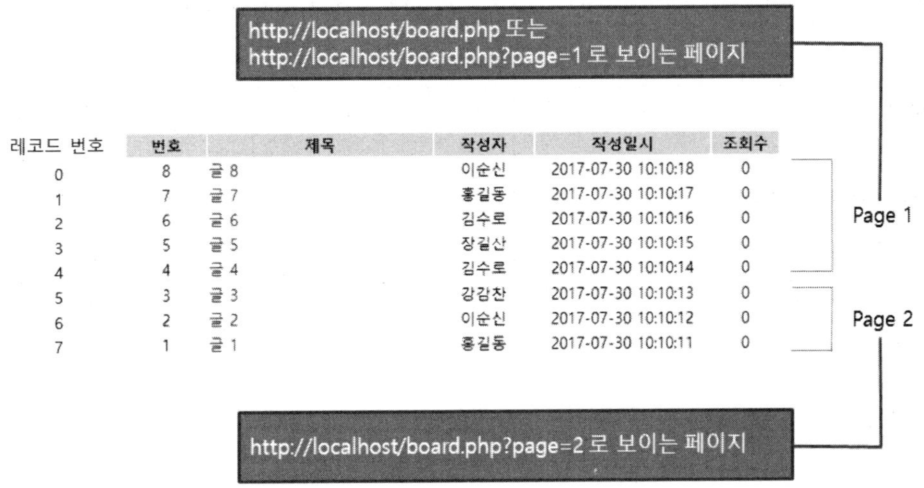

[그림 12-2] 게시글 리스트의 페이지 별 분리

이렇듯 한 페이지에 보여줄 게시글 리스트의 줄 수가 5일 때, 각 페이지의 시작 레코드 번호는, 0, 5, 10, 15, …와 같은 패턴을 보인다. 따라서 출력할 페이지 번호에서 1을 뺀 값에, 한 페이지에 표시할 글 제목의 개수를 곱하면 몇 번째 레코드부터 출력해야 하는지를 알 수 있게 되는 것이다.

```
28:         $msgs = $dao->getManyMsgs($start, NUM_LINES);
```

28번 행은 현재 페이지에 보여줄 레코드들을 DB에서 읽어온다. 지정된 번호부터 지정된 개수의 레코드를 읽어오는 기능은 이미 DAO에 구현해 놓았으므로 getManyMsgs() 메서드를 호출하기만 하면 된다.

```
31:         $firstLink = floor(($page - 1) / NUM_PAGE_LINKS)
32:                 * NUM_PAGE_LINKS + 1;
```

31~32번 행은 페이지네이션 컨트롤의 첫 번째 숫자를 계산한다. floor()는 소숫점 이하를 버림(내림)하는 PHP 내장함수이다. 그리고 이 식은 현재 페이지 번호($page)로부터, 시작할 페이지 링크 번호를 계산해 낸다. 어떤 과정을 거쳐 계산되는지를 쉽게 볼 수 있도록 1부터 10까지의 $page 값이 주어졌다고 할 때 이 식의 계산 결과를 보이면 다음과 같다. 한 페이지에 표시할 페이지 링크 개수인 NUM_PAGE_LINKS는 3으로 가정하였다.

$page	1	2	3	4	5	6	7	8	9	10
-1	0	1	2	3	4	5	6	7	8	9
/ NUM_PAGE_LINKS	0	0.3	0.6	1	1.3	1.6	2	2.3	2.6	3
floor()	0	0	0	1	1	1	2	2	2	3
* NUM_PAGE_LINKS	0	0	0	3	3	3	6	6	6	9
+ 1	1	1	1	2	2	2	3	3	3	4

```
33:         $lastLink = $firstLink + NUM_PAGE_LINKS - 1;
34:         if ($lastLink > $numPages)
35:             $lastLink = $numPages;
```

33~35번 행은 페이지네이션 컨트롤의 마지막 번호를 계산하는 부분이다. 기본적으로는 "첫 번째 링크 번호 + 한 페이지에 보여줄 링크 수"가 된다. 다만 이렇게 계산된 값이 마지막 페이지 번호보다 크다면 마지막 페이지 번호까지만 보여주도록 해야 한다.

그 다음부터는 화면 출력을 위한 HTML 영역이 시작된다. 실제 글 내용을 출력하는 부분은 58~69번 행이다.

```
58:         <?php foreach ($msgs as $row) : ?>
59:         <tr>
```

```
60:                 <td><?= $row["num"] ?></td>
61:                 <td class="left">
62:                     <a href="<?= bdUrl("view.php", $row["num"],
63:                             $page) ?>"><?= $row["title"] ?></a>
64:                 </td>
65:                 <td><?= $row["writer"] ?></td>
66:                 <td><?= $row["regtime"] ?></td>
67:                 <td><?= $row["hits"] ?></td>
68:             </tr>
69:         <?php endforeach ?>
```

그동안 우리가 많이 보아오던 코드 패턴이다. $msgs라는 2차원 배열에 담긴 레코드 정보들을 화면에 출력한다.

```
73:         <?php if ($firstLink > 1) : ?>
74:             <a href="<?= bdUrl("board.php", 0,
75:                         $page - NUM_PAGE_LINKS) ?>"><<</a> 
76:         <?php endif ?>
```

73번 행부터는 페이지네이션 컨트롤을 출력하는 코드이다. 이 코드는 "<" 링크를 출력한다. 단, 현재 보여주고 있는 첫 번째 페이지 링크($firstLink)가 1이면 더 이상 앞으로 갈 수가 없다. 따라서 이 값이 1보다 큰 값일 때만 앞으로 이동할 수 있는 링크를 표시한다.

```
78:         <?php for ($i = $firstLink; $i <= $lastLink; $i++) : ?>
79:             <?php if ($i == $page) : ?>
80:                 <a href="<?= bdUrl("board.php", 0, $i)
81:                         ?>"><b><?= $i ?></b></a> 
82:             <?php else : ?>
83:                 <a href="<?= bdUrl("board.php", 0, $i)
84:                         ?>"><?= $i ?></a> 
85:             <?php endif ?>
86:         <?php endfor ?>
```

이 코드는 $firstLink부터 $lastLink 까지의 페이지 링크를 출력한다. 이 때 현재 보여주고 있는 페이지($page)와 지금 출력하려고 하는 페이지 번호($i)가 같다면 <b> 태그를 이용해서

굵은 글자로 출력한다.

```
88:        <?php if ($lastLink < $numPages) : ?>
89:          <a href="<?= bdUrl("board.php", 0,
90:                        $page + NUM_PAGE_LINKS) ?>">></a>
91:        <?php endif ?>
```

페이지네이션 컨트롤에 마지막으로 ">" 링크를 출력한다. 단, 페이지네이션 컨트롤의 마지막 페이지 링크($lastLink)가 게시판의 전체 페이지 수($numPages)와 같다면 더 이상 다음으로 갈 수가 없다. 따라서 $lastLink가 $numPages 보다 작은 값일 때만 다음으로 이동할 수 있는 링크를 표시한다.

```
97:        <input type="button" value="글쓰기"
98:            onclick="location.href=
99:            '<?= bdUrl("write_form.php", 0, $page) ?>'">
```

그 다음은 글쓰기 버튼을 위한 HTML과 자바스크립트 코드이다. "글쓰기" 버튼을 누르면 write_form.php로 이동한다. 이 때 현재 페이지 번호도 같이 넘겨주어야 하는데, 글쓰기 페이지에서 "목록보기" 버튼을 누르면 글쓰기를 취소하고 원래 보던 페이지로 돌아가야 하기 때문이다.

코드를 모두 입력했다면 실행을 시켜보자. 혹시 샘플 데이터의 양이 적어 페이지네이션 컨트롤에서 "<"과 ">" 링크가 보이지 않는다면, NUM_LINES 값을 1로 바꿔놓고 다시 실행해 보자. 한 화면에 나타날 글의 개수가 1이면, 모두 8페이지가 되므로 페이지 이동을 충분히 테스트 해 볼 수 있다. 테스트가 끝나면 NUM_LINES 값을 원래 값인 5로 돌려놓으면 된다.

12.3 새 글 쓰기

게시판 메인 페이지에서 글쓰기 버튼을 누르면 write_form.php로 이동한다. 이 페이지는 새 글을 작성할 수 있는 폼을 제공하고, 사용자가 "글등록" 버튼을 누르면 입력된 내용을 write.php에게 전달해 주는 일만 하면 된다. 실제 테이블에 글의 내용을 기록하는 것은 write.php가 실행할 것이다. 소스 코드와 실행 화면은 다음과 같다.

예제 12-6 새 글쓰기 페이지 (write_form.php)

```php
 1: <?php
 2:     require_once("tools.php");
 3:
 4:     // 전달된 값 저장
 5:     $page    = requestValue("page");
 6: ?>
 7:
 8: <!doctype html>
 9: <html>
10: <head>
11:     <meta charset="utf-8">
12:     <link rel="stylesheet" type="text/css" href="board.css">
13: </head>
14: <body>
15:
16: <div class="container">
17:     <form method="post" action="write.php">
18:         <table class="msg">
19:             <tr>
20:                 <th>제목</th>
21:                 <td><input type="text" name="title" maxlength="80"
22:                             class="msg-text">
23:                 </td>
24:             </tr>
25:
26:             <tr>
```

```
27:                    <th class="msg-header">작성자</th>
28:                    <td><input type="text" name="writer" maxlength="20"
29:                               class="msg-text">
30:                    </td>
31:                </tr>
32:
33:                <tr>
34:                    <th>내용</th>
35:                    <td><textarea name="content" wrap="virtual"
36:                               rows="10" class="msg-text"></textarea>
37:                    </td>
38:                </tr>
39:            </table>
40:
41:            <br>
42:            <div class="left">
43:                <input type="submit" value="글등록">
44:                <input type="button" value="목록보기"
45:                       onclick="location.href='<?=
46:                               bdUrl("board.php", 0, $page) ?>'">
47:            </div>
48:        </form>
49: </div>
50:
51: </body>
52: </html>
```

실행 결과

제목	
작성자	
내용	

글등록 목록보기

이 프로그램은 단순한 HTML 폼일 뿐이다. PHP 코드가 몇 줄 있는데, 이것은 "목록보기" 버튼을 위한 것이다. 사용자가 글 작성을 중단하고 싶을 때 이 버튼을 누르면 원래 보고 있던 페이지로 돌아가기 위해 페이지 번호를 받아둔다.

새 글을 DB에 추가하는 프로그램은 write.php이다. write_form.php에서 입력된 내용을 전달받아 DB에 기록한 후, 다시 게시판 메인 페이지로 돌아가는 역할을 한다. 소스 코드는 다음과 같다.

예제 12-7 새 글 등록 (write.php)

```php
 1: <?php
 2:     require_once("tools.php");
 3:     require_once("BoardDao.php");
 4:
 5:     // 전달된 값 저장
 6:     $writer  = requestValue("writer");
 7:     $title   = requestValue("title");
 8:     $content = requestValue("content");
 9:
10:     // 빈 칸 없이 모든 값이 전달되었으면 insert
11:     if ($writer && $title && $content) {
12:         $dao = new BoardDao();
13:         $dao->insertMsg($writer, $title, $content);
14:
15:         // 글 목록 페이지로 복귀
16:         goNow(bdUrl("board.php", 0, 0));
17:     } else
18:         errorBack("모든 항목이 빈칸 없이 입력되어야 합니다.");
19: ?>
```

6~8번 행에서는 새 글쓰기 폼으로부터 전달된 세 개의 값을 변수에 담아두고, 11번 행에서 이 값들이 빠짐없이 들어왔는지를 판단한다.

12~13번 행은 DAO의 insertMsg() 메서드를 호출해서 데이터를 데이터베이스에 저장한다. 그리고 16번 행에서 게시판 메인 프로그램으로 돌아가되, 1 페이지가 표시되도록 한다. 새

글은 항상 첫 번째 글로 보이게 되므로 새 글의 제목을 볼 수 있는 첫 번째 페이지로 이동하는 것이다. board.php에 페이지 번호를 따로 주지 않으면 1 페이지를 보여주도록 되어 있는 점을 이용하여 아무런 값도 전달하지 않고 board.php로 이동한다.

18번 행은 새 글쓰기 폼에서 하나라도 빠진 값이 있을 경우 실행된다. 이럴 경우, 값들이 모두 입력되어야 한다는 다이얼로그 박스를 띄우고 확인을 누르면 이전 화면(write_form.php)으로 돌아간다.

이제 write_form.php와 write.php가 작성되었으면 새 글을 게시판에 등록할 수 있다. 글을 등록해 보고 이것이 게시글 리스트에 반영되는지 확인해 본다.

12.4 글 내용 보기

이 프로그램은 글 하나의 내용을 보여주며, 수정, 삭제 버튼도 제공한다. 소스 코드는 다음과 같다.

예제 12-8 글 내용 보기 (view.php)

```php
 1: <?php
 2:     require_once("tools.php");
 3:     require_once("BoardDao.php");
 4:
 5:     // 전달된 값 저장
 6:     $num    = requestValue("num");
 7:     $page   = requestValue("page");
 8:
 9:     // 지정된 번호의 글 데이터를 읽고, 조회 수 증가
10:     $dao = new BoardDao();
11:     $row = $dao->getMsg($num);
12:     $dao->increaseHits($num);
13:
14:     // 제목의 공백, 본문의 공백과 줄넘김이 웹에서 보이도록 처리
```

```
15:     $row["title"]   = str_replace(" ",  " ", $row["title"]);
16:     $row["content"] = str_replace(" ",  " ", $row["content"]);
17:     $row["content"] = str_replace("\n", "<br>",   $row["content"]);
18: ?>
19:
20: <!doctype html>
21: <html>
22: <head>
23:     <meta charset="utf-8">
24:     <link rel="stylesheet" type="text/css" href="board.css">
25: </head>
26: <body>
27:
28: <div class="container">
29:     <table class="msg">
30:         <tr>
31:             <th class="msg-header">제목</th>
32:             <td class="msg-text left"><?= $row["title"]; ?></td>
33:         </tr>
34:
35:         <tr>
36:             <th>작성자</th>
37:             <td class="msg-text left"><?= $row["writer"]; ?>
38:             </td>
39:         </tr>
40:
41:         <tr>
42:             <th>작성일시</th>
43:             <td class="msg-text left"><?= $row["regtime"]; ?>
44:             </td>
45:         </tr>
46:
47:         <tr>
48:             <th>조회수</th>
49:             <td class="msg-text left"><?= $row["hits"]; ?></td>
50:         </tr>
51:
52:         <tr>
```

```
53:              <th>내용</td>
54:              <td class="msg-text left"><?= $row["content"]; ?>
55:              </td>
56:          </tr>
57:      </table>
58:
59:      <br>
60:      <div class="left">
61:          <input type="button" value="목록보기"
62:                  onclick="location.href='<?=
63:                          bdUrl("board.php", 0, $page) ?>'">
64:          <input type="button" value="수정"
65:                  onclick="location.href='<?=
66:                          bdUrl("modify_form.php", $num, $page) ?>'">
67:          <input type="button" value="삭제"
68:                  onclick="location.href='<?=
69:                          bdUrl("delete.php", $num, $page) ?>'">
70:      </div>
71: </div>
72:
73: </body>
74: </html>
```

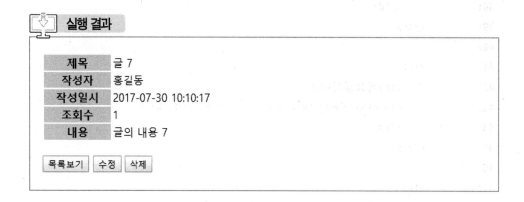

실행 결과

제목	글 7
작성자	홍길동
작성일시	2017-07-30 10:10:17
조회수	1
내용	글의 내용 7

목록보기 수정 삭제

6~7번 행은 페이지 번호와 글 번호를 변수에 담는 코드이니 다시 설명할 필요가 없을 것이다. 그 다음 코드를 보자.

```
10:      $dao = new BoardDao();
11:      $row = $dao->getMsg($num);
12:      $dao->increaseHits($num);
```

이 프로그램은 글 하나의 내용을 보여주는 역할을 하므로 지정된 글의 내용을 DB에서 읽어 와야 한다. 이 때 그 글의 조회 수를 1 증가시킨다.

```
15:      $row["title"]   = str_replace(" ",  " ", $row["title"]);
16:      $row["content"] = str_replace(" ",  " ", $row["content"]);
17:      $row["content"] = str_replace("\n", "<br>",   $row["content"]);
```

그 다음에는 글의 제목과 내용을 출력하기 전에 약간의 처리를 해주어야 한다. 우리가 글쓰기 폼에서 입력한 내용은 그대로 DB에 저장되어 있다. 그런데 그것을 아무런 처리 없이 브라우저 위에 출력하게 되면 연속된 공백이 아무리 많아도 하나의 공백으로 표현되고, 줄 바꿈 문자(\n)는 동작하지 않을 것이다. 따라서 공백은 로, 줄 바꿈 문자는
 태그로 바꾸어 놓아야 한다.

```
변경된_문자열 = str_replace(찾는_문자열, 바꿀_문자열, 본래_문자열);
```

이 함수는 "본래_문자열"에서 "찾는_문자열"을 모두 찾아서 "바꿀_문자열"로 바꾸어 준 문자열을 반환한다. 따라서 15번 행의 코드는 $row["title"]에서 공백 문자(" ")를 발견하면 이것들을 모두 로 바꾸어 준 문자열을 만들고, 이것을 다시 $row["title"]에 담아주는 역할을 하게 된다. 16~17번 행은 글의 내용에 대해서 같은 방식으로 공백과 줄 바꿈 문자를 변환한다.

29~57번 행은 이렇게 준비된 글 데이터를 그대로 화면에 출력한다. 그리고 61~69번 행은 "수정", "삭제", "목록보기" 버튼을 화면에 보여준다.

12.5 글 수정

글 내용 보기 화면에서 "수정" 버튼을 누르면 modify_form.php가 실행된다. 이 프로그램은 완전히 새로 입력할 필요가 없다. 많은 부분이 write_form.php와 유사하므로 이것을 복사해서 다른 이름으로 저장한 뒤 일부만 수정해도 된다. 소스 코드는 다음과 같다. 음영 처리된 부분은 write_form.php에서 달라진 부분이다.

예제 12-9 글 수정 페이지 (modify_form.php)

```php
 1: <?php
 2:     require_once("tools.php");
 3:     require_once("BoardDao.php");
 4:
 5:     // 전달된 값 저장
 6:     $num    = requestValue("num");
 7:     $page   = requestValue("page");
 8:
 9:     // $num번 게시글 데이터 읽기
10:     $dao = new BoardDao();
11:     $row = $dao->getMsg($num);
12: ?>
13:
14: <!doctype html>
15: <html>
16: <head>
17:     <meta charset="utf-8">
18:     <link rel="stylesheet" type="text/css" href="board.css">
19: </head>
20: <body>
21:
22: <div class="container">
23:     <form method="post"
24:           action="<?= bdUrl("modify.php", $num, $page) ?>">
25:         <table class="msg">
26:             <tr>
```

```
27:                    <th>제목</th>
28:                    <td><input type="text" name="title"
29:                              maxlength="80" value="<?=
30:                              $row["title"] ?>" class="msg-text">
31:                    </td>
32:            </tr>
33:
34:            <tr>
35:                <th class="msg-header">작성자</th>
36:                <td><input type="text" name="writer"
37:                        maxlength="20" value="<?= $row["writer"] ?>"
38:                                    class="msg-text">
39:                </td>
40:            </tr>
41:
42:            <tr>
43:                <th>내용</th>
44:                <td><textarea name="content" wrap="virtual"
45:                            rows="10" class="msg-text"><?=
46:                            $row["content"] ?></textarea>
47:                </td>
48:            </tr>
49:
50:        </table>
51:
52:        <br>
53:        <div class="left">
54:            <input type="submit" value="적용">
55:            <input type="button" value="목록보기"
56:                    onclick="location.href='<?=
57:                        bdUrl("board.php", 0, $page) ?>'">
58:        </div>
59:    </form>
60: </div>
61:
62: </body>
63: </html>
```

이 프로그램은 기존 내용을 수정할 수 있는 양식을 제공하는 것이 목적이므로 기본적인 형 태는 글쓰기 폼과 같지만, 각각의 입력란에는 기존 글의 데이터가 처음부터 들어 있어야 한 다. 따라서 10~11번 행에서 지정된 글 번호의 글을 읽어 온 뒤, 이 값들을 29~30, 38, 45~46 번 행에서 입력 태그들의 초기 값으로 설정한다. 그리고 사용자가 글 내용을 수정한 뒤 "적 용" 버튼을 누르면 입력된 값을 가지고 modify.php로 이동한다.

modify.php는 modify_form.php로부터 전달받은 값으로 해당 글의 레코드를 업데이트 한다.

예제 12-10 글 내용 수정 (modify.php)

```php
1: <?php
2:     require_once("tools.php");
3:     require_once("BoardDao.php");
4:
5:     // 전달된 값 저장
6:     $num     = requestValue("num");
7:     $page    = requestValue("page");
8:
9:     $writer  = requestValue("writer");
10:    $title   = requestValue("title");
11:    $content = requestValue("content");
12:
13:    // 모든 항목이 값이 있으면 업데이트
```

```
14:     if ($writer && $title && $content) {
15:         $dao = new BoardDao();
16:         $dao->updateMsg($num, $writer, $title, $content);
17:
18:         // 글 목록 페이지로 복귀
19:         goNow(bdUrl("board.php", 0, $page));
20:     } else
21:         errorBack("모든 항목이 빈칸 없이 입력되어야 합니다.");
22: ?>
```

14번 행부터 살펴보자. 14번 행에서는 입력란 중 한 칸이라도 빈 칸이 있는지 확인한다. 만약 그렇다면 21번 행에서 오류 메시지가 출력된다. 문제가 없다면 16번 행에서 DAO의 updateMsg() 메서드를 호출하여 입력된 데이터를 업데이트 한다. 업데이트가 끝나고 나면 19번 행에서 goNow() 함수를 호출해서 게시판 메인 페이지로 돌아가게 된다.

12.6 글 삭제

view.php의 삭제 버튼을 누르면 delete.php가 호출되며, 지정된 레코드를 삭제한다. 역시 삭제 작업이 끝나고 나면 게시판 메인 프로그램으로 돌아간다.

예제 12-11 글 삭제 (delete.php)

```
1: <?php
2:     require_once("tools.php");
3:     require_once("BoardDao.php");
4:
5:     // 전달된 값 저장
6:     $num    = requestValue("num");
7:     $page   = requestValue("page");
8:
9:     // $num번 글의 레코드 삭제
```

```
10:        $dao = new BoardDao();
11:        $dao->deleteMsg($num);
12:
13:        // 글 목록 페이지로 복귀
14:        goNow(bdUrl("board.php", 0, $page));
15: ?>
```

코드는 매우 간단하다. 11번 행에서 DAO의 deleteMsg() 메서드를 호출하여 해당 글의 레코
드를 삭제하고 게시판 메인 페이지로 돌아간다.

1. 자유게시판을 구성하는 PHP 모듈들이 어떻게 연결되어 있는지 그림으로 표시하여 보시오.

2-1. 현재는 게시판 메인 페이지의 제목에 연속된 공백이 있어도 하나의 공백으로만 출력된다. 여러 개의 공백이 모두 제대로 표시되도록 board.php를 수정하시오.

2-2. 게시판 메인 페이지의 제목이 너무 길면 이것이 정해진 폭까지만 출력되도록 하시오. 먼저 board.css에서 ".list-title: 스타일을 다음과 같이 수정하고, board.php에서 제목을 출력하는 셀에 이 스타일을 적용하면 된다.

```
.list-title {
    width: 230px;
    display: block;
    white-space: nowrap;
    overflow: hidden;
    text-overflow: ellipsis;
}
```

3. 새 글이 등록되고 나면 그냥 메인 페이지로 돌아가지 말고, "새 글이 등록되었습니다."라는 메시지를 출력하고 메인 페이지로 돌아가도록 write.php를 수정하시오. 공통 모듈의 okGo()를 활용하면 쉽게 수정할 수 있다.

4. 글 내용 보기 페이지에서 제일 윗줄에 그 글의 번호도 출력되도록 수정하시오.

5. 글이 수정되고 나면, "글이 수정되었습니다."라는 메시지를 출력하고 메인 페이지로 돌아가도록 modify.php를 수정하시오.

6. 글이 삭제되고 나면, "글이 삭제되었습니다."라는 메시지를 출력하고 메인 페이지로 돌아가도록 modify.php를 수정하시오.

CHAPTER 13

웹 사이트 구축

CHAPTER **13**

웹 사이트 구축

이 장에서는 그 동안 작성했던 회원가입과 로그인, 그리고 게시판을 포함하는 웹 사이트를 구축해볼 것이다. 이 과정을 통하여, 나중의 유지보수를 고려하여 웹 페이지들을 작성하고, 미리 만들어 둔 프로그램 모듈들을 합치는 과정을 경험할 수 있을 것이다. 우리가 만들 웹 사이트의 최종 형태는 다음과 같다.

13.1 준비 작업

13.1.1 폴더 구성

로그인과 게시판 모듈을 모두 사용한다고 하나의 폴더에 다 섞어 놓는 것은 좋지 않다. 한 폴더에 파일이 너무 많으면 원하는 파일을 찾기 어려워지기 때문이다. 다음과 같이 폴더를 구성한다.

- 웹 도큐먼트 루트에 "site"라는 이름으로 폴더를 만들고, 그 아래에 "member"와 "board" 라는 이름의 폴더를 만든다.

- member에는 회원가입과 로그인 프로그램들을 넣는다. 단, 로그인 폼을 보여주는 login_main.php만은 site 폴더에 넣기 바란다. 이 파일은 나중에 메인 페이지를 구성하는데 사용될 것이다.

- board에는 게시판 프로그램들을 복사해서 넣는다. 단, 게시판을 위한 CSS 파일인 board.css와 공통 모듈인 tools.php는 site 폴더에 넣는다. 이 파일은 웹 사이트 전체를 위한 CSS와 공통 모듈이 될 것이다.

이렇게 구성된 폴더 구조와, 각 폴더에 있는 파일들을 정리하면 다음과 같다.

폴더	파일	비고
/site	login_main.php board.css tools.php	tools.php는 게시판에서 사용하던 것
/site/member	login.php logout.php member_join.php member_join_form.php member_update.php member_update_form.php MemberDao.php member.sql	회원가입과 로그인에 사용하던 tools.php는 필요 없음

폴더	파일	비고
/site/board	board.php delete.php modify.php modify_form.php view.php write.php write_form.php Board.Dao.php bpard.sql	

13.1.2 CSS 파일

우리가 만들 웹 페이지들은 맨 위에 헤더(header)가 있고, 중간 부분은 사이드 바(side bar)와 내용(content)이 들어가고, 맨 아래에 푸터(footer)가 있는 전형적인 구조를 가진다. 이런 레이아웃을 위해서는 CSS를 이용하는데, 분량이 적지 않으므로 별도의 파일로 저장하는 것이 좋다. CSS 파일은 다음과 같이 만든다.

• site 폴더에 있는 board.css의 이름을 site.css로 바꾼다.

• 앞쪽에 레이아웃을 위한 내용들을 추가한다. 아래 예제의 1~34번 행 부분이다.

• board.css에 있던 내용 중 맨 앞의 ".container"는 삭제한다. "#m-content"를 사용하면 되기 때문이다.

이렇게 완성한 CSS는 다음과 같다. 음영 처리된 부분은 새로 추가된 내용들이며, 그 바로 아래에 있었던 ".container"가 삭제되었다.

예제 13-1 웹 사이트를 위한 CSS (site.css)

```
 1: #m-container {
 2:     width: 940px;
 3:     margin: 0px auto;
 4:     padding: 20px;
 5:     border: 1px solid #bcbcbc;
 6: }
 7: #m-header {
 8:     padding: 20px;
 9:     margin-bottom: 20px;
10:     border: 1px solid #bcbcbc;
11: }
12: #m-sidebar {
13:     width: 160px;
14:     height: 300px;
15:     padding: 20px;
16:     margin-bottom: 20px;
17:     float: left;
18:     border: 1px solid #bcbcbc;
19: }
20: #m-content {
21:     width: 680px;
22:     height: 300px;
23:     padding: 20px;
24:     margin-bottom: 20px;
25:     float: right;
26:     border: 1px solid #bcbcbc;
27:     text-align: center;
28:     overflow: auto;
29: }
30: #m-footer {
31:     clear: both;
32:     padding: 20px;
33:     border: 1px solid #bcbcbc;
34: }
35:
36: .login      { height: 70px; }
```

```
37:
38: .left          { text-align: left;  }
39: .right         { text-align: right; }
40:
41: th             { background-color: cyan; }
42:
43: .list          { width: 680px; }
44: .list-num      { width:  80px; }
45: .list-title    { width: 230px; }
46: .list-writer   { width: 100px; }
47: .list-regtime  { width: 180px; }
48:
49: .msg           { width: 680px; }
50: .msg-header    { width: 100px; }
51: .msg-text      { width: 580px; }
52:
53: a:link         { text-decoration: none; color: blue; }
54: a:visited      { text-decoration: none; color: blue; }
55: a:hover        { text-decoration: none; color: red;  }
```

13.1.3 공통 모듈

공통 모듈은 site 폴더에 있는 tools.php의 맨 앞에 다음의 세 줄을 추가해서 완성한다. 이것은 로그인 프로그램에서 사용했던 tools.php 맨 앞의 세 줄을 수정한 것이다.

```
// 회원관리와 로그인 모듈을 위한 상수
define("MAIN_PAGE",    "/site/index.php");
define("MEMBER_PATH", "/site/member");
```

이것은 이 웹사이트의 메인 페이지를 "/site/index.php"로, 회원가입과 로그인 프로그램들이 모여 있는 경로를 "/site/member"로 정의한다. 완성된 모듈은 다음과 같다. 음영 처리된 부분이 추가된 부분이다.

예제 13-2 웹 사이트를 위한 공통 모듈 (tools.php)

```php
 1: <?php
 2:     // 회원관리와 로그인 모듈을 위한 상수
 3:     define("MAIN_PAGE",   "/site/index.php");
 4:     define("MEMBER_PATH", "/site/member");
 5:
 6:     // 게시판 모듈의 URL을 반환하는 함수
 7:     function bdUrl($file, $num, $page) {
 8:         $join = "?";
 9:         if ($num) {
10:             $file .= $join . "num=$num";
11:             $join = "&";
12:         }
13:         if ($page)
14:             $file .= $join . "page=$page";
15:
16:         return $file;
17:     }
18:
19:     // 세션이 시작되지 않았으면 시작하는 함수
20:     function session_start_if_none() {
21:         if (session_status() == PHP_SESSION_NONE)
22:             session_start();
23:     }
24:
25:     // GET/POST로 전달된 값을 읽어 반환하는 함수
26:     // 해당 값이 정의되지 않았으면 빈 문자열을 반환
27:     function requestValue($name) {
28:         return isset($_REQUEST[$name]) ? $_REQUEST[$name] : "";
29:     }
30:
31:     // 세션변수 값을 읽어 반환하는 함수
32:     // 해당 값이 정의되지 않았으면 빈 문자열을 반환
33:     function sessionVar($name) {
34:         return isset($_SESSION[$name]) ? $_SESSION[$name] : "";
35:     }
36:
```

```
37:     // 지시된 URL로 이동하는 함수
38:     // 이 함수 호출 뒤에 있는 코드는 실행되지 않음
39:     function goNow($url) {
40:         header("Location: $url");
41:         exit();
42:     }
43:
44:     // 경고창에 오류 메시지를 출력하고 이전 페이지로 돌아가는 함수
45:     function errorBack($msg) {
46: ?>
47:         <!doctype html>
48:         <html>
49:         <head>
50:             <meta charset="utf-8">
51:         </head>
52:         <body>
53:
54:         <script>
55:             alert('<?= $msg ?>');
56:             history.back();
57:         </script>
58:
59:         </body>
60:         </html>
61: <?php
62:         exit();
63:     }
64:
65:     // 경고창에 지정된 메시지를 출력하고
66:     // 지정된 페이지로 돌아가는 함수
67:     function okGo($msg, $url) {
68: ?>
69:         <!doctype html>
70:         <html>
71:         <head>
72:             <meta charset="utf-8">
73:         </head>
74:         <body>
```

```
75:
76:            <script>
77:                alert('<?= $msg ?>');
78:                location.href='<?= $url ?>';
79:            </script>
80:
81:            </body>
82:            </html>
83: <?php
84:                exit();
85:        }
86: ?>
```

이렇게 공통 모듈을 완성하고 나면 해주어야 할 일이 있다. 예전에 작성한 회원가입과 로그인 모듈, 그리고 게시판 모듈들은 모두 다음과 같은 문장이 선두에 있었다.

```
require_once("tools.php");
```

예전에는 로그인을 위한 tools.php는 로그인 모듈들과 같은 폴더에 있었고, 게시판을 위한 tools.php는 게시판 모듈들과 같은 폴더에 있었다. 하지만 지금은 이들 프로그램이 있는 폴더의 상위 폴더에 tools.php를 합쳐 놓았으므로 위 문장을 다음과 같이 바꾸어야 한다.

```
require_once("../tools.php");
```

이 작업을 일일이 찾아다니면서 하려면 귀찮기도 하고, 한 두 개쯤은 빼먹는 일도 있을 것이다. Notepad++의 기능을 이용해서 한 번에 수정하도록 하자. 그 방법은 다음과 같다.

• member와 board 폴더에 있는 파일들을 모두 Notepad++에 로드한다.

• Ctrl-H를 누르거나, 메뉴에서 "찾기→바꾸기"를 선택하여 바꾸기 대화상자를 띄운다.

• "찾을 내용"과 "바꿀 내용"을 다음과 같이 입력한다.

```
찾을 내용 : require_once("tools.php");
바꿀 내용 : require_once("../tools.php");
```

• "열린 파일 모두 바꾸기" 버튼을 클릭한다.

• Ctrl-Shift-S를 누르거나, 메뉴에서 "파일→모두 저장"을 선택하여 모든 파일을 저장한다.

13.2 메인 페이지와 템플릿 만들기

먼저 이 웹 사이트의 메인 페이지를 만들고, 그것을 이용해서 다른 웹 페이지들에 적용할 템플릿을 만들어 보자. 메인 페이지는 일단 다음과 같은 형태로 작성할 수 있다. 메인 페이지에 관련된 모든 파일들은 site 폴더에 저장하면 된다.

예제 13-3 웹 사이트 메인 페이지 – 첫 번째 버전 (index.1st.php)

```
1: <!doctype html>
2: <html>
3: <head>
4:    <meta charset="utf-8">
5:    <title>Test Site</title>
```

```
 6:     <link rel="stylesheet" type="text/css" href="/site/site.css">
 7: </head>
 8: <body>
 9:
10: <div id="m-container">
11:
12:     <div id="m-header">
13:         <h2>시험용 사이트</h2>
14:     </div>
15:
16:     <div id="m-sidebar">
17:         <a href="/site/index.php">       처음 페이지</a><br>
18:         <a href="/site/menu1.php">       메뉴 1</a><br>
19:         <a href="/site/menu2.php">       메뉴 2</a><br>
20:         <a href="/site/board/board.php">게시판</a><br>
21:     </div>
22:
23:     <div id="m-content">
24:         처음 페이지 내용
25:     </div>
26:
27:     <div id="m-footer">
28:       <p>Copyright</p>
29:     </div>
30:
31: </div>
32:
33: </body>
34: </html>
```

📥 **실행 결과**

시험용 사이트

처음 페이지
메뉴 1
메뉴 2
게시판

처음 페이지 내용

Copyright

메인 페이지는 거의 그대로 다른 웹 페이지들을 위한 템플릿이 될 것이다. 즉 회원가입과 로그인, 게시판 페이지들을 이 템플릿과 같은 형태로 바꾸어 주면 된다. 하지만 이렇게 할 경우 큰 문제가 있다. 나중에 이 템플릿의 내용 중 어느 하나라도 바꾸어야 한다면 모든 페이지들을 일일이 찾아다니면서 수정해야 하는 것이다.

따라서 내용 부분을 제외한 헤더, 푸터, 사이드 바는 별도의 파일로 만들어 두고 이 템플릿에서는 require()로 불러서 쓰도록 하는 것이 좋다. 이렇게 완성된 메인 페이지는 다음과 같다. 음영 처리된 부분이 require()로 대치된 부분이다.

예제 13-3 웹 사이트 메인 페이지 – 완성된 버전 (index.php)

```
1: <!doctype html>
2: <html>
3: <head>
4:     <?php require("html_head.php")  ?>
5: </head>
6: <body>
7:
8: <div id="m-container">
```

```
 9:     <?php require("header.php")  ?>
10:     <?php require("sidebar.php") ?>
11:
12:     <div id="m-content">
13:         처음 페이지 내용
14:     </div>
15:
16:     <?php require("footer.php") ?>
17: </div>
18:
19: </body>
20: </html>
```

이제 require() 자리에 있던 내용들을 각각의 파일로 만들면 된다. 먼저 html_head.php,
sidebar.php, footer.php는 다음과 같다.

예제 13-4 HTML 헤드 부분 (html_head.php)

```
1: <meta charset="utf-8">
2: <title>Test Site</title>
3: <link rel="stylesheet" type="text/css" href="/site/site.css">
```

예제 13-5 사이드 바 부분 (sidebar.php)

```
1: <div id="m-sidebar">
2:    <a href="/site/index.php">      처음 페이지</a><br>
3:    <a href="/site/menu1.php">      메뉴 1</a><br>
4:    <a href="/site/menu2.php">      메뉴 2</a><br>
5:    <a href="/site/board/board.php">게시판</a><br>
6: </div>
```

예제 13-6 푸터 부분 (footer.php)

```
1: <div id="m-footer">
2:    <p>Copyright</p>
3: </div>
```

이런 방식이라면 헤더 부분은 다음의 내용으로 충분할 것이다.

```
1: <div id="m-header">
2:    <h2>시험용 사이트</h2>
3: </div>
```

하지만 우리는 이 자리에 로그인 폼을 넣어야 한다. 이를 위해 다음과 같이 header.php를 만든다.

• login_main.php의 파일명을 header.php로 변경한다.

• HTML 파일의 형식을 구성하던 <html>, <head>, <body> 태그들을 다음과 같이 바꾼다.

구분	수정 전	수정 후
PHP 파일	선두 부분 PHP 코드	그내로 유지

	`<!doctype html>`
	`<html>`
	`<head>`
	`   <meta charset="utf-8">`
	`</head>`
	`<body>`
		`<div id="m-header">`
		`   <h2>시험용 사이트</h2>`
		
		`   <div class="right">`

	HTML 바디 부분	그대로 유지
	`</body>` `</html>`	`   </div>` `</div>`

수정 후에 추가된 `<div class="right">...</div>`는 로그인 폼을 오른쪽으로 붙여 놓기 위한 것이다. 이렇게 해서 완성된 header.php는 다음과 같다. 음영 처리된 것이 수정된 부분이다.

예제 13-7 헤더 부분 (header.php)

```php
1: <?php
2:     require_once("tools.php");
3:
4:     // 사용자 아이디와 이름을 담은 세션 변수 읽기
5:     session_start_if_none();
6:     $id   = sessionVar("uid");
```

```
 7:        $name = sessionVar("uname");
 8: ?>
 9:
10: <div id="m-header">
11:        <h2>시험용 사이트</h2>
12:
13:        <div class="right">
14:
15:            <?php if ($id) :       // 로그인 상태일 때의 출력 ?>
16:            <form action="<?= MEMBER_PATH ?>/logout.php" method="post">
17:                <?= $name ?>님 로그인
18:                <input type="submit" value="로그아웃">
19:
20:                <input type="button" value="회원정보 수정"
21:                        onclick="location.href=
22:                            '<?= MEMBER_PATH ?>/member_update_form.php'">
23:            </form>
24:
25:            <?php else :            // 로그인되지 않은 상태일 때의 출력 ?>
26:            <form action="<?= MEMBER_PATH ?>/login.php" method="post">
27:                아이디: <input type="text" name="id">  
28:                비밀번호: <input type="password" name="pw">
29:                <input type="submit" value="로그인">
30:
31:                <input type="button" value="회원가입"
32:                        onclick="location.href=
33:                            '<?= MEMBER_PATH ?>/member_join_form.php'">
34:            </form>
35:            <?php endif ?>
36:    </div>
37: </div>
```

이제 예제 13-3에 있는 메인 페이지를 이용해서 menu1.php와 menu2.php를 작성하면 웹 사이트의 기본적인 틀은 완성된다. 이 예제 역시 수정된 부분은 음영 처리해서 표시하였다.

예제 13-8 메뉴 1 (menu1.php)

```
1: <!doctype html>
2: <html>
3: <head>
4:     <?php require("html_head.php")  ?>
5: </head>
6: <body>
7:
8: <div id="m-container">
9:     <?php require("header.php")  ?>
10:     <?php require("sidebar.php") ?>
11:
12:     <div id="m-content">
13:          메뉴 1 내용
14:     </div>
15:
16:     <?php require("footer.php") ?>
17: </div>
18:
19: </body>
20: </html>
```

예제 13-9 메뉴 2 (menu2.php)

```
1: <!doctype html>
2: <html>
3: <head>
4:     <?php require("html_head.php")  ?>
5: </head>
6: <body>
7:
8: <div id="m-container">
9:     <?php require("header.php")  ?>
10:     <?php require("sidebar.php") ?>
11:
12:     <div id="m-content">
```

```
13:          메뉴 2 내용
14:     </div>
15:
16:     <?php require("footer.php") ?>
17: </div>
18:
19: </body>
20: </html>
```

이제 브라우저의 주소창에 "http://localhost/site"를 입력하고 엔터를 쳐 보자. 아직 로그인이나 게시판은 연결하지 않았지만 기본적인 메뉴들은 동작할 것이다. URL 뒤에 index.php를 입력하지 않았는데도 실행이 되는 것은, URL에 별도의 프로그램 이름이 없으면 웹 서버가 index.php를 실행하도록 설정되어 있기 때문이다. 이런 파일을 디렉토리 인덱스 (directory index) 파일이라 하는데, Apache 설정 파일인 httpd.conf에 디렉토리 인덱스 파일 명이 적혀있다.

이제 회원가입과 로그인, 게시판과 같이 site 폴더의 하위 폴더에 위치한 웹 페이지들을 위한 템플릿을 만들도록 하자. 다음과 같이 하면 된다.

• 메인 페이지 파일을 복사해서 template.php라는 이름의 파일을 만든다.

• 이 파일에는 4개의 require()가 있다. 이들이 가져오는 헤더, 푸터, 사이드 바 파일들의 경로 앞에 "../"를 붙여주어야 한다. 이 템플릿은 member와 board 폴더 안에 있는 페이지들에서 사용할 것이기 때문이다.

이렇게 얻어진 템플릿은 다음과 같다. 메인 페이지와 달라진 것은 음영 처리된 네 줄 뿐이다.

예제 13-10 하위 폴더의 웹 페이지들을 위한 템플릿 (template.php)

```
1: <!doctype html>
2: <html>
3: <head>
4:     <?php require("../html_head.php")  ?>
```

```
 5:  </head>
 6:  <body>
 7:
 8:  <div id="m-container">
 9:      <?php require("../header.php")  ?>
10:      <?php require("../sidebar.php") ?>
11:
12:      <div id="m-content">
13:          화면에 표시할 내용
14:      </div>
15:
16:      <?php require("../footer.php") ?>
17:  </div>
18:
19:  </body>
20:  </html>
```

13.3 회원가입과 로그인 프로그램 연결

우리는 이제부터 웹 사이트에 속한 모든 웹 페이지를 앞에서 만든 템플릿 형태로 만들어 주어야 한다. 다만, 모든 프로그램이 아니라 독립적인 화면을 가지는 페이지에 대해서만 해주면 된다. 데이터베이스를 조회/조작하고 다른 페이지로 바로 이동해버리는 프로그램들은 화면 구성과 무관하기 때문이다.

회원가입과 로그인 프로그램 중에서 독립적인 화면을 가지는 모듈은 다음 두 개뿐이다.

• member_join_form.php

• member_update_form.php

이 두 모듈을 다음과 같은 방식으로 수정한다.

구분	수정 전	수정 후
PHP 파일	선두 부분 PHP 코드	그대로 유지

	`<!doctype html>`
	`<html>`
	`<head>`
	`    <meta charset="utf-8">`
	`</head>`
	`<body>`
		`<!doctype html>`
		`<html>`
		`<head>`
		`    <?php require("../html_head.php")  ?>`
		`</head>`
		`<body>`
		
		`<div id="m-container">`
		`    <?php require("../header.php")  ?>`
		`    <?php require("../sidebar.php") ?>`
		
		`    <div id="m-content">`

	HTML 바디 부분	그대로 유지

		`    </div>`
		
		`    <?php require("../footer.php") ?>`
		`</div>`

	`</body>` `</html>`	`</body>` `</html>`

13.3.1 회원가입 페이지

앞에서 설명한 방법대로 수정하여 완성된 회원 가입 페이지는 다음과 같다. 음영 처리된 것이 템플릿에서 가져온 부분이다.

예제 13-11 회원가입 페이지 (member_join_form.php)

```
1: <!doctype html>
2: <html>
3: <head>
4:     <?php require("../html_head.php")  ?>
5: </head>
6: <body>
7:
```

```
 8: <div id="m-container">
 9:     <?php require("../header.php")  ?>
10:     <?php require("../sidebar.php") ?>
11:
12:     <div id="m-content">
13:         <form action="member_join.php" method="post">
14:             <table>
15:                 <tr>
16:                     <td>아이디</td>
17:                     <td><input type="text" name="id"></td>
18:                 </tr>
19:                 <tr>
20:                     <td>비밀번호</td>
21:                     <td><input type="password" name="pw"></td>
22:                 </tr>
23:                 <tr>
24:                     <td>성명</td>
25:                     <td><input type="text" name="name"></td>
26:                 </tr>
27:             </table>
28:             <input type="submit" value="확인">
29:         </form>
30:     </div>
31:
32:     <?php require("../footer.php") ?>
33: </div>
34:
35: </body>
36: </html>
```

13.3.2 회원정보 수정 페이지

회원정보 수정 페이지 역시 같은 방법으로 수정하면 된다.

예제 13-12 회원정보 수정 페이지 (member_join_form.php)

```php
 1: <?php
 2:     require_once("../tools.php");
 3:     require_once("MemberDao.php");
 4:
 5:     // 현재 로그인한 사용자의 회원정보 읽기
 6:     session_start_if_none();
 7:     $mdao = new MemberDao();
 8:     $member = $mdao->getMember($_SESSION["uid"]);
 9: ?>
10:
11: <!doctype html>
12: <html>
13: <head>
14:     <?php require("../html_head.php")  ?>
15: </head>
16: <body>
17:
18: <div id="m-container">
19:     <?php require("../header.php")  ?>
20:     <?php require("../sidebar.php") ?>
21:
22:     <div id="m-content">
23:         <form action="member_update.php" method="post">
24:             <table>
25:                 <tr>
26:                     <td>아이디</td>
27:                     <td><input type="text" name="id"
28:                             value=<?= $member["id"] ?>
29:                             readonly></td>
30:                 </tr>
```

```
31:                    <tr>
32:                        <td>비밀번호</td>
33:                        <td><input type="password" name="pw"
34:                                value=<?= $member["pw"] ?>></td>
35:                    </tr>
36:                    <tr>
37:                        <td>성명</td>
38:                        <td><input type="text" name="name"
39:                                value=<?= $member["name"] ?>></td>
40:                    </tr>
41:                </table>
42:                <input type="submit" value="확인">
43:            </form>
44:        </div>
45:
46:        <?php require("../footer.php") ?>
47: </div>
48:
49: </body>
50: </html>
```

13.3.3 독립적인 화면이 없는 프로그램

독립적인 화면을 가지고 있지 않은 프로그램 모듈은 그대로 사용하면 된다. require_once() 의 tools.php의 경로는 앞에서 일괄 수정했으므로 더 이상 손댈 필요가 없다. 하지만 이 책에서 만들고 있는 웹 사이트의 틀을 실제로 사용하고 싶은 독자를 위해 이들 파일의 소스 코드도 아래에 모아 두었다. 필요한 모든 파일의 내용이 한 곳에 모여 있어야 입력하기에 편할 것이기 때문이다. login.php, logout.php, member_join.php, member_update.php, MemberDao.php의 내용은 다음과 같다.

예제 13-13 로그인 처리 (login.php)

```php
1: <?php
2:     require_once("../tools.php");
3:     require_once("MemberDao.php");
4:
5:     // 로그인 폼에서 전달된 아이디, 비밀번호 읽기
6:     $id = requestValue("id");
7:     $pw = requestValue("pw");
8:
9:     // 로그인 폼에 입력된 아이디의 회원정보를 DB에서 읽기
10:     $mdao = new MemberDao();
11:     $member = $mdao->getMember($id);
12:
13:     // 그런 아이디를 가진 레코드가 있고, 비밀번호가 맞으면 로그인
14:     if ($member && $member["pw"] == $pw) {
15:         session_start_if_none();
16:         $_SESSION["uid"] = $id;
17:         $_SESSION["uname"] = $member["name"];
18:
19:         // 메인 페이지로 돌아감
20:         goNow(MAIN_PAGE);
21:
22:     } else
23:         errorBack("아이디 또는 비밀번호가 잘못 입력되었습니다.");
24:
25: ?>
```

예제 13-14 로그아웃 처리 (logout.php)

```php
1: <?php
2:     require_once("../tools.php");
3:
4:     // 세션변수에서 로그인 정보 삭제
5:     session_start_if_none();
6:     unset($_SESSION["uid"]);
7:     unset($_SESSION["uname"]);
```

```
 8:
 9:     // 메인 페이지로 돌아감
10:     goNow(MAIN_PAGE);
11: ?>
```

예제 13-15 회원가입 처리 (member_join.php)

```php
 1: <?php
 2:     require_once("../tools.php");
 3:     require_once("MemberDao.php");
 4:
 5:     // 회원가입 폼에 입력된 데이터 읽기
 6:     $id   = requestValue("id");
 7:     $pw   = requestValue("pw");
 8:     $name = requestValue("name");
 9:
10:     // 모든 입력란이 채워져 있고, 사용 중인 아이디가 아니면
11:     // 회원정보 추가
12:     $mdao = new MemberDao();
13:     if ($id && $pw && $name) {
14:         if ($mdao->getMember($id))
15:             errorBack("이미 사용 중인 아이디입니다.");
16:         else {
17:             $mdao->insertMember($id, $pw, $name);
18:             okGo("가입이 완료되었습니다.", MAIN_PAGE);
19:         }
20:     } else
21:         errorBack("모든 입력란을 채워주세요.");
22: ?>
```

예제 13-16 회원정보 업데이트 (member_update.php)

```php
1: <?php
2:     require_once("../tools.php");
3:     require_once("MemberDao.php");
4:
5:     // 회원정보 수정 폼에 입력된 데이터 읽기
```

```
 6:     $id   = requestValue("id");
 7:     $pw   = requestValue("pw");
 8:     $name = requestValue("name");
 9:
10:     // 모든 입력란이 채워져 있으면 회원정보 업데이트
11:     if ($id && $pw && $name) {
12:
13:         // DB의 회원정보 업데이트
14:         $mdao = new MemberDao();
15:         $mdao->updateMember($id, $pw, $name);
16:
17:         // 현재 로그인한 사용자의 이름이 담긴 세션변수 값을
18:         // 새로 입력된 것으로 변경
19:         session_start_if_none();
20:         $_SESSION["uname"] = $name;
21:
22:         okGo("회원정보가 수정되었습니다.", MAIN_PAGE);
23:     }
24:     else
25:         errorBack("모든 입력란을 채워주세요.");
26: ?>
```

예제 13-17 회원가입과 로그인을 위한 DAO 클래스 (MemberDao.php)

```
 1: <?php
 2: class MemberDao {
 3:     private $db;    // PDO 객체를 저장하기 위한 프로퍼티
 4:
 5:     // DB에 접속하고 PDO 객체를 $db에 저장
 6:     public function __construct() {
 7:         try {
 8:             $this->db = new PDO("mysql:host=localhost;dbname=phpdb",
 9:                                 "php", "1234");
10:             $this->db->setAttribute(PDO::ATTR_ERRMODE,
11:                                 PDO::ERRMODE_EXCEPTION);
12:         } catch (PDOException $e) {
13:             exit($e->getMessage());
```

```
14:         }
15:     }
16:
17:     // 아이디가 $id인 레코드 반환
18:     public function getMember($id) {
19:         try {
20:             $query = $this->db->prepare("select * from member
21:                                         where id = :id");
22:             $query->bindValue(":id", $id, PDO::PARAM_STR);
23:             $query->execute();
24:
25:             $result = $query->fetch(PDO::FETCH_ASSOC);
26:
27:         } catch (PDOException $e) {
28:             exit($e->getMessage());
29:         }
30:
31:         return $result;
32:     }
33:
34:     // 회원 정보 추가
35:     public function insertMember($id, $pw, $name) {
36:         try {
37:             $query = $this->db->prepare("insert into member
38:                                         values (:id, :pw, :name)");
39:
40:             $query->bindValue(":id",   $id,   PDO::PARAM_STR);
41:             $query->bindValue(":pw" ,  $pw,   PDO::PARAM_STR);
42:             $query->bindValue(":name", $name, PDO::PARAM_STR);
43:             $query->execute();
44:
45:         } catch (PDOException $e) {
46:             exit($e->getMessage());
47:         }
48:     }
49:
50:     // 아이디가 $id인 회원 정보 업데이트
51:     public function updateMember($id, $pw, $name) {
```

```
52:        try {
53:            $query = $this->db->prepare("update member set
54:                                pw=:pw, name=:name where id=:id");
55:
56:            $query->bindValue(":id",   $id,   PDO::PARAM_STR);
57:            $query->bindValue(":pw" ,  $pw,   PDO::PARAM_STR);
58:            $query->bindValue(":name", $name, PDO::PARAM_STR);
59:            $query->execute();
60:
61:        } catch (PDOException $e) {
62:            exit($e->getMessage());
63:        }
64:    }
65: }
66: ?>
```

13.4 게시판 프로그램 연결

게시판 프로그램도 기본적으로 똑같은 방법으로 수정하면 된다. 다만 게시판 기능 중에 로그인과 연동되어야 하는 부분도 같이 수정해야 한다. 게시판 프로그램 중 독립적인 화면을 가지는 모듈들과 추가 수정이 필요한 부분을 정리하면 다음과 같다.

• 게시판 메인 페이지(board.php)에는 로그인을 했을 때만 글쓰기 버튼이 보여야 한다.

• 글 내용 보기 페이지(view.php)에는 로그인을 했고, 로그인한 사용자가 글의 작성자일 때만 수정, 삭제 버튼이 보여야 한다.

• 새 글쓰기 페이지(write_form.php)에는 글 작성자란에 로그인 한 사용자의 아이디를 자동으로 채워주고, 수정할 수 없게 해야 한다.

• 글 수정 페이지(modify_form.php)에는 글 작성자를 수정할 수 없게 해야 한다.

템플릿은 로그인 프로그램과 같은 방식으로 적용하면 된다. 다만 기존 게시판 프로그램은 모든 내용이 <div class="container">...</div> 안에 들어 있었다. 게시판을 화면 가운데 출력하기 위해 컨테이너가 필요했기 때문이다. 하지만 이제는 그 역할을 <div id="m-content">...</div>
가 할 것이므로 다음과 같이 수정하면 된다.

구분	수정 전	수정 후
PHP 파일	선두 부분 PHP 코드	그대로 유지

	`<!doctype html>`
	`<html>`
	`<head>`
	`    <meta charset="utf-8">`
	`</head>`
	`<body>`
	
	`<div class="container">`
		`<!doctype html>`
		`<html>`
		`<head>`
		`    <?php require("../html_head.php")  ?>`
		`</head>`
		`<body>`
		
		`<div id="m-container">`
		`    <?php require("../header.php")  ?>`
		`    <?php require("../sidebar.php") ?>`
		
		`    <div id="m-content">`

	게시판 화면 부분	그대로 유지

	`</div>`
	
	`</body>`
	`</html>`
		`    </div>`
		
		`    <?php require("../footer.php") ?>`
		`</div>`
		`</body>`
		`</html>`

13.4.1 게시판 메인 페이지

먼저 게시판 메인 페이지부터 수정해 보자. 이 페이지는 로그인과 연동이 필요한데, 이를 위
해 추가된 부분은 다음과 같다.

```
38:     // 현재 로그인한 사용자 아이디 저장(로그아웃 상태이면 빈 문자열)
39:     session_start_if_none();
40:     $loginId = sessionVar("uid");
...
102:        <?php if ($loginId) : ?>
103:           <br><br>
104:           <div class="right">
```

```
105:                    <input type="button" value="글쓰기"
106:                            onclick="location.href=
107:                        '<?= bdUrl("write_form.php", 0, $page) ?>'">
108:                </div>
109:        <?php endif ?>
110:    </div>
```

40번 행에서 로그인 한 사용자의 아이디를 저장해 두었다가, 102번 행에서 글쓰기 버튼을 출력할지의 여부를 결정한다. 이렇게 완성된 게시판 메인 페이지는 다음과 같다. 음영 처리된 것이 수정된 부분이다.

예제 13-18 게시판 메인 페이지 (board.php)

```php
 1: <?php
 2:     require_once("../tools.php");
 3:     require_once("BoardDao.php");
 4:
 5:     // 전달된 페이지 번호 저장
 6:     $page = requestValue("page");
 7:
 8:     // 화면 구성에 관련된 상수 정의
 9:     define("NUM_LINES",       5);   // 게시글 리스트의 줄 수
10:     define("NUM_PAGE_LINKS", 3);   // 화면에 표시될 페이지 링크의 수
11:
12:     // 게시판의 전체 게시글 수 구하기
13:     $dao = new BoardDao();
14:     $numMsgs = $dao->getNumMsgs();
15:
16:     if ($numMsgs > 0) {
17:         // 전체 페이지 수 구하기
18:         $numPages = ceil($numMsgs / NUM_LINES);
19:
20:         // 현재 페이지 번호가 (1 ~ 전체 페이지 수)를 벗어나면 보정
21:         if ($page < 1)
22:             $page = 1;
```

```php
23:        if ($page > $numPages)
24:            $page = $numPages;
25:
26:        // 리스트에 보일 게시글 데이터 읽기
27:        $start = ($page - 1) * NUM_LINES;      // 첫 줄의 레코드 번호
28:        $msgs = $dao->getManyMsgs($start, NUM_LINES);
29:
30:        // 페이지네이션 컨트롤의 처음/마지막 페이지 링크 번호 계산
31:        $firstLink = floor(($page - 1) / NUM_PAGE_LINKS)
32:                    * NUM_PAGE_LINKS + 1;
33:        $lastLink = $firstLink + NUM_PAGE_LINKS - 1;
34:        if ($lastLink > $numPages)
35:            $lastLink = $numPages;
36:    }
37:
38:    // 현재 로그인한 사용자 아이디 저장(로그아웃 상태이면 빈 문자열)
39:    session_start_if_none();
40:    $loginId = sessionVar("uid");
41: ?>
42:
43: <!doctype html>
44: <html>
45: <head>
46:     <?php require("../html_head.php")  ?>
47: </head>
48: <body>
49:
50: <div id="m-container">
51:     <?php require("../header.php")  ?>
52:     <?php require("../sidebar.php") ?>
53:
54:     <div id="m-content">
55:         <?php if ($numMsgs > 0) : ?>
56:             <table class="list">
57:                 <tr>
58:                     <th class="list-num">번호</th>
59:                     <th class="list-title">제목</th>
60:                     <th class="list-writer">작성자</th>
```

```
61:                   <th class="list-regtime">작성일시</th>
62:                   <th>조회수</th>
63:              </tr>
64:
65:          <?php foreach ($msgs as $row) : ?>
66:              <tr>
67:                  <td><?= $row["num"] ?></td>
68:                  <td class="left">
69:                      <a href="<?= bdUrl("view.php", $row["num"],
70:                                 $page) ?>"><?= $row["title"] ?></a>
71:                  </td>
72:                  <td><?= $row["writer"] ?></td>
73:                  <td><?= $row["regtime"] ?></td>
74:                  <td><?= $row["hits"] ?></td>
75:              </tr>
76:          <?php endforeach ?>
77:          </table>
78:
79:          <br>
80:          <?php if ($firstLink > 1) : ?>
81:              <a href="<?= bdUrl("board.php", 0,
82:                         $page - NUM_PAGE_LINKS) ?>"><</a> 
83:          <?php endif ?>
84:
85:          <?php for ($i = $firstLink; $i <= $lastLink; $i++) : ?>
86:              <?php if ($i == $page) : ?>
87:                  <a href="<?= bdUrl("board.php", 0, $i)
88:                             ?>"><b><?= $i ?></b></a> 
89:              <?php else : ?>
90:                  <a href="<?= bdUrl("board.php", 0, $i)
91:                             ?>"><?= $i ?></a> 
92:              <?php endif ?>
93:          <?php endfor ?>
94:
95:          <?php if ($lastLink < $numPages) : ?>
96:              <a href="<?= bdUrl("board.php", 0,
97:                            $page + NUM_PAGE_LINKS) ?>">></a>
98:          <?php endif ?>
```

```
 99:
100:        <?php endif ?>
101:
102:        <?php if ($loginId) : ?>
103:            <br><br>
104:            <div class="right">
105:                <input type="button" value="글쓰기"
106:                        onclick="location.href=
107:                        '<?= bdUrl("write_form.php", 0, $page) ?>'">
108:            </div>
109:        <?php endif ?>
110:    </div>
111:
112:    <?php require("../footer.php") ?>
113: </div>
114:
115: </body>
116: </html>
```

13.4.2 글 내용 보기 페이지

글 내용 보기 페이지 역시 로그인과 연동이 필요하다. 이를 위해 추가된 부분은 다음과 같다.

```
19:        // 로그인한 사용자 아이디 저장
20:        // 이 아이디와 작성자가 일치할 때만 수정&삭제 버튼이 보이도록 함
21:        session_start_if_none();
22:        $loginId = sessionVar("uid");
...
74:            <?php if ($loginId == $row["writer"]) : ?>
75:                <input type="button" value="수정"
76:                        onclick="location.href='<?=
77:                            bdUrl("modify_form.php", $num, $page) ?>'">
78:                <input type="button" value="삭제"
79:                        onclick="location.href='<?=
```

```
80:                            bdUrl("delete.php", $num, $page) ?>'">
81:             <?php endif ?>
```

22번 행에서는 로그인 한 사용자의 아이디를 저장해 둔다. 그리고 74번 행에서는 로그인한 사용자 아이디가 지금 보고 있는 글의 작성자와 일치해야만 수정, 삭제 버튼을 출력한다. 완성된 코드는 다음과 같다.

예제 13-19 글 내용 보기 페이지 (view.php)

```php
 1: <?php
 2:     require_once("../tools.php");
 3:     require_once("BoardDao.php");
 4:
 5:     // 전달된 값 저장
 6:     $num    = requestValue("num");
 7:     $page   = requestValue("page");
 8:
 9:     // 지정된 번호의 글 데이터를 읽고, 조회 수 증가
10:     $dao = new BoardDao();
11:     $row = $dao->getMsg($num);
12:     $dao->increaseHits($num);
13:
14:     // 제목의 공백, 본문의 공백과 줄넘김이 웹에서 보이도록 처리
15:     $row["title"]   = str_replace(" ",  " ", $row["title"]);
16:     $row["content"] = str_replace(" ",  " ", $row["content"]);
17:     $row["content"] = str_replace("\n", "<br>",   $row["content"]);
18:
19:     // 로그인한 사용자 아이디 저장
20:     // 이 아이디와 작성자가 일치할 때만 수정&삭제 버튼이 보이도록 함
21:     session_start_if_none();
22:     $loginId = sessionVar("uid");
23: ?>
24:
25: <!doctype html>
26: <html>
```

```
27: <head>
28:     <?php require("../html_head.php")  ?>
29: </head>
30: <body>
31:
32: <div id="m-container">
33:     <?php require("../header.php")  ?>
34:     <?php require("../sidebar.php") ?>
35:
36:     <div id="m-content">
37:
38:         <table class="msg">
39:             <tr>
40:                 <th class="msg-header">제목</th>
41:                 <td class="msg-text left"><?= $row["title"]; ?></td>
42:             </tr>
43:
44:             <tr>
45:                 <th>작성자</th>
46:                 <td class="msg-text left"><?= $row["writer"]; ?>
47:                 </td>
48:             </tr>
49:
50:             <tr>
51:                 <th>작성일시</th>
52:                 <td class="msg-text left"><?= $row["regtime"]; ?>
53:                 </td>
54:             </tr>
55:
56:             <tr>
57:                 <th>조회수</th>
58:                 <td class="msg-text left"><?= $row["hits"]; ?></td>
59:             </tr>
60:
61:             <tr>
62:                 <th>내용</td>
63:                 <td class="msg-text left"><?= $row["content"]; ?>
64:                 </td>
```

```
65:                    </tr>
66:               </table>
67:
68:               <br>
69:               <div class="left">
70:                   <input type="button" value="목록보기"
71:                        onclick="location.href='<?=
72:                             bdUrl("board.php", 0, $page) ?>'">
73:
74:                   <?php if ($loginId == $row["writer"]) : ?>
75:                       <input type="button" value="수정"
76:                            onclick="location.href='<?=
77:                                bdUrl("modify_form.php", $num, $page) ?>'">
78:                       <input type="button" value="삭제"
79:                            onclick="location.href='<?=
80:                                bdUrl("delete.php", $num, $page) ?>'">
81:                   <?php endif ?>
82:               </div>
83:          </div>
84:          <?php require("../footer.php") ?>
85: </div>
86:
87: </body>
88: </html>
```

13.4.3 새 글 입력 페이지

새 글 입력 페이지에서 로그인과 연동을 위해 추가된 부분은 다음과 같다.

```
 7:    // 로그인한 사용자 아이디 저장
 8:    // 이 아이디로 작성자 입력란을 채워 줌
 9:    session_start_if_none();
10:    $loginId = sessionVar("uid");
...
35:                   <th class="msg-header">작성자</th>
```

```
36:                    <td><input type="text" name="writer" maxlength="20"
37:                            value="<?= $loginId ?>" readonly
38:                            class="msg-text">
39:                    </td>
```

HTML 영역에서는 37번 행이 추가되었다. 이것은 현재 로그인한 사용자 아이디를 작성자 란에 초기 값으로 설정하고, 이 태그에 readonly 속성을 주어 수정하지 못하도록 한다.

예제 13-20 새 글 입력 페이지 (write_form.php)

```php
1: <?php
2:     require_once("../tools.php");
3:
4:     // 전달된 값 저장
5:     $page    = requestValue("page");
6:
7:     // 로그인한 사용자 아이디 저장
8:     // 이 아이디로 작성자 입력란을 채워 줌
9:     session_start_if_none();
10:    $loginId = sessionVar("uid");
11: ?>
12:
13: <!doctype html>
14: <html>
15: <head>
16:     <?php require("../html_head.php")  ?>
17: </head>
18: <body>
19:
20: <div id="m-container">
21:     <?php require("../header.php")  ?>
22:     <?php require("../sidebar.php") ?>
23:
24:     <div id="m-content">
25:         <form method="post" action="write.php">
26:             <table class="msg">
```

```
27:                    <tr>
28:                        <th>제목</th>
29:                        <td><input type="text" name="title" maxlength="80"
30:                                class="msg-text">
31:                        </td>
32:                    </tr>
33:
34:                    <tr>
35:                        <th class="msg-header">작성자</th>
36:                        <td><input type="text" name="writer" maxlength="20"
37:                                value="<?= $loginId ?>" readonly
38:                                class="msg-text">
39:                        </td>
40:                    </tr>
41:
42:                    <tr>
43:                        <th>내용</th>
44:                        <td><textarea name="content" wrap="virtual"
45:                                rows="10" class="msg-text"></textarea>
46:                        </td>
47:                    </tr>
48:                </table>
49:
50:                <br>
51:                <div class="left">
52:                    <input type="submit" value="글등록">
53:                    <input type="button" value="목록보기"
54:                            onclick="location.href='<?=
55:                                bdUrl("board.php", 0, $page) ?>'">
56:                </div>
57:            </form>
58:        </div>
59:
60:        <?php require("../footer.php") ?>
61: </div>
62:
63: </body>
64: </html>
```

13.4.4 글 수정 페이지

글 수정 페이지에서는 글 작성자의 아이디를 출력하기 위해 로그인한 사용자의 아이디를 세션변수에서 읽을 필요가 없다. 어차피 데이터베이스에 저장되어 있기 때문이다. 다만 다음과 같이 글 작성자 입력 태그에 readonly 속성을 주어 수정하지 못하도록 해야 한다.

```
38:                         <th class="msg-header">작성자</th>
39:                         <td><input type="text" name="writer"
40:                                 maxlength="20" value="<?= $row["writer"] ?>"
41:                                         readonly class="msg-text">
42:                         </td>
```

41번 행에 readonly 속성을 부여한 것을 볼 수 있다.

예제 13-21 글 수정 페이지 (modify_form.php)

```php
1: <?php
2:     require_once("../tools.php");
3:     require_once("BoardDao.php");
4:
5:     // 전달된 값 저장
6:     $num    = requestValue("num");
7:     $page   = requestValue("page");
8:
9:     // $num번 게시글 데이터 읽기
10:    $dao = new BoardDao();
11:    $row = $dao->getMsg($num);
12: ?>
13:
```

```
14: <!doctype html>
15: <html>
16: <head>
17:     <?php require("../html_head.php")  ?>
18: </head>
19: <body>
20:
21: <div id="m-container">
22:     <?php require("../header.php")  ?>
23:     <?php require("../sidebar.php") ?>
24:
25:     <div id="m-content">
26:         <form method="post"
27:             action="<?= bdUrl("modify.php", $num, $page) ?>">
28:             <table class="msg">
29:                 <tr>
30:                     <th>제목</th>
31:                     <td><input type="text" name="title"
32:                             maxlength="80" value="<?=
33:                             $row["title"] ?>" class="msg-text">
34:                     </td>
35:                 </tr>
36:
37:                 <tr>
38:                     <th class="msg-header">작성자</th>
39:                     <td><input type="text" name="writer"
40:                         maxlength="20" value="<?= $row["writer"] ?>"
41:                                         readonly class="msg-text">
42:                     </td>
43:                 </tr>
44:
45:                 <tr>
46:                     <th>내용</th>
47:                     <td><textarea name="content" wrap="virtual"
48:                             rows="10" class="msg-text"><?=
49:                             $row["content"] ?></textarea>
50:                     </td>
51:                 </tr>
```

```
52:
53:            </table>
54:
55:            <br>
56:            <div class="left">
57:                <input type="submit" value="적용">
58:                <input type="button" value="목록보기"
59:                    onclick="location.href='<?=
60:                        bdUrl("board.php", 0, $page) ?>'">
61:            </div>
62:        </form>
63:    </div>
64:
65:    <?php require("../footer.php") ?>
66: </div>
67:
68: </body>
69: </html>
```

1.4.5 독립적인 화면이 없는 프로그램

게시판 역시 require_once()의 tools.php의 경로가 일괄 수정되었다면, 독립적인 화면을 가지고 있지 않은 프로그램 모듈은 그대로 사용하면 된다. write.php, modify.php, delete.php, BoardDao.php의 내용은 다음과 같다.

예제 13-22 글 쓰기 처리 (write.php)

```
1: <?php
2:     require_once("../tools.php");
3:     require_once("BoardDao.php");
4:
5:     // 전달된 값 저장
6:     $writer = requestValue("writer");
7:     $title  = requestValue("title");
```

```
 8:        $content = requestValue("content");
 9:
10:        // 빈 칸 없이 모든 값이 전달되었으면 insert
11:        if ($writer && $title && $content) {
12:            $dao = new BoardDao();
13:            $dao->insertMsg($writer, $title, $content);
14:
15:            // 글 목록 페이지로 복귀
16:            goNow(bdUrl("board.php", 0, 0));
17:        } else
18:            errorBack("모든 항목이 빈칸 없이 입력되어야 합니다.");
19: ?>
```

예제 13-23 글 수정 처리 (modify.php)

```
 1: <?php
 2:        require_once("../tools.php");
 3:        require_once("BoardDao.php");
 4:
 5:        // 전달된 값 저장
 6:        $num     = requestValue("num");
 7:        $page    = requestValue("page");
 8:
 9:        $writer  = requestValue("writer");
10:        $title   = requestValue("title");
11:        $content = requestValue("content");
12:
13:        // 모든 항목이 값이 있으면 업데이트
14:        if ($writer && $title && $content) {
15:            $dao = new BoardDao();
16:            $dao->updateMsg($num, $writer, $title, $content);
17:
18:            // 글 목록 페이지로 복귀
19:            goNow(bdUrl("board.php", 0, $page));
20:        } else
21:            errorBack("모든 항목이 빈칸 없이 입력되어야 합니다.");
22: ?>
```

예제 13-24 글 삭제 처리 (delete.php)

```php
 1: <?php
 2:     require_once("../tools.php");
 3:     require_once("BoardDao.php");
 4:
 5:     // 전달된 값 저장
 6:     $num    = requestValue("num");
 7:     $page   = requestValue("page");
 8:
 9:     // $num번 글의 레코드 삭제
10:     $dao = new BoardDao();
11:     $dao->deleteMsg($num);
12:
13:     // 글 목록 페이지로 복귀
14:     goNow(bdUrl("board.php", 0, $page));
15: ?>
```

예제 13-25 회원가입과 로그인을 위한 DAO 클래스 (BoardDao.php)

```php
 1: <?php
 2: class BoardDao {
 3:     private $db;     // PDO 객체를 저장하기 위한 프로퍼티
 4:
 5:     // DB에 접속하고 PDO 객체를 $db에 저장
 6:     public function __construct() {
 7:         try {
 8:             $this->db = new PDO("mysql:host=localhost;dbname=phpdb",
 9:                                 "php", "1234");
10:             $this->db->setAttribute(PDO::ATTR_ERRMODE,
11:                                 PDO::ERRMODE_EXCEPTION);
12:         } catch (PDOException $e) {
13:             exit($e->getMessage());
14:         }
15:     }
16:
17:     // 게시판의 전체 글 수(전체 레코드 수) 반환
```

```
18:     public function getNumMsgs() {
19:         try {
20:             $query = $this->db->prepare("select count(*)
21:                                         from board");
22:             $query->execute();
23:
24:             $numMsgs = $query->fetchColumn();
25:
26:         } catch (PDOException $e) {
27:             exit($e->getMessage());
28:         }
29:
30:         return $numMsgs;
31:     }
32:
33:     // $num번 게시글의 데이터 반환
34:     public function getMsg($num) {
35:         try {
36:             $query = $this->db->prepare("select * from board
37:                                         where num=:num");
38:
39:             $query->bindValue(":num", $num, PDO::PARAM_INT);
40:             $query->execute();
41:
42:             $msg = $query->fetch(PDO::FETCH_ASSOC);
43:
44:         } catch (PDOException $e) {
45:             exit($e->getMessage());
46:         }
47:
48:         return $msg;
49:     }
50:
51:     // $start번부터 $rows 개의 게시글 데이터 반환(2차원 배열)
52:     public function getManyMsgs($start, $rows) {
53:         try {
54:             $query = $this->db->prepare("select * from board
55:                                 order by num desc limit :start, :rows");
```

```
56:
57:                  $query->bindValue(":start", $start, PDO::PARAM_INT);
58:                  $query->bindValue(":rows", $rows, PDO::PARAM_INT);
59:                  $query->execute();
60:
61:                  $msgs = $query->fetchAll(PDO::FETCH_ASSOC);
62:
63:              } catch (PDOException $e) {
64:                  exit($e->getMessage());
65:              }
66:
67:              return $msgs;
68:      }
69:
70:      // 새 글을 DB에 추가
71:      public function insertMsg($writer, $title, $content) {
72:          try {
73:                  $query = $this->db->prepare("insert into board
74:                              (writer, title, content, regtime, hits)
75:                          values (:writer, :title, :content, :regtime, 0)");
76:
77:                  $regtime = date("Y-m-d H:i:s");
78:                  $query->bindValue(":writer",  $writer,  PDO::PARAM_STR);
79:                  $query->bindValue(":title" ,  $title ,  PDO::PARAM_STR);
80:                  $query->bindValue(":content", $content, PDO::PARAM_STR);
81:                  $query->bindValue(":regtime", $regtime, PDO::PARAM_STR);
82:                  $query->execute();
83:
84:              } catch (PDOException $e) {
85:                  exit($e->getMessage());
86:              }
87:      }
88:
89:      // $num번 게시글 업데이트
90:      public function updateMsg($num, $writer, $title, $content) {
91:          try {
92:                  $query = $this->db->prepare("update board set
93:                              writer=:writer, title=:title,
```

```
 94:                                            content=:content, regtime=:regtime
 95:                                       where num=:num");
 96:
 97:                $regtime = date("Y-m-d H:i:s");
 98:                $query->bindValue(":writer",  $writer,  PDO::PARAM_STR);
 99:                $query->bindValue(":title" ,  $title ,  PDO::PARAM_STR);
100:                $query->bindValue(":content", $content, PDO::PARAM_STR);
101:                $query->bindValue(":regtime", $regtime, PDO::PARAM_STR);
102:                $query->bindValue(":num", $num, PDO::PARAM_INT);
103:                $query->execute();
104:
105:            } catch (PDOException $e) {
106:                exit($e->getMessage());
107:            }
108:        }
109:
110:        // $num번 게시글 삭제
111:        public function deleteMsg($num) {
112:            try {
113:                $query = $this->db->prepare("delete from board
114:                                            where num=:num");
115:
116:                $query->bindValue(":num", $num, PDO::PARAM_INT);
117:                $query->execute();
118:
119:            } catch (PDOException $e) {
120:                exit($e->getMessage());
121:            }
122:        }
123:
124:        // $num번 게시글의 조회 수 1 증가
125:        public function increaseHits($num) {
126:            try {
127:                $query = $this->db->prepare("update board set
128:                                            hits=hits+1 where num=:num");
129:
130:                $query->bindValue(":num", $num, PDO::PARAM_INT);
131:                $query->execute();
```

```
132:
133:        } catch (PDOException $e) {
134:            exit($e->getMessage());
135:        }
136:    }
137: }
138: ?>
```

연습문제

1~4. 교재에서 설명한대로 로그인과 게시판 프로그램 모듈들을 수정하여 웹 사이트를 완성해 보시오.

이성욱
- 1994년 아주대학교 컴퓨터공학과 졸업(학사)
- 1996년 아주대학교 대학원 교통공학과 졸업(석사)
- 2003년 아주대학교 대학원 컴퓨터공학과 졸업(박사)
- 2003-현재 신구대학교 IT미디어과 교수

장종준
- 1982년 서울대학교 계산통계학과 졸업(학사)
- 1990년 서울대학교 대학원 계산통계학과 졸업(석사)
- 2007년 아주대학교 정보통신대학원(박사과정 수료)
- 1982년-1990년 금성통신연구소 TDX 개발단
- 1990-현재 신구대학교 IT미디어과 교수

PHP로 쉽게 시작하는 웹 프로그래밍

1판 1쇄 인쇄 2017년 12월 05일
1판 1쇄 발행 2017년 12월 15일
저   자 이성욱·장종준
발 행 인 이범만
발 행 처 **21세기사** (제406-00015호)
          경기도 파주시 산남로 72-16 (10882)
          Tel. 031-942-7861   Fax. 031-942-7864
          E-mail : 21cbook@naver.com
          Home-page : www.21cbook.co.kr
          ISBN 978-89-8468-737-0

정가 20,000원